EMMARU Tetsuma
圓丸哲麻

百貨店の
コミュニケーション
戦略

消費者基点による「百貨店らしさ」の探究

Department Store Communication Strategies: Exploring "The Chara

Exploring "The Characteristics of Department Stores" from Consumers' Perspectives

千倉書房

目　次

第Ⅲ部 「百貨店広告らしさ」とは

第Ⅳ部 百貨店のマーケティング・コミュニケーションの現在と未来

序　章　はじめに

1. 百貨店研究における位置づけと研究目的

わが国の百貨店業態は「衰退段階」に在る。ビジネス誌や新聞紙面，そして先行研究では，この衰退の背景として，景気後退，消費者ニーズの多様化・個人化，競合業態との「同質化」などによる影響を指摘する。そのなかでも特に，競合である総合スーパー（General Merchandising Store：以下 GMS）あるいはショッピングセンター（Shopping Center：以下 SC）との品揃えやサービス内容の「同質化」が問題視されている。

百貨店に関する先行研究を概観すると，百貨店と他業態との「同質化」，もしくは百貨店間の「同質化」を誘発する要因として，取引慣行や組織制度に焦点を当て指摘する議論が主流となっている。しかしその一方で，消費者基点から百貨店の「同質化」を検証する研究はほぼ存在しない。

つまり先行研究における「同質化」とは，ビジネスモデル（機能）に焦点を当てた議論であり，消費者が百貨店を，業態内において「同質化」していると知覚しているかどうか，他業態と比較し「同質化」していると知覚しているかどうかを検証するものではない。それゆえ，どのような要因が百貨店に対する消費者の「同質化」の知覚を誘発するかについても充分に議論されてこなかった。

このような先行研究の研究課題を補完すべく圓丸（2022）は，サービス品質，店舗環境要因，そしてブランド態度に関する尺度を用いた調査を実施し，百貨店の業態内外の「同質化」を検討する。調査の結果，消費者が百貨店とSC業態を識別していること，そして基本的に百貨店をSCより高く評価していることを明らかにしている(1)。

しかしその一方で，百貨店業態に紐づくリテールブランドの認識の誤りという意味での他業態との「同質化」，そして百貨店間の「同質化」を支持する結果も，圓丸（2022）の研究では確認されている。例えばサービス品質尺度に関する調査では，産業区分をはじめ，業界内で一般的に用いられている基準において“百貨店ではない”リテールブランドやストア（店舗）（例えば，丸井やイオンなど）を，一部の消費者が百貨店であると知覚していた。また，消費者が愛顧する百貨店が異なるにもかかわらず百貨店間のサービス品質の知覚にはほぼ差がない，さらに想起された百貨店リテールブランドが異なるにもかかわらず店舗環境要因やブランド態度に関する評価間に差がない，という結果(2)が確認されている。

このように圓丸（2022）の研究は，百貨店の先行研究では検討されてこなかった消費者基点の百貨店の「同質化」に関して，消費者知覚における業態間／業態内の共通性と異質性を検証することで，その実態の確認を試みるものであった。しかしながら圓丸（2022）が実施した調査は，消費者による「同質化」の知覚の誘因を検討するものではない。つまり，「なぜ，“(産業区分や業界の基準では）百貨店ではない”リテールブランドやストア（店舗）を，一部の消費者が百貨店であると知覚する」のか，あるいは「なぜ，百貨店間でサービス品質，店舗環境要因，そしてブランド態度に有意差が確認されなかった」のか，消費者が知覚する「同質化」の前提条件である，百貨店に対する消費者の知覚・評価が百貨店のどのような特性を誘因とし形成されているのか，すなわち「消費者が知覚する『百貨店らしさ』の源泉（特性・属性）とはなにか」を検討できてはいないという研究課題が存在する。

先述のように，百貨店は現在，産業ライフサイクルにおいて「衰退段階」に位置づけられる業態である。百貨店が現状の衰退傾向からの脱却を実現するうえで，競合（競合他社だけでなく他業態も含む）に対する「同質化」の確認はもちろん，百貨店に対する消費者の「同質化」の知覚がどのように誘発されるのか，つまり「同質化」の形成要因を把握することは，今後の戦略策定において考慮すべき要件であることは間違いない。

そこで本書では，圓丸（2022）の研究課題の補完と，百貨店の衰退期脱却に対するインプリケーションの提示を視座に，消費者が知覚する「百貨店らしさ」とは何か，その内実およびその形成要因の把握を試みる。具体的には，消費者が知覚する「総体的な百貨店イメージ（百貨店らしさ）」を想定し（**図表序－1**），消費者評価に寄与する百貨店の特性（消費者にとっては属性）を，定性調査（フォーカスグループインタビュー：以下FGI，テキストマイニング）を中心に検討する。

ただ，この消費者が知覚する「百貨店らしさ」を議論するうえで，コロナ禍という市場環境の変化による消費者の百貨店買物出向への影響を検討する必要がある。

百貨店は，2020年の初の緊急事態措置が発令された際，政府の要請に応じ，約２カ月間の休業を実施した。その結果，同年の全国百貨店の４月の総売上は1,208億円（前年対比－72.8%），５月の総売上は1,515億円（前年対比－65.6%）と，1965年１月から実施されている日本百貨店協会による統計開始以来，過去最大の減少率を記録するまで落ち込むこととなった。現在，売上は回復傾向に

図表序－1　**「百貨店らしさ」の検討視点：リテールブランドイメージを中心として**

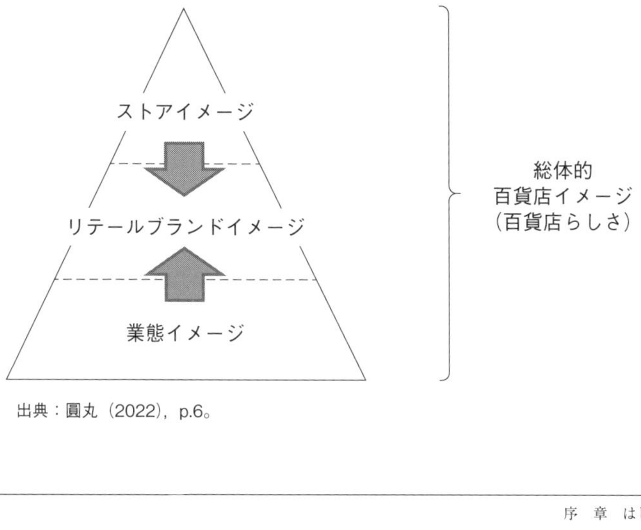

出典：圓丸（2022），p.6。

あるものの，コロナ禍前と比較すると，１兆円以上の開きが未だ存在する[3]。2020年以降百貨店の閉店は増加傾向にあり[4]，コロナ禍による消費者の百貨店への買物出向に対する影響は軽視できないものといえよう。

今後の百貨店の行く末を議論するうえでも，コロナ禍が消費者の買物出向へどのような影響を与えているか，消費者基点から検討することの必要性が指摘される。

そして，コロナ禍の影響と，消費者の知覚する「百貨店らしさ」の検討を踏まえ，本書の中核的テーマである，市場において独自性を確立し，競争優位性を導くための「百貨店広告らしさ」について検討する。具体的には，圓丸(2022) において，百貨店の衰退脱却のためのマーケティングの方策として提示した，「ツー・ステージド・コミュニケーション」の議論を掘り下げ，トライアルを誘導するための説得的コミュニケーションに関するより詳細な検討を試みる。調査では，実際の百貨店広告を用い，広告表現要素（ブランドロゴ，画像，テキスト［メッセージ］に注目して）による消費者の広告に対する知覚や態度への影響を検討した。

また本書では，百貨店へのインタビュー調査を踏まえ，百貨店にとっての「百貨店らしさ」と「百貨店広告らしさ」の内実についても言及する。

終章では本書の総括として，百貨店リテールブランドのマーケティング・コミュニケーションに関する改革の事例を交え，ニューノーマルおよびDX時代に対応するための百貨店によるマーケティング・コミュニケーション戦略のあり方を提議する。

改めて本書における研究目的を明示すると，次のようになる。

①消費者が知覚する「百貨店らしさ」の実態把握

②ニューノーマル時代（コロナ禍）における消費者の百貨店買物行動（買物出向を含む）の検討

③消費者が知覚する「百貨店広告らしさ」の実態把握：広告表現要素に注目して

④ニューノーマルおよびDX時代を踏まえた，「百貨店らしさ」基点のマーケティング・コミュニケーション戦略の検討

2. 本書の構成

本書は，上記の研究目的に則し，４部構成で議論を展開する。第Ⅰ部は，「百貨店の課題」と題し，「百貨店定義の課題―百貨店の存在意義の再考と統合的マーケティング・コミュニケーション視点の重要性―」（第１章），「ニューノーマル時代の消費変容―ネガティブ感情による消費者行動への影響―」（第２章），そして第２章の議論の基盤とした調査内容を議論する「ニューノーマル時代の不安意識・自粛意向による消費者行動への影響―消費者への調査を踏まえて―」（第３章）から構成される。

第１章では，一般的に用いられている，ビジネスモデル（機能）基点の百貨店の定義の課題を指摘した後，圓丸（2022）議論を踏襲し，消費者認識の視座から百貨店を定義することの重要性を示唆する。また同時に，衰退化からの百貨店の脱却を議論するうえで，カスタマー・ジャーニー視点の統合的マーケティング・コミュニケーション（Integrated Marketing Communication：IMC）の有用性を示唆する。続く第２章では，コロナ・ウイルスのパンデミックを契機とするニューノーマル時代の百貨店に関わる消費者行動（主に買物行動）を検討するため，コロナ禍による影響を，ネガティブ感情に焦点を当てて議論する。第３章では，第２章のネガティブ感情と消費者行動との関係性の議論を参考に検討した，「コロナ禍に対する不安意識」や「自粛意向」の購買意図や買物出向意図への影響に関する調査内容を提示する。第３章で議論する調査（調査Ⅰ）の特徴は，「コロナ禍に対する不安意識」や「自粛意向」に対するコーピング意向として「節約意向」とともに「ご褒美消費意向」を媒介変数に位置づけ，その関係性を検討した点である。

第Ⅱ部「『百貨店らしさ』とは」では，「『百貨店らしさ』とは―百貨店利用者が重視する情報源と『百貨店らしさ』の実態―」（第４章）と「百貨店ロイヤルティ顧客の百貨店の利用実態および百貨店との関係性の内実―FGI からの検討―」（第５章）から成り，質的調査（テキストマイニングと FGI）の分析結果を交え，消費者が知覚する「百貨店らしさ」を議論する。

第Ⅲ部「『百貨店広告らしさ』とは」では，「『百貨店広告らしさ』を形成する広告表現要素とは—催事交通広告に対する消費者評価の検討—」（第6章）と「百貨店広告を用いた消費者評価要因の検討—信頼性に着目して—」（第7章）について議論する。第6章では，実際の百貨店広告（催事広告）を用いて，消費者が知覚する広告表現要素とは何か，つまり「百貨店広告らしさ」をFGIから検討した。続く第7章では，実際のチラシ広告（西宮阪急［阪急阪神百貨店］）を用い，「通常の媒体を閲覧させた調査対象者（A群）」と，「百貨店のロゴ，百貨店特有の売場名称（婦人服，子ども服など），そして催事などの開催情報の日時などを排した媒体を閲覧させた調査対象者（B群）」との，当該チラシの評価の違いを比較した。

そして第Ⅳ部「百貨店のマーケティング・コミュニケーションの現在と未来」では，「百貨店によるマーケティング・コミュニケーションの実態」（第8章）を議論したうえ，本書の総括として「ニューノーマルおよびDX時代における百貨店によるIMCのあり方」（終章）について言及する。第8章では，エイチ・ツー・オー リテイリング（阪急百貨店・阪神百貨店），J.フロントリテイリング（大丸・松坂屋），そごう・西武（そごう・西武），髙島屋，三越伊勢丹百貨店（三越・伊勢丹・丸井今井・岩田屋・ジェイアール京都伊勢丹）（五十音順）へのインタビューを実施し，百貨店にとっての「百貨店らしさ」と「百貨店広告らしさ」とは何かを検討した。そして終章では，本書の総括として，百貨店版カスタマー・ジャーニー視点のIMCとはどのようなものであるか，さらにその実践に求められるケイパビリティとは何かを論じる。さらに，百貨店版IMCの1つの形として，圓丸（2022）に議論を拡張し，サービス・エンカウンターである“百貨店人”によるエンドースメント（推奨）効果を組み込んだ「ツー・ステージド・コミュニケーション」の有用性を提議する。

（1）圓丸（2022）の調査では，サービス品質および店舗環境要因に関して，基本的には総じて百貨店業態をSC業態より高く評価していたことが確認されている。またブランド態度の1つである「憧れ」に関して，消費者が百貨店をSCよりも高く評価していることも確認された。ただその一方で，「愛着」や「機能性」といったブランド態度に関して，消費者はSC業態を百貨店業態よりも高く評価していた。

（2）圓丸（2022）では，調査対象者に，想起する百貨店およびSCのリテールブランド名

（あるいはストア名）を可能な限り記述させ，それらのイメージの総体を業態イメージと位置づけ，その後，百貨店およびSC業態を対象とした店舗環境要因やブランド態度に関する設問に回答させるという調査手順が採用されている。百貨店およびSC業態に関して，関東（東京，神奈川，千葉，埼玉）と関西（大阪，京都，兵庫）の在住者間の知覚を比較した結果，想起された百貨店間の居住区域による店舗環境要因およびブランド態度の差は確認されなかった。その一方でSC業態に対する知覚は，関東と関西の地域差が確認されている。

（3）日本百貨店協会（2022）によると，百貨店協会加盟の全国の百貨店の総売上は，コロナ禍前の2019年度が5兆7,547億円であったのに対し，2020年度は4兆2,204億円，2021年度は4兆4,182億円と大幅な減額が確認されている。特にコロナ禍によって都市部（札幌，仙台，東京，横浜，名古屋，京都，大阪，神戸，広島，福岡）の百貨店の売上は急減した（2019年度：4兆1,083億円，2020年度：2兆9,482億円，2021年度：3兆1,500億円）。

（4）山形県の「大沼」（2020年1月閉店），愛知県豊橋市にあった「ほの国百貨店」（2020年3月閉店），福島市の「中合」（2020年8月閉店），青森県八戸市の「三春屋」の閉店（2022年4月）など，地方老舗百貨店の閉店が続いている。また地方においては，セブン＆アイ・ホールディングス傘下のそごう・西武の閉店（「そごう徳島店」，「そごう西神店（兵庫県神戸市）」，「西武大津店（滋賀県大津市）」，「西武岡崎店（愛知県岡崎市）」は2020年8月末に一斉閉店。また「そごう川口店（埼玉県川口市）」が2021年2月末に閉店）や，「新潟三越」（2020年3月閉店），そして「髙島屋立川店」（2023年1月閉店予定）など，大手百貨店の店舗も縮小傾向にある。加えて，セブン＆アイ・ホールディングスによる，百貨店事業（そごう・西武）の売却の表明や，小田急百貨店（東京都）の2022年9月の閉店（解体）など，地方都市ならず都市部の百貨店の再編も，コロナ禍以降加速化している。

第 I 部　「百貨店」の課題

第1章 百貨店定義の課題
―百貨店の存在意義の再考と統合的マーケティング・コミュニケーション視点の重要性―

1. はじめに

「小売りの王様」と称される百貨店は，現在の市場においてどのような存在といえるのか。百貨店はその黎明期から，近代的販売方式を携えた業態として商品の販売やサービスを提供してきただけでなく，わが国のライフスタイルや文化の形成に大きく貢献してきた(1)。しかしながら現在では，田村（2008）が指摘するように，市場における立ち位置が危ぶまれる業態(2)である。実際，序章で示したように，地方百貨店のみならず都市部の百貨店の再編が進んでいる。

百貨店衰退の背景として，総合スーパー（General Merchandise Store：以下GMS）やショッピングセンター（Shopping Center：以下SC），ディスカウントストア（Discount Store：以下DC）といった競合業態の乱立，またバブル崩壊による経済状況の悪化を背景とした（百貨店の基幹商材・サービスである）高価格帯嗜好品に対する需要の減反などが，その主たる要因として議論されている(3)。2009年のリーマン・ショックによる影響をはじめ，消費税の増税，また東日本大震災を含む自然災害の影響などもあり，この「（消費者の）百貨店離れ」は加速傾向にある。

確かに一時期，中国人観光客を中心としたインバウント消費が好調であったことで，増収した百貨店も存在する。しかしながらその恩恵を享受できたのは，都市部の百貨店のみであり，地方百貨店の売上は減少し続けていた[4]。

そして現在，百貨店はコロナ禍という，今まで以上に百貨店の存在自体を脅かす環境変化に直面している。不要不急の外出を余儀なくされたことをはじめ，感染への不安，パンデミックを誘因とした経済的状況の悪化などを背景とし，われわれ消費者の買物出向は変化した。その結果，衣食住に関わる幅広い品揃えと取り扱い商品の質の高さを特徴とし，多くの人が行きかう都市部中心地に広大な敷地を有する百貨店店舗の多くが，その強みを充分に発揮できない状態となっている。

元来，マス・マーケティングを戦略の要とする百貨店[5]にとって，来店客数の低減は，売場における商品回転率の低減，そして利益率の低下をもたらす。仕入形態によっては，厳密には百貨店自体の在庫とはいえないが[6]，店舗で取り扱う商品という観点において（取引先の在庫も含め），コロナ禍は百貨店ストア（店舗）を，多くの不良在庫を抱える販売チャネルへと変容させた。

先述したように，この環境変化によって，すでに引導を渡された百貨店ストア（店舗）は地方・都市部を問わず存在する。今後も，大手百貨店の支店の閉店や，また百貨店屋号を一部有しながら旧来型の百貨店ビジネスモデル（機能）を縮小[7]するなど，業態再編が伸展することは間違いない。

このような市場潮流において，百貨店は消費者にとってどのような存在といえるのであろうか。本章では，圓丸（2022）の『百貨店リテールブランド戦略』に関する議論を一部要約し，百貨店とは何かを改めて議論する。次節ではまず，機能（ビジネスモデル）視点の定義を確認し，産業・業態としての百貨店の写像を明らかにする。

同時に，わが国における百貨店の変遷も簡単に振り返り，百貨店業態の“多面性”，あるいは市場環境の変化によって業態を柔軟に変化させるという“可変性”という特性に起因する，機能（ビジネスモデル）基点からの（百貨店）定義の限界も指摘する。

そのうえで，消費者基点の百貨店定義が，百貨店リテールブランドの衰退期脱却の実現に寄与しうることを示唆する。具体的には，圓丸（2022）による，消費者基点のポジティブ／ネガティブの百貨店定義を踏まえ，消費者の知覚を基点とした百貨店リテールブランド戦略の策定の重要性を示唆する。

そして本章の最後では，DXの浸透・拡大も加味し，「（消費者の）百貨店離れ」を抑制するための施策として，カスタマー・ジャーニーを考慮した統合マーケティング・コミュニケーション（Integrated Marketing Communication：以下IMC）の有用性を提議する。

2. 百貨店の定義とは

2-1 代表的な百貨店定義

「百貨店」はどのような業態であろうか。百貨店業態を他の業態と弁別する代表的な基準には以下のようなものが存在する（**図表1－1**）。

1つは，総務省による「日本標準産業分類」に用いられる定義である(8)。「衣，食，住にわたる各種の商品を小売する事業所で，その事業所の性格上いずれが主たる販売商品であるかが判別できない事業所であって，従業者が常時50人以上のもの」を百貨店およびGMSと定義する（同定義では，百貨店とGMSを弁別していない）。またこの定義では，品揃えの広さに応じて，専門店や食料品スーパー（以下SM）と百貨店を弁別している(9)。

1つは，経済産業省による「商業統計調査」に用いられる定義である(10)。この定義では，百貨店およびGMSを「衣食住にわたる各種商品を小売し，そのいずれも小売販売額の10%以上70%未満で，従業員が常時50人以上のもの」かつ「売場面積が一定以上（特別区，政令指定都市で3,000㎡，その他の都市で1,500㎡）の商店」としている。百貨店とGMSとの違いは，「セルフ方式（対面販売の比率が50%以下）」の比重の違いである。ただ「商業統計調査」では，専門店を「衣食住のどれか1つが売上の90%以上を占めるもの」と定義しており，店舗規模や販売方式に関係なく，製品カテゴリの比重によってのみ業種を規定するものである。この規定に準拠すると，厳密には「専門店」に位置づけるべき百貨店ストア（店舗）（e.g. 阪急百貨店 大井食品館）も存在する。

1つは，商業動態統計調査の基準に用いられる定義である(11)。基本的には「日本標準産業分類」準ずる基準を用いて百貨店・GMSとそれ以外の業種を弁

図表1－1　百貨店の定義および選定基準

		定義／対象企業の基準	GMS との違い	専門店との違い
行政	日本標準産業分類（総務省）	衣，食，住にわたる各種の商品を小売する事業所で，その事業所の性格上いずれが主たる販売商品であるかが判別できない事業所であって，従業者が常時50人以上のものをいう。		衣，食，住に関わる主たる販売商品であるかが判別できない事業所であって，従業者が常時50人以上。
	商業統計（経済産業省）	産業分類「百貨店，総合スーパー」とは，衣，食，他（＝住）にわたる各種商品を小売し，そのいずれも小売販売額の10%以上70%未満の範囲内にある事業所で，従業者が50人以上の事業所をいう。また「3,000㎡以上（都の特別区及び政令指定都市は6,000㎡以上」を大型百貨店，「3,000㎡未満（都の特別区及び政令指定都市は6,000㎡未満）」をその他の百貨店とする。	非セルフ方式	特定の商品分類に特化（90%以上）していない。「3,000㎡以上（都の特別区及び政令指定都市は6,000㎡以上」を大型総合スーパー，「3,000㎡未満（都の特別区及び政令指定都市は6,000㎡未満）」を中型総合スーパーとする。
	商業動態統計（経済産業省）	日本標準産業分類の百貨店，総合スーパーのうち，スーパーに該当しない事業所であって，かつ，売場面積が特別区及び政令指定都市で3,000㎡以上，その他の地域で1,500㎡以上の事業所をいう。	非セルフ方式	日本標準産業分類に準ずる。
日本百貨店協会		物理的に独立した店舗面積が1,500㎡以上のもので，日本百貨店協会に加盟している企業。		
その他		百貨店統一伝票を使用する企業。		

出典：圓丸（2022）。

別する。「日本標準産業分類」との違いは，商業統計と同様，セルフ方式の比重によってそれらを区分している点，そして売場の㎡数の違いである（商業動態統計調査で規定する㎡数は商業統計の半分となっている）[12]。

この他にも，「百貨店統一（共通）伝票」を使用する小売業者を百貨店と位置づけるというもの，また百貨店に関する最も一般的な定義として用いられている「物理的に独立した店舗面積が1,500㎡以上のもので，日本百貨店協会に加盟している企業」という日本百貨店協会によるものが存在する。

以上のように百貨店に関する定義を概観すると，さまざまな基準が存在すること（統一的な定義の不在），そして他業態との区分に曖昧性が介在することが確認される。加えて，どの定義も消費者基点ではなく，ビジネスモデル（機能）の一部を切り取った定義であることがわかる。

消費者基点ではない定義ゆえ，一般的な消費者が百貨店業態に対して抱くであろう，「高級感がある」や「取扱商品の質の高さ」といったイメージを包含してはいない。つまり，これらの定義は，消費者がなぜ百貨店に対する買物出向を減反させたのか，またどのような便益が市場で求められているのか，買い手である消費者の知覚・評価を内包するものではない。

したがって，先述した一般的に用いられているビジネスモデル（機能）基点の定義は，「（消費者の）百貨店離れ」，あるいは百貨店リテールブランドの他業態を含めた競合との差別化を検討するための明確な指標となりえないと指摘される。

2-2　機能（ビジネスモデル）視点の百貨店定義の課題

圓丸（2022）では，百貨店が誕生してから第一次百貨店法が制定・施行された戦前における百貨店の定義を概観し，その当時から百貨店業態を定義することの困難性が介在していたこと[13]，また統一的な見解が存在しないことを指摘する。加えて，戦前の百貨店の定義はマネジメント視点や業態の機能面から試みられたものであり，消費者にとってどのような存在たるかを議論するものではないという点も指摘する。

そのうえで，先行研究や既存の百貨店定義の課題を補完し，一般的な消費者が百貨店業態に対して保有するイメージを包摂するよう，百貨店の機能（ビジネスモデル）に焦点を当て，「高級衣料を中心に衣食住に関わる多種多様の商品（モノ）とそれに付随する店舗環境を含むサービスを，主に対面販売を介し定価で提供する，単一資本によって統一的にマネジメントとされた，部門別管理を特徴とする，地域コミュニティの拠点となる大規模な場を有する小売業」と百貨店を定義する。同定義は，坪井（2009）の「一つの建物で，買回品を主体に最寄品までの多様な商品，多種類のサービスを取り扱い，対面販売，定価販売といった特徴的販売方式を用い，賃貸売場の単なる集合ではなく単一資本による統一性を有する大規模小売業」[(14)]という百貨店の定義を基に，万屋と近しい業態であるとした水野（1940）の「百貨店とは呉服類を重要部門とする多種類の商品を，一堂に陳列販売する一個の大型小売商店である」[(15)]を参考にしたものである。

しかしながらこの圓丸（2022）による機能（ビジネスモデル）に関する定義も，明確に産業・業態・業種を区分するものではない。実際，ラグジュアリーブランドを有するSCは，この定義では“百貨店”に位置づけられるストア（店舗）となる。

「高級衣料を中心」とするという業態特性に関して，所得水準だけでなく，衣料品への関与や購買経験を背景とする“（消費者の）衣料品の価格に対する参照点（値ごろ感の水準）”の違いによって知覚される「高級衣料」が異なることを踏まえると，いくつかの百貨店ストア（店舗）は特定の消費者にとって，“百貨店”として位置づけられない可能性もある。もちろん圓丸（2022）で示した定義は，暗黙的に市場において“高級”と位置づけらえる衣料品（市場において比較的価格帯の高い衣料品）などを想定にしたものであるが，多くの百貨店で衣料品が日常的にセール価格にて販売されている実態（それに反して，高級衣料品を核とするSCの存在）や，さらに食料品の比重が高いストア（店舗）[(16)]を考慮すると，この基準による区分にも限界があるといえよう。

加えて，現在の百貨店やSCの動向を鑑みると，「（経営の）統一性」や「部門制」といった，旧来百貨店の特徴であると議論されてきた“機能”（ビジネスモデル）から百貨店を規定することも難しくなっている。百貨店のデベロッパー化（売場構成におけるテナント誘致区域の増加）に伴う「（経営の）統一性」からの乖離，その反対に契約形態を“固定賃料”から“固定賃料＋売上歩合制”

へシフトするSCが「(経営の）統一性」を強化していることも含め，「(経営の）統一性」による区分の困難性が存在する。「部門制」に関しても，一部のSCが部門別管理を実施しており，百貨店を特徴づけるマネジメント手法であるとはいえない。

このように，百貨店業態のそもそもの多面性や，時代とともに変化する特性(可変性)，そして他業態が近似的な経営手法を採用するようになったことにより，百貨店を機能（ビジネスモデル）から定義することはかなり難しくなっている。

2-3 市場と百貨店との関係性：百貨店の存在意義に関する歴史的視点からの考察

百貨店の変遷および近年の百貨店の成功事例を踏まえ，圓丸（2022）は百貨店を単なる「モノ売り」として議論すべきでないと指摘する。

確かに百貨店は，産業区分では小売業に位置づけられる業態である。機能（ビジネスモデル）の視座においては，「モノ」の販売が百貨店の核であるとする議論は間違いないであろう。しかし，消費者基点から百貨店を議論する場合，百貨店は果たして「モノ売り」と捉えるべきであろうか。

百貨店の変遷を確認すると，消費者にとって百貨店とは，「モノ」だけでなく「コト（サービスや体験)」を提供する存在であることがわかる。

例えばわが国の百貨店の形を創った三越（当時は三越呉服店）は，百貨店の黎明期において，洋風化する時代の需要に即した商品の提供（PBの企画販売を含む）のみならず，食堂や演芸，当時において画期的な機械であるエレベーターの導入を含む荘厳な建物・設備の提供，博覧会の参加や催事（展覧会）などのイベントの開催，独自のPR誌の企画・発刊など，さまざまな「コト」を提供する「場」としても機能していた。まさに，「今日は帝劇，明日は三越。」というコピーに表象される，文化発信業態としての百貨店の特徴を前面に出し，高品質の生活様式（ライフスタイル）を消費者に提案する「場」であった。

世界初のターミナル百貨店と称される(17)阪急百貨店も，その前身である梅田阪急食堂の頃から，当時ではまだまだ市場において普及していなかった，“洋食”を廉価で提供することを特徴とする「場」であった(18)。この取り組みはその後，「モダン」や「ハイカラ」といった，“阪神間モダニズム”のイメージを形成する誘因になった。

高度経済成長期では，「産業展」（家電に関する新製品や新技術を紹介する家電メーカーとの共同催事）[19]といった文化催事をはじめ，Dior や Hermés といったラグジュアリーブランドをわが国の消費者に初披露した髙島屋の「フランス・フェア」など，百貨店はさまざまな局面で新たな生活様式発信の中心地（「場」）としての役割を担っていた。

高度成長経済期（安定成長期）の終焉以降は，GMS やディスカウンターなどの競合業態の躍進や，市場の中心的な担い手が「新世代消費者（ニューファミリー）」[20]へ移行したことで，百貨店の限界が指摘されるようになるが[21]，現在でもラグジュアリーブランドを中心に“生活の豊かさ形成[22]”を提案する「場」[23]として，百貨店は市場において一定の存在感を有している。

このように百貨店の変遷を振り返り，改めて百貨店の存在を再考すると，百貨店とは「モノ」基点というよりも「場」を基点とした業態であるといえる。Rust and Oliver（1994）によるサービス・マーケティングの議論も踏まえると，「百貨店とは物的な要素としてのモノ・プロダクト（Physical Product）を中心としながらも，商品に付随するサービス・プロダクト（Service Product），絢爛豪華な売場環境というサービス環境（Service Environment），接客をはじめとするサービス・デリバリー（Service Delivery）を，複合的かつ統合的に提供する業態（『場』）」として消費者から評価されてきたと解釈できる。

先述したように，百貨店と SC の機能（ビジネスモデル）がますます近似的になっている。その点を考慮しても，百貨店とは「モノ売り」業態として議論するのではなく，消費者基点に立ち，生活の豊かさ演出に関わる「場」提供業態として議論することが重要であると指摘される。

2-4　百貨店とは：消費者基点の定義の重要性

百貨店に関する定義を概観すると，機能（ビジネスモデル）基点となっており，消費者が百貨店に対して知覚するイメージがほとんど包摂されていないという課題が存在した。また機能（ビジネスモデル）基点の定義は，現在の百貨店の実態と一部乖離していること，さらに競合業態も近似的な機能（ビジネスモデル）を有していることもあり，百貨店を規定する定義として不十分であることが指摘される。

このような現行の百貨店定義の課題を加味せず百貨店の「差別化」を議論することは，衰退傾向からの脱却を実現するうえでボトルネックとなる。なぜなら差別化戦略とは，自社の商品・サービスを定義づける明瞭な基準を基点に，競合他社との差異を設けることで競争上の優位性を獲得しようとする戦略であり，さまざまな曖昧性が混在する百貨店の機能（ビジネスモデル）基点の定義では，明確な基準となり得ないためである。

小売業者以外の競合との競争が激化する現在の市場においては，百貨店業態内の差別化を議論するのではなく，業態を越えたリテールブランドとしての差別化の検討が重要となる。衰退からの脱却を図るために，改めて自社の「顧客とは誰か」，「何を（機能）提供する存在であるのか」，またそれは「どのように（技術）実現すべきか」を再考することが，百貨店リテールブランドには求められる[(24)]。そのなかで特に重要なことこそ，消費者の知覚におけるポジショニングの確認，すなわち「顧客の知覚としてのリテールブランドイメージ」の確認である。

圓丸（2022）では，機能（ビジネスモデル）からの定義の困難性を指摘したうえ，消費者基点の，つまり消費者がどのような「場」として百貨店を知覚するのか，リテールブランドイメージあるいはストアイメージの視座から検討する必要性を提議する。そして，サービス品質，店舗環境要因，そしてブランド態度に関する調査を踏まえ，消費者基点の百貨店定義としてポジティブ／ネガティブの２つの定義を提示した。

消費者基点の百貨店のポジティブな定義は「買物の快楽性や利便性の魅力が高く，取扱商品や提供されるサービスが高品質を特徴とする，憧れの対象となる大型小売業」となり，そしてネガティブな定義は「価格妥当性（値ごろ感）を中心とした機能的な誘因が低い，庶民的ではない大型小売業」となる。圓丸（2022）は，これら消費者の百貨店業態イメージ，加えて顧客が想起する百貨店リテールブランドイメージも踏まえ，市場においてその独自性を際立たせるような“機能（ビジネスモデル）”の構築，つまり（百貨店業態内の競合を越えて）広義の競合に対する差別化の実現が重要であると主張する。

では具体的に，消費者知覚において良好なポジショニングを獲得し，市場において百貨店リテールブランドの価値を向上する方略とはどのようなものであろうか。消費者知覚におけるポジショニングを形成する戦略の要として参考になるマーケティング・アプローチに，統合的マーケティング・コミュニケーション（Integrated Marketing Communication：以下 IMC）がある。

次節では，IMC とはどのようなアプローチであるか，また DX が浸透拡大する時代において IMC がなぜ有用であるか，先行研究の議論を踏まえ言及する。

3. DX 時代における IMC の有効性

3-1 DX による消費者行動の変化

近年，「DX（デジタル・トランスフォーメーション：Digital Transformation）」[(25)] や OMO（オンライン・マージズ・ウィズ・オフライン：Online Marges with Offline）という，IT の発展を背景とした，さまざまなサービスのデジタル化が，主にビジネスの現場において議論され，その重要性が指摘されている。さらにコロナ・ウィルスのパンデミックを契機とするニューノーマル時代となり，デジタル化への変容はさらに加速度を増している。

このような社会変革（DX）による小売業の変化への影響に関して，近藤・中見（2019）は，「オムニチャネル（Omnichannel）」という概念を用い議論している。彼らは，オムニチャネルを「すべてのチャネルを統合し，消費者にシームレスな買物体験を提供する顧客戦略」であると定義し，シングル・チャネル→マルチチャネル→クロスチャネルの次ぐ，新たなブランドと顧客のシームレスな接点（タッチ・ポイント）であると位置づける。

近藤・中見（2019）の議論するオムニチャネルは，当然のことながら，物流，商流そして情報流からなる，流通全般の変容を議論するものである。本書のテーマである，「百貨店のコミュニケーション戦略」を検討するうえで特に注目すべきは，ブランドから顧客への“情報”の流れである。

奥谷（2019）は，マルチチャネルショッパーの特性を議論したのち，現在のデジタル化（オムニチャネル化）への変化とともに，マルチチャネルショッパーからオムニチャネル・ショッパー（オムニチャネル・カスタマー）への移行の可能性を，また，その移行に伴い，消費者の情報処理が変容する可能性を示唆する。加えて奥谷（2019）は，オムニチャネル・ショッパーの特性として，「オンラインとオフライン（リアル）の使い分け」や「時間・場所にかかわらず，いつでもどこでも商品やサービス情報にアクセスする」を挙げている(26)。つまり，ショールーミング（店頭において情報収集や購買を除くサービス体験を享受し，最終的にオンライン上で購入するという一連の購買プロセス）とウェブルーミング（オンライン上で情報収集をし，最終的店頭で商品やサービスなどを購入するという一連の購買プロセス）の併用をはじめ，オンライン／オフライン（リアル）のシームレス（途切れない）な買物・購買行動こそ，オムニチャネル・ショッパーの特性となる。

DXによる消費者行動の変化に伴い，マーケティングおよびマーケティング・コミュニケーションも変容することが求められる。近藤・中見（2019）は，UX（顧客体験：User Experience）に着目し，ブランドと消費者の一連のタッチ・ポイントの流れである，Kotlerらの提唱するカスタマー・ジャーニー（Customer Journey）を意識したマーケティングの重要性を示唆する。

カスタマー・ジャーニーに関してKotlerは，認知（Aware）→訴求（Appeal）→調査（Ask）→行動（Act）→推奨（Advocate）と，5つの“A”が段階的に推移する顧客の購買プロセスとして議論している(27)。もちろんKotlerらが提示したカスタマー・ジャーニーのプロセスは基本体系であり，必ずしもすべての段階を介し，また順序どおりに推奨（Advocate）までのプロセスを消費者が辿るわけではない(28)。そのため，カスタマー・ジャーニーの提供を試みる企業には，顧客の買物・購買行動を見極め，各段階における密度（接触頻度の多さ）や段階から段階への推移（移行にかかる時間など）を踏まえたマーケティングの実践が求められる。

その際に特に重要となってくるのが，オンライン／オフライン（リアル）の特性を踏まえた，最適なUXを提供する「場」づくりである。そしてその「場」へ誘導するために，購買時点である“行動”だけでなく，消費者のカスタマー・ジャーニーにおける“認知”，“訴求”，“調査”，“推奨”に関わるマーケティング・コミュニケーションがカギとなる。

デジタル化に対応するためのマーケティング・コミュニケーションのあり方として，亀井・ルディー（2009）や近藤・中見（2019）は統合的マーケティング・コミュニケーション（Integrated Marketing Communication：以下 IMC）の有用性を示唆する。

3-2 IMC の定義とその変遷

IMC に関わる定義は数多く存在する。その背景には，IMC 関連の研究が増加するにつれ，対象とする領域が拡張し続けていることがある。そのため，統一的な見解が不在であるという課題や，研究者の視点が異なるという課題，理論と手法が確立していないなどの課題が存在する(29)。

しかし IMC は，さまざまな批判も包摂しながらも，手法からマネジメント哲学まで包含する概念あるいは研究領域として昇華し，マーケティング研究においても重要視すべき領域として位置づけられている。実際，マーケティング研究の大家 Kottler(30)や，ブランド研究をけん引する Keller(31)も IMC に関して言及しており，マーケティング戦略やブランド戦略とも親和性の高い概念および研究領域といえよう。

先述したように IMC にはさまざまな定義が存在する。紙面の制限の関係もあり，本書では Kerr *et al.*（2008）の研究を一部参考に，また亀井・ルディー（2009）に依拠し，IMC 研究の変遷を振り返るうえでの，一般的かつ注目すべき定義のみに限定し議論する（**図表 1 - 2**）。

亀井・ルディー（2009）は，IMC に関する議論の変遷(32)を 3 つの段階に区切り，その各段階における特徴を言及している。以下では，亀井・ルディー（2009）の議論を踏まえ，IMC 定義の拡張の変遷を議論する。

第 1 段階目は，1980s 末～1990s 前半におけるものであり，「ワンボイス，ワンルック（One-Voice，One-Look）」を達成目的とし，広告，販売促進，ダイレクト・マーケティング，PR などのコミュニケーションを，ブランドとして一貫性を持ち，統合することの重要性を示唆するものであった。

IMC の第 2 段階目への移行は，2000年代に入り，IT の発展，ブランディン

図表1－2　IMCの定義

年	論者／組織	定義
1989	American Association of Advertising Agencies	広告，直接反応広告，販売促進，PRなどのさまざまな戦略的（コミュニケーション）手段を統合することによる付加価値の醸成を意図したコミュニケーション計画であり，コミュニケーションの明確性と一貫性，さらに最大限の効果を獲得を目的とした（コミュニケーション）手段の組み合わせに関する，マーケティング・コミュニケーション計画（立案）の概念
1991	Schultz	顧客（潜在顧客含む）が購買するよう，またその顧客のロイヤルティを維持するよう，顧客が接触する製品・サービスに関するあらゆる情報源を管理するプロセス
1992	Keegan *et al.*	知覚されたブランド価値に統合的な影響を与えるよう戦略的に調整された，（ある特定の組織によって使用される）メッセージとメディアの組み合わせ
1999	Kotler *et al.*	組織や製品に関する明確で一貫した説得力のあるメッセージを届けるための，企業によって用いられるさまざまなコミュニケーション・チャネルの（入念な）統合と調整に関する概念
2002	Duncan	顧客および他のステークホルダーに送られるすべてのメッセージを戦略的に統制し，そしてデータに基づく意味のある対話を醸成することで，彼らとの有益な関係性を形成・育成しようとする，機能横断的プロセス
2004	Schultz and Schultz	消費者，顧客，見込み客，その他ターゲットとする外部・内部オーディエンスに対して，入念に調整され，測定可能な，説得力のあるブランドコミュニケーションプログラムを，企画・開発・実行・評価するために使用される戦略的なビジネス・プロセス
2005	Kliatchko	長期的な視点に立ち，オーディエンスに焦点を当て，チャネルを中心とし，そして結果を重視する，ブランドコミュニケーションプログラムの戦略的管理に関する概念およびプロセス
2008	Kliatchko	ステークホルダー，コンテンツ，チャネル，およびブランド・コミュニケーション・プログラムの結果を戦略的に管理するオーディエンス主導のビジネス・プロセス
2016	Batra and Keller	販売する製品やブランドについて，企業が直接的また間接的に消費者に情報を提供し，刺激を与え，説得し，思い出させようとする，調整され一貫した手法

出典：Kerr *et al.* (2008) 一部加筆修正。

注：Kerr *et al.* (2008) の議論に，Batra and Keller (2016) による定義を加筆した。翻訳は，亀井・ルディー（2009）と岸（2017）を一部参考にした。

グの市場における重要性の高まり，グローバル化の進展によって，マス広告の限界が指摘されるようになったことを背景とする変化であった。この期における達成目的とは，「顧客との関係性構築」となり，コミュニケーションだけでなく組織レベルの統合まで，IMC の対象範囲は拡張することとなる。

この第２段階目の IMC に関する代表的な研究に，Duncan（2002）と Schultz and Schultz（2004）の議論がある。

Duncan（2002）および Schultz and Schultz（2004）の定義を踏まえると，第２段階の IMC の特徴とは，①顧客のみならずステークホルダーを包含するよう対象範囲を拡大したこと，②（第１段階がワンショットのコミュニケーションを意図した議論であったのに対し）プロセスを意図したコミュニケーション戦略と位置づけたこと，③（IMC 実施のための）組織マネジメントの必要性を内包したこと，つまり①対象範囲の拡張，②対象とするタッチ・ポイントの拡張，③対象とするマネジメント領域の拡張の，３つの“拡張”にあるといえよう。

亀井・ルディー（2009）は，新たな定義やマネジメント手法に関する明確な形は存在しないとしながらも，この第２段階の IMC がさらに発展し，第３段階目に移行していることを指摘した。彼らが第３段階目において重要視する視点とは，小林（2005）の議論する顧客接点（タッチ・ポイント）[33]における，企業と顧客との共感や共生関係を作るという，価値共創基点の IMC のあり方である。

まさにこの IMC の第３段階目の視点こそ，タッチ・ポイント毎に UX を実現し，価値共創を実現するプロセスであるカスタマー・ジャーニーといえよう。

実際，比較的近年の研究である Batra and Keller（2016）の議論では，デジタル化が浸透・拡大する市場環境を踏まえ，カスタマー・ジャーニーと近似的なフレームワークであるカスタマー・デシジョン・ジャーニー（Consumer Decision Journey：CDJ）を考慮した IMC のあり方が提議されている[34]。具体的に彼らは，CDJ の各段階別の，求められるコミュニケーション内容・目的（Communication Needs and Objectives），あるいはコミュニケーション手法（Communication Options）との関係性を示し，さらに IMC の成果指標の７C[35]

を達成するよう最適化されたコミュニケーションの重要性を示唆する。

同様に近藤・中見（2019）も，Payne *et al.*（2017）が提示したオムニチャネル IMC のフレームワークを踏まえ，ブランド・エンゲージメント（Brand Engagement）[36]を醸成・促進し，その結果として顧客収益性（Customer Profitability）を獲得するためには，IMC が有効であると主張している。

3-3　カスタマー・ジャーニー基点の IMC の課題

しかしこのカスタマー・ジャーニー基点の改革を進めるうえで留意すべき課題も存在する。先述したオムニチャネル・ショッパーの特性の 1 つとして，「オンラインのメリットとオフライン（リアル）のメリットの使い分け」を提示したが，製品特性によってオンラインの体験（Experience）が消費者にとって有益であると評価されにくいものも存在する。Griffith and Qimei（2004）は，製品広告とバーチャルにおける直接的体験（Virtual Direct Experience：以下 VDE）という実験刺激を提示されたグループと，商品広告のみのグループとを比較し，知覚リスク，製品評価，行為，購買意図との関係を検討している。調査の結果，音楽，新聞，映画，書籍，マルチメディアライブラリーなどは VDE に親和的な製品群である一方，アパレル，サングラス，運動靴，時計そして食品は VDE による効果が低いことが確認されている。

Griffith and Qimei（2004）の調査結果を鑑みると，どのような製品・サービスがカスタマー・ジャーニーにおけるオンライン／オフライン（リアル）のどちらのタッチ・ポイントに適合するか，IMC を行使する際は，充分に検討する必要がある。

4．百貨店に求められる IMC とは：「百貨店らしさ」との関係

本書は百貨店のマーケティング・コミュニケーションのあり方を問うものである。今後，さらに加速化するであろう DX へ対応するため，百貨店が組織体制を変革するうえで，自社の幅広い品揃えに含まれる製品・サービスのオンライン／オフライン（リアル）特性をよく検討することは重要となる。また，

その特性を踏まえた，（広義の）競合他社と差別化しうるカスタマー・ジャーニーの提供が，「（消費者の）百貨店離れ」のに対する打開策となるであろう。

その際，当然のことながら，オンライン／オフライン（リアル）での広告表現のあり方も含めて，オムニチャネル・ショッパーを意識した（第3段階目の）IMC 戦略の立案と運営が求められることとなる。そして，そこで百貨店の競争優位性のコアとなりうる要素こそ，消費者が知覚する「百貨店らしさ」である。

終章では本書の総括として，具体的なニューノーマルおよび DX 時代における「百貨店らしさ」を核とした百貨店 IMC のあり方を提議する。

（1）例えば山本・西沢（1999），藤岡（2006），志賀（2018），谷内・加藤（2018），島永（2021）など。

（2）本書における「業態」とは「業種」を内包する概念である。

（3）詳しくは，小山（1997），新井田（2010），伊藤（2019）を参照されたい。

（4）詳しくは，梅咲（2020）を参照されたい。

（5）詳しくは，圓丸（2022）を参照されたい。

（6）百貨店の仕入形態には，「買取仕入」，「委託仕入」，そして「売上仕入（消化仕入）」がある。「買取仕入」とは，百貨店が取引先（納入業者）から商品を，自社の在庫として買い取る仕入形態である。「委託仕入」とは，取引先が一定期間，商品の販売を百貨店に委託するものであり，搬入された商品のうち実際に販売された商品の分だけ，百貨店が仕入をおこし，取引先（納入業者）へ代金（あるいは手数料）を支払うという仕入形態である。「売上仕入（消化仕入）」とは，「取引先（納入業者）に売場を場貸しし，販売された商品の分だけ代金（あるいは手数料）を支払うという仕入形態である。「委託仕入」と「売上仕入（消化仕入）」の違いは，商品の仕入販売に，百貨店が直接関与しないという点がまず挙げられる（「商品リスク」だけでなく，「商品保管リスク」も介在しないのが「売上仕入（消化仕入）」の特徴である）。また，販売された商品の仕入に関して前者がある一定の期間でまとめてその代金を支払うものであるに対し，後者は消費者に販売されると同時に取引先（納入業者）への仕入れ（支払い）が発生するという，百貨店にとっては「仕入」と「購入」を一時点で同時に遂行する取引形態となっている。詳しくは，江尻（2003）あるいは圓丸（2022）を参照されたい。

（7）髙島屋は，立川髙島屋 S.C.（1970年に髙島屋立川店として開店）の百貨店区画の営業を2023年1月31日で終了すると，2022年4月11日に発表した。（林芳樹［2022.4.11］「立川髙島屋 S.C. が『百貨店区画』の営業終了　23年1月末で」WWD JAPAN 2022.4.11.

https://www.wwdjapan.com/articles/1351070?fbclid=IwAR2WmPZK5EHsq1Av9G2aMCSB4aDc2SYwO5eJOyCsNpGEQx1S28Ug0M1dHco（最終アクセス2022年４月17日）

（８）総務省（2017）「日本標準産業分類（平成25年10月改定）（平成26年４月１日施行）」https://www.soumu.go.jp/main_content/000290728.pdf（最終アクセス2022年４月17日）

（９）総務省（2017）では各種商品小売業（中分類）における百貨店・GMSとそれ以外の業種を，「従業者が常時50人以上であっても衣，食，住にわたらない事業所は主たる販売商品によって分類する。」という基準から弁別する。

（10）経済産業省（2017）「平成26年商業統計調査関係 業態分類表」https://www.meti.go.jp/statistics/tyo/syougyo/result-1/pdf/6h26k-gyoutai.pdf（最終アクセス2022年４月17日）

（11）経済産業省「平成26年商業統計調査関係 業態分類表」https://www.meti.go.jp/statistics/tyo/syoudou/result/pdf/h2snotej.pdf（最終アクセス2022年４月17日）

（12）商業統計調査は2020年３月31日に廃止が決定し，経済構造実態調査（2022年６月実施）に統合・再編されることとなった（「https://www.meti.go.jp/statistics/tyo/syougyo/haishi.html」。経済構造実態調査では，日本標準産業分類に準じて事業所を弁別される。https://www.stat.go.jp/data/kkj/gaiyo.html（最終アクセス2022年４月17日）。

（13）百貨店黎明期において河津（1930）や平井（1931）は，百貨店の多面性や，継続的に変容する業態特性を指摘し，百貨店を定義することの困難性を指摘している。また関根（2005，p.52）が「百貨店を厳密に定義することは難しいし，国によっても百貨店の実体が異なっている」と議論しているように，近年の研究でも百貨店定義の困難性は指摘されている。

（14）坪井（2009），p.4。

（15）水野（1940）は，①幅広い商品の取り扱い，②部門別管理，③大規模店舗，④（経営の）統一性，⑤呉服類を中心とする品揃え，という特徴に焦点を当て，百貨店を定義した。詳しくは水野（1940），p.8を参照されたい。

（16）株式会社阪急阪神百貨店の傘下の阪神梅田本店は，2022年４月６日に建て替えグランドオープンし，都市部（大阪 梅田）に店舗を構える百貨店には珍しく，「食」を中心に据えたストアである。2022年度の全館売上高目標730億円のうち，食関連（レストラン含む）の売上予算は58％（約423億円）と，かなり「食」に偏重した売場構成となっている。詳しくは，岸本桂司（2022.1.3）「１階にも食品売り場！『阪神梅田本店』の大変貌　７年にわたる建て替えで進める『脱・古い百貨店』」東洋経済オンライン，2022/1/３号（https://toyokeizai.net/articles/-/479273）を参照されたい（最終アクセス：2022年５月２日）。

（17）谷内（2017，p.25）は，阪急百貨店（1929年）をターミナル百貨店の嚆矢と位置づけ議論する一方で，三笠屋が大阪上本町のターミナルビル（1926年）に店舗を構えたことをターミナル百貨店のはじまりとする議論が存在することも言及している。

(18) 詳しくは，初田（1993），戸田（2009），末田（2010），圓丸（2022）を参照されたい。

(19) 詳しくは，志賀（2018）を参照されたい。

(20) 本書では，小山・外川（1992）の議論を踏襲し，戦後のベビーブーム世代（ベビーブーマー）に出生した消費者を「新世代消費者（ニューファミリー）」とする。また田村（2011）は，この「新世代消費者（ニューファミリー）」の消費の特徴として，「家族の内部においても，個人消費者として主体化し始めた。かれらは自由裁量所得を増やし，快楽主義的欲望に基づいて自由に商品選択することを要求し始めたのである」と議論し，（それまでの世代とは異なり）集団よりもパーソナルなライフスタイルを求める傾向にあったことを指摘している（詳しくは，田村［2011］，pp.270-271を参照されたい）。

(21) 詳しくは，小山・外川（1992），小山（1997），圓丸（2022）を参照されたい。

(22) 和田（1998）は，生活者のライフスタイル体系には“生活基盤形成”部分と“生活の豊かさ形成”部分があるとし，その違いを踏まえたマーケティングの重要性を指摘する。

(23) 圓丸（2022）ではラグジュアリーブランドを中核としない百貨店の注目すべき成功事例として，阪急百貨店の支店である西宮阪急で実施されている「コトコトステージ」について言及している。そしてその取り組みの成功の背景に，販売員と顧客が相互作用する，「場」のマネジメントが機能したことを確認している。

(24) 石井ら（2004）は，事業の定義について，「誰に（顧客）」「何を（機能）」「どのように（技術）」から規定できる議論する。そして，その定義の違いによって経営資源の配分が変化すると主張する。

(25) Stolterman and Fors（2004）は，軽率（無自覚）にIT（Information Technology：情報技術）を受容するのではなく，人々が（能動的に）生活（people's life world）を探求するうえでITを中核に据えることを，つまり豊かな生活（good life）の実現のためにITを活用（受容）することを念頭に置き，ITとの関り方を議論すべきと主張とする。そして，このITを介した“豊かな経験”（Stolterman and Fors［2004］では美的経験［aesthetic experience］という表現が用いられている）を経験的・理論的理解するための概念として，デジタル・トランスフォーメーション（Digital Transformation）を提唱した（ただし，Stolterman and Fors［2004］の研究では，デジタル・トランスフォーメーションの明確な定義は示されておらず，またDXという表記も用いられてはいない）。一方，経済産業省ではDXを「企業がビジネス環境の激しい変化に対応し，データとデジタル技術を活用して，顧客や社会のニーズを基に，製品やサービス，ビジネスモデルを変革するとともに，業務そのものや，組織，プロセス，企業文化・風土を変革し，競争上の優位性を確立すること」と定義する。詳しくは，Stolterman and Fors（2004）を参照されたい。

(26) 奥谷（2019），p.72。

(27) Kotler は，Kotler *et al.*（2016）で提示した「カスタマー・ジャーニー」の議論を，その後の研究である，Kotler and Stigliano（2018），Kotler *et al.*（2021），そして Kotler *et al.*（2022）においても引き続き議論し，その内容を段階的に発展・拡張させている。

(28) 詳しくは，Kotler and Stigliano（2018）を参照されたい。

(29) 詳しくは，岸（2017）を参照されたい。

(30) 詳しくは，Kottler *et al.*（1999），pp.439-441を参照されたい。

(31) IMC に関する Keller の議論には，Keller（2007），Keller（2009），そして Batra and Keller（2016）などがある。

(32) 岸（2017）は Kitchen and Schultz（2001）の議論を踏まえ，IMC の発展段階を，第1段階「マーケティング・コミュニケーションの戦術的調整」（「ワンボイス・ワンルック」志向の調整が中心），第2段階「マーケティング・コミュニケーション範囲の再定義」（消費者の知覚を重視し，ブランドや企業との消費者のあらゆる接点に注目），第3段階「IT（情報技術）の適用」（消費者のデータをコミュニケーション・プランニングに効果的に活用することを重視），第4段階「財務的・戦略的統合」（ROI や顧客投資収益率［ROCI］観点からマーケティング・コミュニケーションの成果を継続的に監視する仕組みを持つ）の，4段階から議論する。詳しくは，岸（2017）を参照されたい。

(33) 小林（2005）では，タッチ・ポイントではなくコンタクトポイントという用語が採用されている。本書では近藤・中見（2019）や Payne *et al.*（2017）など DX に関わる議論において採用されているタッチ・ポイントという用語を用い議論を展開する。

(34) Batra and Keller（2016）の CDJ は，“需要の創発（Needs）”，“需要の知覚（Is aware）”，“探索（Examines）”，“学習（Learns）”，“態度形成（Likes）”，“支出意図の形成（Will pay）”，“ブランド・コミットメントの形成（Commits）”，“消費（Consumes）”，“満足（Is satisfied）”，“ロイヤルティの形成（Is loyal）”，“ブランド・エンゲージメントの形成（Engages）”，“（他者への）推奨（Advocates）”から構成されている。

(35) Batra and Keller（2016）が提示した7C とは，“到達範囲（Coverage）”，“コスト（Cost）”，“貢献（Contribution：単体のコミュニケーション手法による目的達成への貢献度）”，“共通性（Commonality）”，“補完性（Complementarity）”，“シナジー効果（Cross-Effects：コミュニケーション手法間の相互作用）”，“順応性（Conformability）”から構成される IMC の効果測定のための基準である（翻訳は岸［2017］，p.18）を参考にした）。

(36) Payne *et al.*（2017）が示した IMC の成果変数となるブランド・エンゲージメントとは，Hollebeek *et al.*（2014）および Calder *et al.*（2016）による Customer Brand Engagement（CBE）の議論を踏襲したものである。また Payne *et al.*（2017）は，CBE の成果とは，“ブランド（Brand Effects）”，“製品（Product Effects）”，“消費者（Consumer Effects）”，“コンテンツ（Content Effects）”，そして市場（Market Effects）”に

大別できるとし，CBE をより理解するためにはそれらの違いを踏まえた調査分析が必要であると議論する。詳しくは，Payne *et al.*（2017）を参照されたい。

第 2 章 ニューノーマル時代の消費変容
―ネガティブ感情による消費者行動への影響―

1. はじめに

コロナ・ウイルスの感染拡大を受け，わが国初めての緊急事態措置が約２カ月間発出され(1)，消費者はその緊急事態措置に則り，不急不要の外出を自粛することが求められた。この緊急事態措置において，多くの小売業者が休業を余儀なくされた。百貨店も約２カ月間の店舗を閉鎖することとなり，その結果2020年４月の売上減は，1965年１月の統計開始以来，過去最大の減少率となった。

その後，緊急事態措置が解除されると，2020年６月の総売上は3,829億円（前年対比－19.1%）(2)と徐々にではあるが回復傾向を見せるようになった。この回復の背景として，「食料品や衛生用品など生活必需品の好調さに加えて，ラグジュアリーブランドや宝飾品など一部高額商材にも動きが見られた」，「『イエナカ需要』の高まりを背景に，精肉や鮮魚などの生鮮食品，食器・キッチン関連，寝具などのリビング用品が健闘」，「パラソルやサンダルなどの季節商材，ブライダル需要のジュエリー，学校再開により子ども服も動いた」，「中元（商戦）は，店頭の減少をECの大幅な伸びがカバーした」，また「クリアランスの開始時期の前倒しや分散開催・長期化，ECの拡大展開」などの要因が確認されている(3)。

以上のようなコロナ禍における現在の百貨店の買物動向を鑑みると，食料品・日用品などの必需品のみならず，ファッション商材などの非必需品に対する消費も回復傾向にあるといえよう。

しかしながら，コロナ・ウイルスの罹患者数は2020年6月に落ち着きを見せていたものの，同年の7月に入ると，4月・5月以上の罹患者が確認されるようになり，政府から再度の緊急事態措置が発出されることとなった。

現在は緊急事態措置の宣言下ではないものの，未だ不要不急の外出を自粛することが社会的に求められている。今後も，他国でのロックダウンのように，罹患の状況によっては初回の緊急事態措置時と同様，時短営業だけではなく，休業措置を百貨店は余儀なくされることもあるだろう。

このようなニューノーマル時代において，購買行動および買物行動の変化も含め，消費者行動の変化を洞察することが，企業戦略を策定するうえで求められる。百貨店リテールブランドにとっても，コロナ禍による消費の変容に対応しうるマーケティングを検討・実施することが喫緊の課題となっている。

図表2－1　熟慮および計画行動理論（The theories of reasoned action and planned behavior）

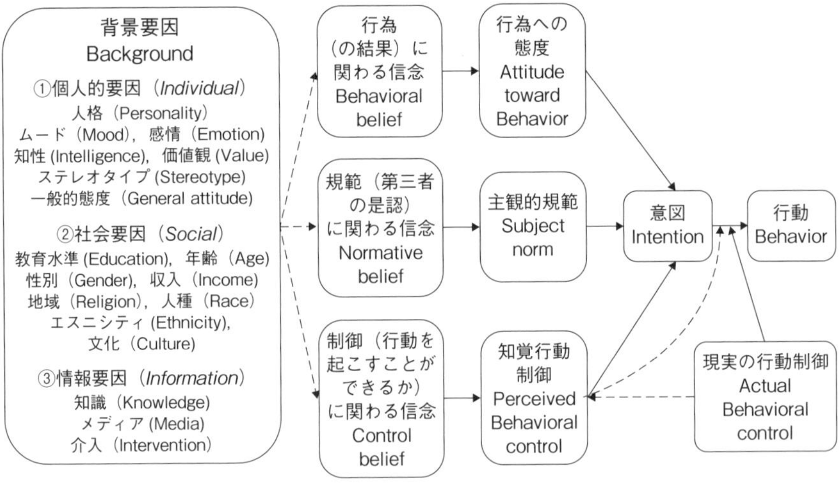

出典：Ajzen and Fishbein（2005, p.194）および田中（2008, p.115）を一部加筆修正。

注：実線は既存研究から確認された影響を意味し，破線は推測される影響を意味している（cf. Ajzen and Fishbein 2005）。

本章では，ニューノーマル時代の買物行動に対する不安意識の影響を検討する手がかりを探るべく，ネガティブ感情（ストレスおよび負のムード）の影響を検討したMano（1999），Hama（2001），Durante and Laran（2016）研究をレビューする。そして，コロナ禍に対する不安意識と，コロナ禍における自粛意向が消費者行動（主に買物行動）にどのように作用しうるか，Ajzen and Fishbein（2005）の熟慮および計画行動理論（The theories of reasoned action and planned behavior）モデルを参考に議論を展開する（**図表2－1**）。

2．ネガティブ感情による消費者行動への影響

感情研究およびその周辺領域の研究において，不安意識やストレスといったネガティブな感情が消費者行動（主に消費行動・購買行動・買物行動）へ作用することが議論されている。

石淵（2019）は，Levenson（1999）[4]の研究を参考にポジティブ感情の役割とネガティブ感情の役割の違いを踏まえ，感情の機能を弁別し議論する[5]。具体的には，①ネガティブ感情を主とする緊急対処機能，②ポジティブ感情による回復や人間の成長を促す機能，③学習機能，④集団における他己の区別とコミュニケーションの機能，の4つに分類している。

本書で注目すべきは①と②の感情機能である。石淵（2019）は，①ネガティブ感情を主とする緊急対処機能とは，「人間は生命の危機にさらされ恐怖を感じた場合，それまでの思考を断ち切り，対象に意識を集中し，逃げる，あるいは戦うために，無意識に心拍数を上げ，血流，筋肉の状態を整える」[6]機能に該当するものであると議論する。また彼は，②ポジティブ感情による回復や人間の成長を促す機能について，“回復”と“成長”に弁別し議論する。そして石淵（2019）は，Fredrickson and Levenson（1998）[7]の「事前にネガティブ感情を保有した主体がポジティブな刺激を受けることにより（肉体的）回復が促進する」という議論を援用し，“ポジティブ感情”と“回復”の関係性について言及している。

加えて石淵（2019）は，感情の機能の文脈から，ネガティブ感情と買物行動

との関係を議論した研究として，Mano（1999），Hama（2001），Duranate and Laran（2016），そして Kim *et al.*（2016）(8)の議論をレビューしている。

本書では，コロナ禍への不安という来店前のネガティブ感情と買物行動との関係を検討すべく，石淵（2019）の研究を参考に，消費者行動（主に消費行動・購買行動・買物行動）(9)とネガティブ感情（苦悩，退屈，ストレス）との関係を，百貨店に関わる消費文脈を踏まえ議論した，Mano（1999），Hama（2001），Duranate and Laran（2016）の研究を概観する。

2-1　Mano（1999）によるネガティブ感情の影響に関する議論

Mano（1999）は，感情の状態を意味するムード（Mood）(10)を快（Pleased）－不快（Unhappy）および覚醒（Aroused）(11)－非覚醒（Quiet）という2軸で，感情の状態の違いを4つに弁別したうえ，買物体験前の，不快かつ覚醒状態である“苦悩（Distress）(12)”と不快かつ非覚醒状態である“退屈（Boredom）”のネガティブ感情が買物出向意図(13)へ作用することを検証した。

百貨店での返品手続きに関わるシナリオ(14)を用いた，大学生を対象とした実験調査(15)の結果，被験者が“退屈”の度合いが高いと感じる時，彼らが好意的と感じる環境下（Favorable Environment）(16)での買物出向意図が高まること，逆に非好意的な環境下（Uncomfortable Environment）では低減することを明らかにした。この結果の背景には，“退屈”を感じる主体とは非覚醒状態であるため，衝動的な購買をせず，熟慮に富む（精緻な）買物行動（Contemplating Shopping）をとるという議論が存在する。

また Mano（1999）は，“苦悩”を高く感じる時ほど買物出向意図が高いこと，買物体験が“良い”場合に関与水準の違いによって購買意図に差が生じること，買物体験が“良い”場合に“退屈”が購買意図と正に相関すること（その一方で買物体験が“悪い”場合は“退屈”が購買意図と負に相関すること）(17)などを示した。さらに彼は，関与（Personal Involvement）が“高い”かつ買物体験が“悪い”場合に，“苦悩”と“退屈”の交互作用が買物出向意図を低減させることをも明らかにしている(18)。

加えて Mano（1999）の研究では，買物体験によって事前の感情が変容するかも検討している。調査の結果，“退屈”，“快適性（Pleasantness）(19)”，“解放感

(Calmness)[20]", そして"高揚感 (Elation)[21]"に関する事前事後 (Time) の差異が確認されている。さらに彼の研究では, 買物体験 (良／悪) の状況の違いによる"快適性"と"解放感"の事前事後の変容も言及する。分析の結果, 買物体験が"悪い"場合に"快適性"と"解放感"が低減することが明らかになった一方で, 買物体験が"良い"場合において快適性"と"解放感"が向上することは確認されなかった。

コロナ禍における百貨店での買物行動を議論するに際し, Mano (1999) の研究で注目すべきは, まず買物前のネガティブ感情が買物出向意図の誘因となるというものである。

Mano (1999) の研究以前の先行研究では, ポジティブ感情による買物出向意図の影響や, 店舗内で醸成された感情と買物出向意図との関係を議論するものはあったものの, 買物出向前の買物環境と関係のないネガティブ感情が買物出向意図に正に作用することを実証するものではなかった。また買物出向前の感情に対して, 実験刺激として統制したものではなく, 自然に創発された感情 (naturally-occurring affect) を測定した点も, 彼の研究の特徴である。

現在のようなコロナ禍において, われわれ消費者は, 不快かつ覚醒状態である"苦悩"と, 不快かつ非覚醒状態である"退屈"のどちらか, あるいはその両方のムードを保有しているであろう。そのようなわれわれの心理的な状態, そしてネガティブ感情に関するMano (1999) の調査結果を考慮すると, 本章の冒頭で触れた, 百貨店売上の回復要因の1つとして, ネガティブなムードによる百貨店への買物出向意図の影響 (促進) が推測される。

また, 事前のネガティブ感情と広告との関係性についてMano (1999) は, 買物出向前の消費者の感情を小売業が直接的に操作できないことを踏まえ, 買物体験の予測 (experience of anticipations) と店舗内要因のデザイン (design of in-store factors) が出向意図を高め, その後, 店舗愛顧意図とロイヤルティを増加させると議論している。そしてその際, 事前のポジティブ感情の予測やイメージは, 感情的に訴えかけるような広告 (emotional advertising) などによって醸成することができると主張している[22]。

Swinyard (1993) の研究を踏襲し, 百貨店における買物体験に関わるシナリオを用いた調査を実施したMano (1999) による議論とは, そもそも消費者が買物体験に対する期待値の高い小売業態として百貨店を認識していることを暗黙的に前提とするものである（先述したように，調査結果においても良い買物体験に関する実験刺激による事前事後の感情の変容は支持されなかった)。その点も踏まえ Mano（1999）の議論から百貨店が考慮すべき UX（顧客体験：User Experience）を検討すると，ストア（店舗）での良い買物体験だけでなく，買物出向前に消費者が百貨店に対して保有する，（次章で議論する JCSI の構成要素である）顧客期待，知覚品質，そして知覚価値をさらに高めるようなマーケティング・コミュニケーションを介した体験の重要性が指摘される。

2-2　Hama（2001）によるネガティブ感情の影響に関する議論

Hama（2001）は，直接的にムードを対象としていないものの，消費者が感じるストレスに対する解消の手段として「気晴らしの買物（Diversion Buying)」が有効であることを調査から示唆する[(23)]。また彼は，「気晴らしの買物」を，支出（expenditure）による気晴らし[(24)]と取有（acquisition）による気晴らし[(25)]に弁別し調査を実施した[(26)]。そして調査の結果，どちらの気晴らしも有効であることを明らかにしている。

さらに Hama（2001）は，支出による気晴らしに関して，利用可能な支出金額の大きさ（大／小）によるものと支出金額の割合（高／低）によるものとに弁別し，その効果の違いを検証した。調査の結果，支出金額の大きさおよび，支出金額の割合の低さがストレス解消に有効であることを明らかにしている。

本書で Hama（2001）について特筆すべきは，百貨店，ブランドショップ，スーパーマーケット，ショッピングモール，ディスカウントストアの５つの買物の場に対して消費者が「気晴らしの買物」の「場」として選択するのか，つまり「気晴らしの買物」と「（買物の）場」の関係性に関する事前調査の結果である。調査の結果[(27)]，「気晴らしの買物」の場として最も選ばれたのが百貨店であった（43.4%）[(28)]。また，いつ「気晴らしの買物」をしたいかという，気晴らしの買物の適切なタイミングに関する質問に対して，「直ぐに（right after)」が最も割合が多い（40.2%）という調査結果も重要な示唆を提供する。なぜならこの結果は，Mano（1999）の議論にあった，買物行動の前に存在するネガティブ感情によって高められた買物出向意図が，精緻的な熟考を伴わない覚醒状態下にあることと同様の内容を示唆しているためである。

また，利用可能な支出金額に対する割合が低い時（50%）ほど，ストレス解消が促進されるとする結果（調査方法の課題からその結果の妥当性が指摘されるものの）は，百貨店の上顧客が可処分所得の高い富裕層であること，その一方でコロナ禍においてわれわれ消費者の可処分所得が減少する可能性を踏まえると，今後の百貨店の戦略を検討するうえでの示唆を提供するものといえる。例えば，ターゲットとする富裕層顧客をさらに分類するセグメンテーション軸として活用することや，あるいは可処分所得における支出の比率を低減させるような価格戦略（セール商戦，割賦販売の促進など）の実行が挙げられる。

さらに，かなり探索的な調査ではあり，選択された製品・サービス群の内容は恣意的であるものの，製品・サービスのタイプ別の気晴らしの買物によるストレス解消の効果，そして支出金額の大きさおよび支出金額の割合との交互作用を明示した調査結果も，百貨店での購買行動・買物行動を検討するうえで重要な示唆を提供する。

Hama（2001）の調査では，「2．飲料，外食，カラオケ」，「3．ケーキ，食品，アロマテラピー」，「4．文具，靴下，ヘアケア商品」に対する支出額が大きいほどストレス解消が促進されることが確認されている。この結果を踏まえると，コロナ禍において百貨店での食品の売上が増加傾向にある背景の1つには，ストレス解消のための比較的手軽な気晴らしの買物，つまり後述するご褒美消費が貢献していると推察される。また，先述の可処分所得との関係の議論と重複する結果内容であるが，支出金額の割合が低い時，「1．服，バッグ，アクセサリ」，「2．飲料，外食，カラオケ」，「4．文具，靴下，ヘアケア商品」，「5．自動車用品，mini-disk，Walkman」に関する気晴らしの買物がストレス解消を促進することが確認されている。

百貨店はその名のとおり，さまざまな製品・サービスを取り扱う業態である。その点を考慮すると，この調査結果は，特に可処分所得の高い顧客にとって，コロナ禍において誘因となる製品・サービスとは何かを検討するうえでの示唆を提供するものであるといえよう。

ただHama（2001）の研究に関し注記すべきは，行動経済学で議論されている損失回避性（loss aversion）に関わる支出金額への影響を検討できていないという点である。つまり，（高額商品を除き）支出金額が大きいほどストレス解消が促進される一方で，支出金額に対する割合が低い時（50%）ほどストレス解消が促進されるという結果の背景に，利用可能な金額の多くを失いたくはないという，損失に対する回避意向の影響が指摘される。

2-3 Durante and Laran (2016) によるネガティブ感情の影響に関する議論

Durante and Laran（2016）は，ストレスによる貯蔵行動（hording behavior）への作用に関する議論を基盤とし，ストレスによる消費行動，つまり支出と倹約への影響を議論する。具体的には，ストレスや，消費者自身がストレスのトリガーとなる外部要因（ストレッサー）を制御できていないと感じた際のストレス回避行動としての，倹約，必需品への支出，さらに非必需品への支出に関して，事前の調査を含め7つの実験から検討している[(29)]。

ストレスと倹約に関するパイロット版の実験調査においてDurante and Laran（2016）は，被験者が感じる高いストレス状態（high stress condition），あるいは日常的に感じる中立的なストレス状態（neutral stress condition），そして不快感情状態（negative affect condition）[(30)]の3群に弁別した後[(31)]，それぞれに対応する実験刺激を与え，それらの違いによる倹約意向（貯金金額）の差を検証している。実験の結果，ストレス状態（高）（M＝33.07ドル，SD＝11.11ドル）がストレス状態（低：中立的なストレス状態）（M＝26.98ドル，SD＝10.49ドル；$F[1, 159]=8.59$，$p<.01$，$d=.56$）やネガティブ感情状態（M＝27.91ドル，SD＝12.49ドル；$F[1, 159]=5.16$，$p<.05$，$d=.44$）よりも，倹約意向（貯金金額）を高めることを明らかにしている。しかしその一方で中立的なストレス状態とネガティブ感情状態の有意差は確認されなかった。

続く実験Ⅰ[(32)]では，ストレス状態と倹約意向（貯金金額）の関係とともに，消費者が知覚するストレスに対する制御（control）の程度による影響が検討されている。つまり，ストレス制御ができないと知覚し，かつストレス状態が高い場合，消費者は倹約意向を高めること，その逆に（ストレス状態が高い場合であっても），そのストレスに対して制御ができたと知覚した場合，倹約意向が減少することを，Durante and Laran（2016）は検証しようとした。そして彼女らは，ストレス状態（高／低）×ストレス制御状態（高／低）の4タイプの被験者を比較した。

ストレスに関する尺度として8項目[(33)]（9点尺度：まったくそう思わない－とてもそう思う）が用いられ，事前調査においてストレス状況に関する統制群の弁別と確認が行われたのち[(34)]，倹約意向（貯金金額）に対するストレス状態（高／低）×ストレス制御状態（高／低）の影響が分散分析を用いて検討された。

調査の結果，ストレス状態が消費者の倹約意向（貯金金額）を高めることを明らかにしている。さらに，高ストレスの出来事を経験した後，ストレス制御が可能である（制御可能な状態へ回復した）と消費者が知覚する場合[(35)]，彼らの倹約意向（貯金金額）が低減することを Durante and Laran（2016）は示した。

これらの実験Ⅰの結果を踏まえた実験Ⅱでは，ストレスによる特定製品への支出意向の影響を検討するとともに，実験刺激の体験時のストレス量およびストレス制御に対する知覚の程度の測定，つまり（実験刺激から誘発された）ストレスに対する知覚（以下：ストレス知覚）と制御に対する知覚（以下：ストレス制御知覚）の違いに関する検証が試みられている。実験Ⅰと実験Ⅱのストレスに関する視点の違いとは，実験Ⅰが実験刺激によって誘発されたストレス状態（high stress condition）と中立的なストレス状態（neutral stress condition）との差異による倹約意向（貯金金額）の影響を検討したのに対し，実験Ⅱは実験刺激によって誘発されたストレス状態の高／低の知覚の差異に焦点を当て，必需品購買意向への影響を検討しようと試みた点である。具体的には，ストレス知覚（高）×ストレス制御知覚（低）が必需品への支出意向を促進することを検証しようとした。

実験の被験者（n＝30）[(36)]は，実験Ⅰと同様のストレス状態に関する実験刺激を受けたのち，必需品購買の重要性（7点尺度：1　まったく重要ではない［not at all important］－7　とても重要である［very important］）についての質問を回答，さらに実験Ⅰで用いられたストレスに関する8項目[(37)]と，新たに用いられたストレス制御知覚に関わる3項目[(38)]について回答している。

実験Ⅱの結果は，ストレス知覚（高）の時という条件下において，ストレス制御知覚の程度に影響を受け，必需品購買意向が変化することを明らかにしたものであった。このことはつまり，高いストレス環境下においてストレス制御知覚の喪失が必需品購買意向の推進力となっていることを明示するものである。コロナ禍という高ストレス環境下において，もし消費者がストレス制御をできていないと知覚するならば，彼らの必需品購買意向は高まる可能性がある。

続く実験Ⅲ(39)では，実験Ⅰおよび実験Ⅱの結果を踏まえ，ストレス状態（高／低［高／中立的：high vs neutral］）とストレス制御状態（高／低）による倹約意向（貯金金額）への影響が検証された。実験Ⅲのストレス制御状態とは，過去ではなく直近の制御可能性の影響を対象としていること，さらにストレス状態の実験刺激として，被験者にとって直接的に関係する制御状態を提示している点が，実験Ⅰと異なる点である。

実験操作の後，被験者は倹約意向に関する質問，つまり「（買物に行くとした場合）250ドルのうちどの程度を倹約したいと思うか？」に対して倹約したい金額の提示が求められた。そしてその後，実験刺激の確認をするための質問が提示された(40)(41)。

実験Ⅲは実験Ⅰとは異なり，ストレス源（ストレッサー）に対するコーピングの可能性に注目し，実験刺激の操作を施したものであった。つまり，実験Ⅰのストレス制御状態とはストレス制御できた経験が実験刺激となっていたのに対し，実験Ⅲでは成績評価というストレッサーに対する直接的な制御可能性（他者の影響の介在率の程度［大／小］）を操作した実験刺激であった。しかしながらその結果は，総じて実験Ⅰの結果に準ずるものであった。

実験Ⅰの結果を踏まえた実験Ⅲの結果で興味深い事項は，ストレスに対して制御可能であるとの知覚が，直近であれ過去のものであれ，倹約意向（貯金金額）を制限する要因として作用することである。Durante and Laran（2016）の研究では直接的に自己効力感については言及されていないものの，ストレス制御知覚に関する調査項目や実験Ⅰ・Ⅲの結果を踏まえると，消費者のストレスに対する自己効力感が高いこと（ストレス制御知覚［高］）は，たとえそれがストレス源（ストレッサー）に直接的に関係がない効力感であった場合でも，コーピングによる回復意向を抑制しうると推察される。その逆に，自己効力感が低い消費者は，倹約意向（貯金金額）を高めることが予見される。

また Durante and Laran（2016）の研究では，ストレス状況に対するストレス知覚の程度によって自己効力感が変化する，すなわちストレスの大きさによって自己効力感が阻害されることが確認されているが（ストレス制御知覚に対して，ストレス状況［高］×ストレス制御状況［高］＞ストレス状況［高］×ストレス制御状況［低］），その影響が必ずしも倹約意向（貯金金額）に反映されないことを実験Ⅲの結果は明示する。つまり実験Ⅲの結果とは，ストレス制御（高）の状態にあり，コーピング可能と認識する主体は，ストレス状態に対する回復行為として倹約意向（貯金金額）を選択しない，ということを支持する内容であった。

この結果を踏まえコロナ禍における消費者の消費行動を考慮すると，ストレスや不安を感じていたとしても，消費者自身がそのストレス状態に対して制御できていると知覚している場合（例えば，自粛できていると知覚する場合），貯金をはじめとする倹約意向を低減させると推察される。その逆に，ストレス制御ができていないと知覚する消費者は，コロナ禍において倹約意向を高めていると推察される。

実験Ⅳでは，必需品および非必需品に対する支出意向（支出金額）への影響が検討された。Durante and Laran（2016）は，ストレス状況（高）環境下にあるストレス知覚（高）の消費者は，非必需品よりも必需品の支出意向（支出金額）が高いと仮定し，ストレス状態（高／低）×支出意向（必需品／非必需品）の4群を比較する実験を試みた(42)。

実験Ⅳの結果は，ストレスが支出意向に作用するだけでなく，コーピングのために必需品購買意向（当該実験では支出意向［支出金額］）が高められることを実証するものであった。その一方で，非必需品に関しては，ストレスによる直接的な効果は確認されているものの，コーピングを介した購買意向の促進は確認されていない。これらの結果を踏まえ，コロナ禍における消費行動・購買意向を検討すると，コロナ禍におけるストレスや不安に対する制御意向（コーピング意向）を持つ消費者は，必需品に対する購買意向のみを促進させると推察される。

実験Ⅰ～Ⅳとは対象に，Durante and Laran（2016）は，ストレスによる倹約的な消費者行動ではなく，実験Ⅴ，Ⅵにおいては衝動的な支出に関して検討している。彼女らは，ストレス状態によって消費者が知覚する“必需品”の対象範囲が，製品カテゴリのタイプとしての必需品を超えて，非必需品をも含むよう拡張される（ストレスによって消費者が自身にとって必需品であるという製品の範囲が変化する）と仮定する。そして，仕事に関するストレッサーを用い，ストレス状態（高／低）×ストレス文脈（仕事環境：新規／既存）による非必需品に対する支出意向（支出金額）への影響を検討した[43]。

実験Ⅴはパイロット版の実験と同様の手順が採用され，被験者は自身の生活（特に仕事）に関する要約を書くことを求められた。

分散分析の結果，非必需品に対する支出意向（支出金額）に対してストレス状態×ストレス文脈（仕事環境）の交互作用が確認された（$F[1, 272]=22.94$, $p<.01$）。具体的には，既存の仕事環境群において，ストレス状態（低）の被験者の方がストレス状態（高）の被験者よりも洋服の支出意向（支出金額）が高いことが明らかになった（ストレス状態［低］M=134.71ドル，SD=69.76ドル vs. ストレス状態［高］M=94.72ドル，SD=55.19ドル，$F[1, 272]=10.48$，$p<.01$，d=.64）。一方，新規の仕事環境群では，ストレス状態（低）の被験者の方がストレス状態（高）の被験者よりも洋服の支出意向（支出金額）が低いことが確認された（ストレス状態［低］M=120.47ドル，SD=62.97ドル vs. ストレス状態［高］M=158.87ドル，SD=78.32ドル，$F[1, 272]=12.79$，$p<.01$，d=.50）。

この結果を踏まえDurante and Laran（2016）は，仕事環境というストレス文脈によって，ストレス知覚の程度が同等であっても，ストレッサーの内容が異なることで，洋服に対する支出意向（支出金額）が変化すると主張する。この議論は，洋服の買物が被験者にとってどの程度“必需”であると認識したのかという，洋服の重要度に関する設問に対し，仕事環境（新規）群の被験者の方が仕事環境（既存）群の被験者よりも高い数値を示したという結果をその背景とするものである（仕事環境［新規］M=4.30，SD=1.44 vs. 仕事環境［既存］M=3.44，SD=1.89，$F[1, 272]=7.73$，$p<.01$，d=.51）。

Durante and Laran（2016）の実験は探索的なものであるが，ストレスが非必需品に対する支出意向（支出金額）を高めることを確認しただけでなく，仕事環境というストレッサーの刺激内容を規定するストレス文脈の違いによって，消費者にとっての必需品の範囲が変化しうることを示唆するものである。

不安やストレスと消費者行動の関係を検討するうえで，導出された結果はとても興味深い内容を提示したと評価される。ただその一方で，ストレス知覚の程度に対し仕事環境の違いによる差が有意でなかったこと，知覚されたストレスの内容自体に関する分析がなされていないことを踏まえると，文脈の違いによるストレッサーの違いを被験者が弁別できたかどうか，Durante and Laran（2016）の実験Ⅴではそれらの確認が不十分であると，指摘される。

そして最後の実験である実験Ⅵでは，消費者自身が評価する，特定のコーピング（実験では倹約意向）への信念が低減するような情報に直面した場合，（実験Ⅰ，Ⅲの結果から）ストレスによって本来高められるはずの倹約意向が低減する可能性を検討している[44]。具体的には，ストレス状態（高／低［中立的］）×コーピングに対する信念（belief in restoring control）（高：肯定的・中立的／低：否定的）による倹約意向への影響を，Durante and Laran（2016）は検証している。

Durante and Laran（2016）は被験者を二分し，ストレス状態（高）群の被験者には，生活の中で直面する，特に問題だと思われるストレッサーに関する要約を，他方，中立的なストレス状態であるストレス状態（低）に弁別された半数の被験者に対しては，彼らが感じる典型的（typical）なストレスに関して，2分間で記述するよう求めた。その後，実験者であるDurante and Laran（2016）は被験者に，倹約意向に関する項目[45]と，ストレス状態に関する実験刺激の確認のためのストレス知覚に関する項目[46]への回答を求めた。

分散分析の結果，倹約意向に対する，ストレス状態×コーピングに対する信念の交互作用が確認された（$F[1, 170]=8.65$，$p<.01$）。具体的には，コーピングに対する信念（高）群において，ストレス状態（高）の被験者の方がストレス状態（低）の被験者よりも倹約意向がわずかに高いことが明らかになった（ストレス状態［低］$M=7.31$，$SD=1.75$ vs. ストレス状態［高］$M=7.86$，$SD=1.49$，$F[1, 170]=3.30$，$p=.07$，$d=.34$）。一方，コーピングに対する信念（低）群の結果は，コーピングに対する信念（高）群とは逆に，ストレス状態（高）の被験者の方がストレス状態（低）の被験者よりも倹約意向が低いことが確認されている（ストレス状態［低］$M=8.13$，$SD=1.04$ vs. ストレス状態［高］$M=7.28$，$SD=1.59$，$F[1, 170]=5.35$，$p=.02$，$d=.63$）。また，ストレス状態（高）

場合，「直近の環境に対し人は制御できない」というコーピングに対する信念を低減するような実験刺激を受けたコーピングに対する信念（低）群は，コーピングに対する信念（高）群よりも，倹約意向が低いことも確認された（$F[1, 170] = 3.16$，$p = .08$，$d = .38$）。

実験Ⅵの結果は，本来であればストレス状態や制御知覚に準じて倹約意向が促進される実験Ⅰ，Ⅲの結果に対して，コーピングに対する信念の揺らぎによってそれが低減することを明示するものであった。

この結果について，熟慮および計画行動理論（**図表2－1**）の基盤となった計画行動理論における行動知覚制御（Perception of behavioral control：PBC）（式1）の視点から議論すると，知覚された制御能力（the perceived power of the control factor under consideration）pi と，制御に対する信念（control belief）ci の関係のように，コーピングの行使に必要と知覚する能力だけでなく，そのコーピングに対する信念が統合された結果，ある特定のストレスに対するコーピング態度や行動が誘発されると解釈できる。つまり，実験Ⅵで示された結果とは，たとえ制御知覚が存在し，ストレスに対してコーピングする能力や方法を知覚していたとしても（実験Ⅵでは倹約というコーピング），その信念が低減することで，結果としてコーピング意向（態度）が低減したと考察できる。

もちろん実験Ⅵでは，倹約に対する評価・信念による態度・行動への影響のみを検討するものであったが，実際のわれわれのストレスに対するコーピングは，さまざまコーピング行動（ストレスへの対応手法）に関する評価属性と，それらに対する信念から構成されていると考えられる。

式1：計画行動理論における行動知覚制御に関する数式（Ajzen 1991, p.197）

$$PBC \propto \sum_{(i=1)}^{n} p_i c_i \qquad (1)$$

また実験Ⅵの結果は，コーピングに対する信念が阻害される時，結果としてコーピング態度（行動）である倹約意向が低減するという，外部情報による影響を確認するものであった。この結果を踏まえ，コロナ禍という環境を考慮すると，制御を回復するための行動として有益であり，かつ自身でもそれが可能であると知覚するコーピング（例えばワクチン接種）に対し，マスメディアやインターネットの書き込み等で否定的な情報に接触した際，われわれ消費者のそのコーピングへの態度や行動は低減する可能性がある。同様に，貯金やある特定の必需品の買いだめなどといったコーピング行動に対しても，それらの行動に対する否定的情報への接触による影響（低減）もあるだろう。以上のように実験Ⅵの結果は，現在のようなコロナ禍というストレスフルな環境下における消費者行動を検討するうえで，有益な示唆を提供するものである。

しかしながら，実験に関する課題もいくつか指摘される。ます実験刺激が，ニューヨークタイムズという信憑性（credibility）の高い情報源に掲載された内容であることによる，被験者への影響である。つまり情報源の確からしさという，提供された情報の信憑性が暗黙的に内包されており，それによる被験者への影響が存在する。よって，情報源の信憑性が低い場合，どの程度コーピングに対する信念が低減しうるかが不明確である。また Durante and Laran (2016) の提示した，コーピングに対する信念（肯定的・中立的）に関する実験刺激は，「なぜポップコーンは跳ぶのか？（Why Popcorn Also Jumps)」というものであり，中立的であるものの，コーピングに対する信念を肯定するものとはいえない。よって，肯定的な実験刺激を被験者に提示した際，コーピングに対する信念が強化され，コーピング態度（行動）が促進されうるのか，その点を検証できていないという課題が存在する。

しかしながら，もしコーピングに対する肯定的な情報に消費者が接触した際，コーピングが促進されるのであれば，メディアのみならずマーケティング・コミュニケーションによって消費者のコーピング行動を誘発・強化することが可能となる。もちろんその際は，先述したように，情報源の信憑性が担保されていることが前提になるであろう。

2-4 先行研究の課題とニューノーマル時代の買物行動の検討視点：Durante and Laran (2016) の研究を中心として

Durante and Laran (2016) は以上のように，さまざまな実験調査から，ストレス知覚およびストレス制御知覚が倹約意向（貯金），必需品購買意向（支出意向），非必需品購買意向（支出意向）に作用することを明らかにした。また彼女らは，ストレス文脈とストレス状態，および非必需品購買意向（支出意向）との関係，さらにコーピング信念の程度の違いによる倹約意向への影響も明らかにしている。

Durante and Laran（2016）の研究の大きな貢献は，Mano（1999）同様，事前のストレスによる購買行動への影響を示唆しただけでなく，倹約意向という消費行動への影響も明らかにしたことである。またストレスに対するコーピングの可能性（制御知覚の高さ）が倹約意向を低減させること，逆に制御可能性が喪失している場合はストレス知覚の高さがによる影響を受け，倹約意向・必需品支出意向（購買意図）が高まるという，Ajzen and Fishbein（2005）が議論する熟慮および計画行動理論における知覚行動制御に相当する「知覚に関わる作用」とストレスとの関係を，Durante and Laran（2016）は調査から明らかにしている。その意味でも彼女らの研究成果は，感情と消費者行動を検討するうえで重要な示唆を提供するものといえよう。消費者が知覚する文脈によって“必需”が変わるという，文脈と知覚・評価に関してもストレスを踏まえて議論している点も含め，彼女らの研究は，ニューノーマル時代における消費者行動の変容を議論するうえで重要な示唆を提供するものである。

ただHama（2001）の研究同様，Durante and Laran（2016）の実験のいくつかに，損失回避性（loss aversion）の影響を懸念する。例えばストレス状態（ストレス知覚）が高い場合に倹約意向（貯金金額）が促進されるという結果は，提示された金額や獲得しうる報酬に対する損失回避意向によって変化する可能性が指摘される。

また，Durante and Laran（2016）の議論した，コーピング態度である購買意向は，Hama（2001）の議論で示されたように，「取有」による気晴らしなのか，「支出」による気晴らしなのか，また誰のための購買・買物なのか(47)，それらの違いを踏まえた議論がなされていないという課題も指摘される。もちろんHama（2001）の議論も，支出額および支出金額の割合とストレス解消との関係に焦点を当てた，気晴らしの買物に関するものであるため，購買意図や支出意図とストレス解消の関係について直接的に検討ができていないという課題も存在する。しかしながら，Hama（2001）が示した，購買行動を規定する目的やストレス解消のためのコーピング内容の違いによって購買における支払い金額も異なるという結果は，ストレスと倹約意向や必需品に対する支出意向（購買意向）との関係性を議論するうえで重要な指針となる。

さらに，実際の消費者の消費行動を念頭に置いた場合，Durante and Laran（2016）の実験は，Hama（2001）と同様に可処分所得による作用を検討していないということも指摘される。Hama（2001）の研究から明示された，支出金額の割合（低）の時の方がストレス解消を促進するという結果を考慮すると，可処分所得の高い消費者はそうでない消費者よりも，ストレス解消のために購買行動・買物行動を多く採用する（頻度が多いこと）と推察される。あるいは可処分所得における支出金額が低い時に消費者は，高い時よりもストレス解消のための購買行動・買物行動を促進することも，Hama（2001）の結果から推察できる。

ただし，これらの条件を考慮する時，例えば可処分所得における支出金額の割合（低）の状態とは，Durante and Laran（2016）が議論した「ストレス状態（ストレス知覚）（低）」であるのか，逆に「ストレス制御状態（ストレス制御知覚）（高）」なのか，どちらに弁別しうる状態であるか，詳細に検討する必要がある。

3．コロナ禍による消費者行動への影響：ネガティブ感情と購買行動・買物行動の関係性

本書では Ajzen and Fishbein（2005）が議論する熟慮および計画行動理論の理論枠組みを参考に，ネガティブ感情と消費者行動に関する既存研究の議論およびその課題を踏まえ，ニューノーマル時代の買物出向意図・購買意図について検討する。具体的には，小売業者（百貨店 / スーパーマーケット［以下 SM］）に対する買物出向意図（JCSI の行動的ロイヤルティに関わる尺度で測定）へのネガティブ感情の影響と共に，必需品と非必需品の重要性の違い，気晴らしの買物の対象の違い，消費文脈の違い（外出 / 巣籠）を考慮し，製品特性別（生活必需品，嗜好性食品，自分のためのファッション財，家族のためのファッション

財，家電やインテリア用品）の購買意図への影響を調査から検証する。また緊急事態措置やウィルスの罹患状況が誘因となり形成されているであろう，自粛意向による影響に関しても，熟慮行動理論を援用し検討する。

さらに，Durante and Laran（2016）の研究を参考に，制御可能性の影響による購買意図・買物出向意図への作用を考慮し，玉置（2014）の尺度を一部用いて，倹約意向と特売意向から構成される節約意向(48)との関係も検討する。

気晴らしの買物に関して，Hama（2001）や Durante and Laran（2016）の研究では，直接的に気晴らしの買物に対する意図の測定がなされていなかったため（気晴らしの買物を購買や買物によってもたらされたストレス解消の結果として暗黙的に議論しているため），Arnold and Reynolds（2003）の快楽的買物動機研究における「ご褒美型（自己満足型）ショッピング」（Gratification shopping）」に関する尺度を援用し，気晴らし意図と購買意図・買物出向意図を弁別したうえ，それらの関係性について検討する。

具体的に本書では，コロナ禍によって醸成されたストレス解消のための気晴らしの買物，つまりご褒美消費とは，Mano（1999），Hama（2001），Durante and Laran（2016）の議論から，ストレス状態や自粛意向によって規定され，節約意向と相互作用し，購買意図と買物出向意図へのそれらの影響を媒介する態度であると位置づける。この議論は，Durante and Laran（2016）の実験Ⅴにおいて明示された，ストレス文脈×ストレス状態（ストレス知覚）による非必需品（洋服）に対する支出意向（支出金額）への影響に洋服の重要度が媒介するという結果を，特に重要視したものである。つまり，コロナ禍というストレスフルかつ自粛を求められる文脈において，必需品のみならず，非必需品に対する需要が喚起されている現在の消費傾向を，「非必需品に対する重要性」を媒介とするストレスから購買意図へのプロセスであると議論する。

そのうえで，Hama（2001）の事前調査で示された気晴らしの買物の「場」としての百貨店が重視されていること，また Mano（1999）の実験が暗黙的に百貨店の提供する買物体験に対し高い期待を前提としていることを踏まえ，ストレスから誘発される買物出向意図についても，ご褒美消費が媒介変数となると位置づけ，その関係を検討する。

そしてこれらの議論を統合し，本書で検討すべき構成要素，「コロナ禍への

図表2－2　仮説モデル

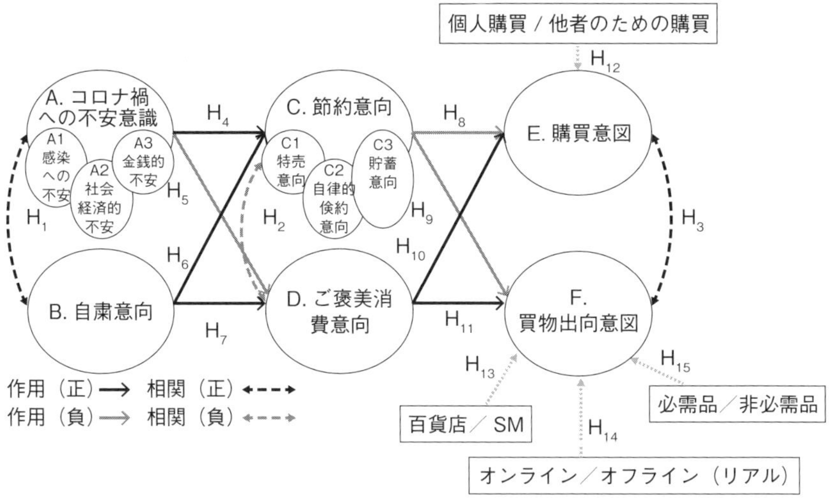

出典：圓丸（2021, p.29）を一部加筆修正。

不安（感染への不安・社会経済的不安・金銭的不安）」，「自粛意向」，「節約意向（倹約意向・自律的倹約意向・貯蓄意向［貯金のための倹約意向］）」，「ご褒美消費意向」，「購買意図（必需品／非必需品）」，加えて「買物出向意図（百貨店／SM）」の関係を仮定したモデルが**図表2－2**である。本書ではコロナ禍によってオンラインでの購買行動が増加傾向にあることを踏まえて，「買物出向意図（百貨店／SM）」に対する調整変数として「オンライン・オフライン（リアル）」での買物の違いによる差も検討する。

次章では，測定尺度の内実に関して，既存研究を概観し議論する。

本章の仮説は，具体的に下記のとおりである。

【相関】

H1：「コロナ禍への不安意識」（A）と「自粛意向」（B）は正に相関する。

H2：「節約意向」（C）と「ご褒美消費意向」（D）は負に相関する。

H3：「購買意図」（E）と「買物出向意図」（F）は正に相関する。

【影響】

H 4 :「コロナ禍への不安意識」(A) は「節約意向」(C) へ正に影響する。

H 5 :「コロナ禍への不安意識」(A) は「ご褒美消費意向」(D) へ負に影響する。

＊「コロナ禍への不安意識」(A) が「ご褒美消費意向」(D) を促進するという, 正の影響も想定されるが, ストレス制御に関する検討 (および測定) を本書では実施していないこと, また Durante and Laran (2016) の調査結果 (ストレス状態〔高〕が倹約意向を高めるという結果) を踏まえ, (気晴らしの買物という "正" の影響も包摂しながらも) 主として "負" の影響 (低減) に注目し仮説を設定した。

H 6 :「自粛意向」(B) は「節約意向」(C) へ正に影響する。

H 7 :「自粛意向」(B) は「ご褒美消費意向」(D) へ正に影響する。

＊「自粛意向」(B) が「ご褒美消費意向」(D) を低減させる "負" の影響も想定されるが, コロナ禍の百貨店売上の回復に対して非必需品売上が寄与していること, また Durante and Laran (2016) の調査結果 (実験Vで示された, ストレス文脈によってはストレス状態が非必需品の需要に "正" に作用する [促進する] という結果) も踏まえ,「コロナ禍への不安意識」(A) の影響とは逆に, "正" (促進) の影響に注目し仮説を設定した。

H 8 :「節約意向」(C) は「購買意図」(E) へ負に影響する。

H 9 :「節約意向」(C) は「買物出向意図」(F) へ負に影響する。

H10 :「ご褒美消費意向」(D) は「購買意図」(E) へ正に影響する。

H11 :「ご褒美消費意向」(D) は「買物出向意図」(F) へ正に影響する。

【差異】

H12 : 個人に関わる財と他者のための財の「購買意図」(E) は異なる (差がある)。

H13 : 百貨店と SM の業態の違いによって「買物出向意図」(F) は異なる (差がある)。

H14 : オンラインストア (EC) とオフライン (リアル) の店舗スタイルに

よって「買物出向意図」(F) は異なる (差がある)。

H15：必需品と非必需品という財の違いによって消費者の「買物出向意図」(F) は異なる (差がある)。

「コロナ禍への不安意識」(A) および「自粛意向」(B) による,「購買意図」(E) や「買物出向意図」(F) への直接的な作用も存在することが推察されるが, 本書では本章の冒頭でも記したように,“節約意向”と“ご褒美消費意向”に注目した議論であるため, 仮説として提示していない。

(1) 緊急事態措置は, まず1都1府5県 (東京都, 大阪府, 埼玉県, 千葉県, 神奈川県, 兵庫県, 福岡県) に対して2020年4月7日に, その他の道府県については同月16日に発出され, その後同年5月31日, 全国一律に解除された。

(2) 日本百貨店協会 (2020年7月21日)「令和2年6月　全国百貨店売上高概況」参照 https://www.depart.or.jp/store_sale/files/202006zenkokup.pdf (最終アクセス：2020年8月10日)

(3) 詳しくは前掲註2の出典を参照のこと。

(4) Levenson (1999) は, ①環境変化へのコーピング：ホメオスタシス [恒常性の維持機能] からの離脱 (Coping with Environmental Challenges: Escape from Homeostasis), ②ホメオスタシスへの回帰：ポジティブ感情の元に戻ろうとする機能 (Return to Homeostasis: The “Undoing” Function of Positive Emotions), ③行動的・認知的階層への移行 (Shifting Behavioral and Cognitive Hierarchies), ④主観的経験 (Subjective Experience), ⑤記憶における連想構造の提供 (Providing Associative Structure in Memory) の5つの個人 (主体) 内機能 (Intrapersonal Functions) と, 集団間の違いを認識する機能 (Group Differentiation) あるいは個人 (主体) 間の違いを認識する機能 (Individual Differentiation) の2つの対人機能 (Interpersonal Functions) という, 感情の機能分類のデザイン (A Two-system Design) を提示した (cf. Levenson 1999; 石淵 2019, pp.70-71) (英語表記にスペルミスと捉えられる記述があるがそれらはすべて Levenson [1999] の論文に準じたものである。)

(5) 石淵 (2019), p.72。

(6) 石淵 (2019), p.72。

(7) Fredrickson and Levenson (1998) は, 心臓血管 (cardiovascular) への感情の影響を議論している。

(8) Kim *et al.* (2016) は, 事前に保有された感情による小売業者のサービス品質 (Retail

Service Quality）への作用を検討した。調査の結果，「怒り（Anger）」のみがサービス品質に作用することが確認されている。Kim *et al.*（2016）の研究が買物意図を検討したものでないこと，また事前のネガティブ感情に関しても「怒り」のみが確認された研究であることから，本書では同研究に関する言及を割愛する。

（9）青木（2010）は，消費行動とは「消費と貯蓄の配分，消費支出の費目別配分，といった支出配分行動」と議論する。また，購買行動を「消費者行動の中でも，具体的な形での製品・サービスに関わるレベル」であるとし，製品カテゴリの選択，ブランド選択，購入量・購入頻度の選択などが含まれると議論する。そして，買物行動とは「購買行動内の，買物場所の選択，店舗の選択を内容とする部分」であると議論し，購買行動の下位概念として包摂する場合もあることを示唆する。詳しくは，青木（2010）を参照されたい。

（10）ムード（Mood）とは，「比較的穏やかで，ある程度持続し，生起原因が明確でない感情」を指す（石淵2019，p.62）。

（11）覚醒とは，「脳や神経系が活発に働いている程度に関する主観的経験」を指す（石淵2019，p.153）。

（12）石淵（2019）の研究に準じ，Distressを「苦悩」と訳す。

（13）Mano（1999）の原文では“Purchase Intention”という用語が用いられる。直訳では，石淵（2019）による訳のように「購買意図」とすべきであるが，測定項目に目を向けると，「その百貨店（店舗）でさらに時間を使って買物をしたい（spend more time shopping in that department）」，「その百貨店（店舗）で自身に必要な他の商品も買いたい（buy other items you need in the department）」，「その百貨店（チェーン）でさらに時間を使って買物をしたい（spend more time shopping in the store）」，「（返品の手続きを対応してくれた）販売員に他の買物をサポートしてほしい（let the clerk help you with other shopping）」，「（返品の手続きを対応してくれた）販売員から（製品・サービスを）購入したい（make a purchase from that clerk）」の5つ（7点尺度）から構成されているように，店舗愛顧意図（store patronage）を前提とする内容となっている（Mano 1999，p.162）。そもそもMano（1999）の研究自体，店舗内環境によるネガティブ感情への作用を検討するものであること，加えて，Swinyard（1993）の買物意図（Shopping Intention）の研究を踏襲していることもあり，本書では，Mano（1999）の“Purchase Intention”とは買物意図を意味するものであるとし，「買物意図」の概念に置き換え議論する。

（14）Mano（1999）のシナリオは，Swinyard（1993）の実験刺激を踏襲したものであり，良い買物体験の環境のシナリオとは「店員が丁寧（礼儀正しく親切）に返品に対応してくれる」というもの，一方悪い買物体験の環境のシナリオとは「店員の振る舞いが無礼で，返品に対して批判的な対応をする」というものである（Swinyard 1993，p.274，pp.278-279）。加えて，関与（Involvement）の購買意図への作用を検討するため，

Swinyard（1993）がシナリオに施した操作とは，高関与の条件では返品の主体者を調査対象者自身とするもの，低関与の条件では（調査対象者が百貨店に買物に行った際に目にした）第3者（他の消費者）を返品の主体者とするものである。このSwinyard（1993）の関与に関する操作は，Petty and Cacioppo（1983）の議論を考慮したものとなっている。その意味で，Mano（1999）およびSwinyard（1993）のいう“関与”とは事象関与（issue involvement）あるいは個人的関連性（personal relevance）を意味するものであると解釈できる。Mano（1999）の研究では，シナリオを提示した後，関与の高低が弁別できているか，Mano and Oliver（1993）の「価値（Value）」に関する尺度を用いたマニュピュレーション・チェックも実施している（Mano 1999, p.162）。

（15）Mano（1999）では学生（$n=151$）を対象に調査を実施している。

（16）Mano（1999）のいう環境とは，買物体験（Shopping Experience）を指す。

（17）Mano（1999）では，シナリオの違い（買物体験［良／悪］×関与水準［高／低］），“退屈”の程度（高／低），そして購買意図との関係を相関分析から検討している。シナリオの条件別に比較した調査結果を観ると，関与が“高い”かつ買物体験が“良い”の場合に“退屈”と購買意図が最も（調査において）強い正の相関（$r=.54$, $p<.0001$）を示すこと，その一方で関与が“高い”かつ買物体験が“悪い”場合は“退屈”と購買意図とが最も強い負の相関（$r=-.29$, $p<.05$）を示すこと，が確認できる（Mano 1999, p.163）。

（18）Mano（1999）の，購買意図を従属変数とし，“苦悩”と“退屈”そしてそれらの交互作用を独立変数とする，シナリオの違い（買物体験［良／悪］×関与水準［高／低］）別の重回帰分析を実施している。分析の結果，関与が“高い”かつ買物体験が“良い”場合は“退屈”（$\beta=1.09$, $p<.001$）のみが作用すること，関与が“低い”かつ買物体験が“良い”場合は有意となる要因が存在しないこと，関与が“高い”かつ買物体験が“悪い”場合は“苦悩”（$\beta=.52$, $p<.003$）と“退屈”（$\beta=-.52$, $p<.003$）そしてそれらの交互作用（$\beta=-1.06$, $p<.001$）が作用すること，関与が“低い”かつ買物体験が“悪い”場合は有意となる要因が存在しないことを明らかにしている（Mano 1999, p.163）。

（19）Pleasantnessの訳に関しては，久野（1999）を参照した。

（20）Calmnessの訳に関しては，門地・鈴木（2000）を参考にした。

（21）Elationの訳に関しては，宮崎・山下（2015）を参照した。

（22）Mano（1999），p.150。

（23）Hama（2001, p.218）は，Folkman and Lazarus（1985）が議論する2種のコーピング（Coping）である，道具的コーピング行動（instrumental coping behavior：Folkman and Lazarus［1985］ではproblem-focused copingと表記）と情緒的コーピング行動（emotional coping behavior：Folkman and Lazarus［1985］ではemotion-focused copingと表記）の議論を踏まえ，「気晴らしの買物（Diversion Buying）」を情緒的コーピング行動として位置づけ議論する（コーピングに関する和訳は，加藤［2009］の研究を参考にした）。

(24) お金を使いたいという「支出」を意味する（Hama 2001，p.220）。

(25) 高い品物を購入したいという「取有」を意味する（Hama 2001，p.220）。

(26) Hama（2001）の研究とは，青木（2010）による消費者行動の分析レベルを考慮すると，消費行動における支出と，製品・サービスの「取有」という購買行動を検討するものであると解釈できる。

(27) パイロット版調査（n＝182：男性＝78名，女性＝104名）の対象者の職業属性は，大学生＝104名，会社員＝43名，主婦＝28名，その他＝7名であった。

(28) 女性のみを対象にした場合の割合は，51.3％であった（Hama 2001，p.218）。

(29) Durante and Laran（2016）の議論する制御（control）とは，その対象を明確に定義していないものの，ストレスに対するコントロール感，あるいは外部要因に対して対応できるという意味でのコントロール感を包含するものとして議論されている。研究分野や研究者の関心によって，不安に対するコントロール感（e.g. 荒井ら 2017）の議論に関するもの，心理学で議論されている自己効力感（self-efficacy）に近しい意味でのコントロール感に関する議論（e.g. 中原・林 2005，金子 2013，松本ら 2017）が存在するように，そもそもストレスに関わる制御は広範囲の意味合いを含有する概念として扱われている。本書では，Durante and Laran（2016）の研究がSelf-control概念を基盤しSelf-conceptを議論するCutdright and Samper（2014）の実験を参考にしている点を考慮し，外部要因への対応できるという自己効力感も含め，ストレスに対する制御を意味するものとして，彼女らの議論する制御（control）を「ストレス制御」と表記し議論する。

(30) 本書では，負のムード（苦悩と退屈を含む）とストレス状態を包含するものとして「ネガティブ感情」という語句を用いているため，Durante and Laran（2016，p.816）の「negative affect condition」を「不快感情状態」と訳し，それらを弁別し議論する。

(31) Durante and Laran（2016，p.816）によるパイロット版の実験調査では，まず2分間の間に被験者（n＝162）が感じている，高ストレス状態，中立的ストレス状態，そして生活における悲しみを感じる状態についてそれぞれのグループ別に筆記させ，その後支出に関する実験刺激を提示している。

(32) 実験Ⅰは，大学生（n＝230名：男性＝79名，女性151名），年齢は18～30歳（M＝20.41，SD＝1.21）を対象とし，英語の理解力の低いと自身を評価している学生（43名）を除いて実施された。

(33) ①落ち着けない，②リラックスできていない，③神経を使うことが多い，④神経質になっている，⑤くよくよしている，⑥動揺している，⑦イライラしている，⑧かなり気難しくなっている，の8項目（Durante and Laran 2016，p.817）。

(34) 事前調査より（n＝59）。ストレス状態（低：日常的なストレス状態）（M＝3.21，SD＝2.03），ストレス状態（高）（M＝4.73，SD＝2.27; $F[1, 57]=7.31$，$p<.01$，$d=.71$）。

(35) 自身が制御できたと感じるエピソードの記述をさせた被験者群の倹約意向は低下した

という結果に対して Durante and Laran（2016, p.818）は，被験者たちが環境に対する制御を回復する必要性を感じなくなったためであると議論する。

(36) MTurk 登録の70人から選定された男性（n＝30, 19～67歳：M＝36.09歳, SD＝10.90歳）のパネラーを対象。実験参加者にはそれぞれ90ドルの謝礼が支払われた。

(37) Durante and Laran（2016）では合成尺度で測定されている（α＝.95）。

(38) ①「現在私は，物事に対して制御できていない」，②「現在私は，自身の運命を全うできていないと感じる」，③「現在私は，物事に対して制御できないように感じる」の3項目（9点尺度：1　まったくそう思わない～9　とてもそう思う）。逆転項目の合成尺度で測定されている（α＝.94）。

(39) 大学生（n＝210：男性＝111名，女性99名），年齢は18～49歳（M＝19.46, SD＝2.67）を対象。

(40) 被験者は，ストレス状態に対する実験操作の有効性を確認するための質問に回答している。実験Ⅰ，Ⅱを踏襲し，ストレス状態に対するストレス知覚に関する質問である「あなたはどの程度ストレスを感じていましたか？」（7点尺度：1　まったくない～7　とても多い）と，ストレス制御知覚に関する質問である「スピーチの準備（最初のタスク）を実施する際，その状況を自身はどの程度コントロールできたと思いますか？」（7点尺度：1　まったくできていない～7　すべて制御できている）が提示された。

(41) Durante and Laran（2016）は事前調査（n＝78）として，ストレス状態（高／低）における（ストレス制御状態に関する実験刺激は提示しない）変数間の影響を確認している。調査項目は実験Ⅰで提示したストレス知覚に関する項目（実験Ⅲでは7点尺度で測定）とともに，新たな項目として「今，どのくらいストレスを感じていますか？」，提示されたストレス状態である実験刺激との関連性に関する項目「最初に提示された課題は，あなたにとってどの程度関連するものでしたか？」，および心的エネルギーに関する項目「あなたは今，どのくらい精神的な疲れを感じていますか？」が追加され，すべて7点尺度（1　まったくない～7　とても多い）で測定された。

(42) 大学生（n＝223：男性＝98名，女性125名），年齢は18～27歳（M＝20.09, SD＝1.54）を対象。ストレス状態による実験操作は実験Ⅲと同様のものである。被験者を2×2グループに分け実験は実施された。必需品あるいは非必需品に関する実験刺激は，それぞれの買物に行く状況を想定させたうえ，どの程度の金額を支出しようと思うかについて回答を求めるものであった。

(43) MTurk 登録のパネラーを対象（n＝276：男性＝168名，女性108名；18～70歳：M＝34.63歳, SD＝11.18歳）。実験参加者にはそれぞれ90ドルの謝礼が支払われた。

(44) MTurk 登録のパネラーを対象（n＝174；18～65歳：M＝31.41歳, SD＝10.67歳）。実験参加者にはそれぞれ90ドルの謝礼が支払われた。

(45)「現在，あなたは，お金を倹約することと製品に使うことのどちらが重要だと思いますか？」（9点尺度：1　倹約はまったく重要ではない～9　倹約はとても重要である）

(Durante and Laran 2016, p.823)。

(46)「(生活におけるストレスに関した) 要約を書く作業はあなたにどのくらいストレスを与えましたか？」(5点尺度：1　まったくストレスを感じない～5　とてもストレスを感じる) (Durante and Laran 2016, p.823)。

(47) Hama (2001) では,「支出による気晴らし」と「所有による気晴らし」の買物時のストレス解消への影響の違いを検討する。彼の実験調査の1つでは, 支出と所有の影響を,「価格設定」(高い [expensive], 値ごろ [reasonable], 安い [cheap]) の違いと, 誰のための買物なのかという「買物目的の対象」(自分のため [oneself], 重要な人のため [an important person], 親密な友人のため [a close friend]) の違いによる, ストレス解消への影響を比較することで検討している。調査の結果,「買物目的の対象」の主効果 (F[2,256]=18.74, $p<.0001$), そのなかでも“自分のための気晴らしの買物”が最もストレス解消に寄与することを確認している。加えて,「価格設定」×「買物目的の対象」の交互作用 (自分の買物時において価格設定が高いほどストレス解消を促す) (F[4,512]=10.14, $p<.0001$) も確認されている。これらの結果から Hama (2001) は,「所有による気晴らし」の方が,「支出による気晴らし」よりもストレス解消に効果があると主張する。また Hama (2001) の研究では, “重要な人のための買物”が“親密な友人のため買物”よりもストレス解消に寄与する結果も確認されている。この結果は, 同じギフト消費であっても, 消費主体にとっての購買重要性が増す場合, ストレス解消が促進されることを意味する。

(48) 玉置 (2014) は, 倫理的消費 (Ethical Consumption) を抑制する要因として節約意識を議論する。本書では, ストレスに対するコーピングとしての倹約だけでなく, 自粛意向という, 倫理的消費ではないものの, 規範意識に基づく消費行動を検討するため, 玉置 (2014) の節約意識に関わる尺度を用い検討する。

第 3 章

ニューノーマル時代の不安意識・自粛意向による消費者行動への影響
―消費者への調査を踏まえて―

1. はじめに

世界的なコロナ・ウイルスによるパンデミックを受け，マーケティング研究においてもニューノーマル時代に適合した研究調査が求められている。実際，*Journal of Business Research*（vol.117）では“COVID-19 IMPACT ON BUSINESS AND RESEARCH”と題した特集セッションが組まれ，数人の研究者が提言論文を寄稿している。しかしながら，ここでの議論は今後の研究の方向性や課題を提示するものであり，具体的な検証がなされている研究はなく，コロナ禍による消費への影響を検討できているとはいえない。

一方，心理学の分野において徐々にではあるが，コロナ禍による影響を，不安（Anxiety）などのストレスに焦点を当て検証する研究も出てきている。

例えばQian and Yahara（2020）は，日本人（n＝1,856）(1)を対象としたオンライン調査を実施し，日本人の特性（性格［Personality］，道徳的基盤［Morality］，イデオロギー［Ideology］）とデモグラフィック要因による，予防行動と心理状態へ影響を検証している(2)。彼らの研究における不安意識に関わる質問項目は，「うつ，不安，ストレス」に関わる心理的尺度である日本版DASS（Depression, Anxiety, and Stress Scale）の21項目と，コロナ禍への懸念（concern）や行動に関わる44項目（e.g. 家族の罹患に関して）から構成されている。

当該研究では重回帰分析を実施し，13の下位尺度が，うつ，不安，ストレスという心理的負担に関する要因とともに，コロナ禍に対する予防行動，また心配や懸念に関わる要因に影響することを確認している。さらにデモグラフィック要因との関係性についても統計的な検証を試みている。

Qian and Yahara（2020）の研究は，コロナ禍における日本人を対象に調査した貴重な研究である。しかしながら，そもそも当該研究はコロナ禍における不安意識がどのように態度や行動に影響を与えるのかを検討するものではない。

また彼らの研究は，調査対象者の特性に注目し，それらによる不安意識やうつ状態，あるいは予防行動に関する影響を，DASS を含め18の要因を従属変数として，個別に重回帰分析を実施することで探索的に検討したものであるが，DASS で測定されたストレスおよび不安に関する項目と，別途に測定されたコロナ禍に対する心配意識の項目が内容的に一部重複するといった，要因間の明確な弁別がなされていないという問題が指摘される。コロナ禍における意識や態度および行動に関わる15の要因についても，因子分析を用いて算出されたものではなく，研究者によって恣意的に弁別されたものであり，さらにその要因に関する統計的信頼性についても明示されていないという課題も存在する。加えて DASS で測定された要因と，コロナ禍における不安や懸念などは，大いに関連することが容易に推察される。よって，当該研究の結果は，要因間の重複や相関を含有し議論されていないという大きな問題を内包していると指摘される。

本書のテーマであるニューノーマル時代の百貨店への買物行動を検討するに際し，前章の議論や Qian and Yahara（2020）の研究課題を考慮すると，コロナ禍に関わるネガティブ感情が態度と行動へどう影響するのか，“自粛意向”，不安やストレスに対するコーピングに関わる態度である “節約意向”，そして “ご褒美消費意向” との関係にも着目し議論することが必要であるといえよう。

以上の議論を踏まえ本章では，仮説モデル（**図表 2 - 2**）の構成要因に関する文献調査を通じて，各要因の詳細を言及する。

2. 仮説モデルの構成要素の検討

2-1 コロナ禍に対する不安意識（仮説モデル要因：A 1 および A 2）の検討

Taylor *et al.*（2020）は，Taylor（2019）のパンデミックに関わる議論を発展させ，健康への不安（health-related anxiety）のみならず，コロナ・ウイルスに関する苦悩（distress）を測定する尺度，COVID Stress Scale（CSS）を検討することで，コロナ禍のストレス（不安意識）の内実を明示した。カナダ人（n＝3,479）と米国人（n＝3,375）を対象にした因子分析の結果，CSS は36項目[3]の設問から構成される5因子構造に収束した（RMSEA＝0.050, SRMR＝0.053, CFI＝.92）[4]。

並列分析（Parallel analysis）を用いた調査[5]の結果，米国人・カナダ人別に実施した探索的因子分析[6]の結果とは異なり，第1因子として，コロナに対する危機感（danger）と汚染に対する意識（contamination）が1つの因子として収束したものの（danger and contamination：DC），第2因子は社会経済的影響（socio-economic consequences：SE），第3因子は外国人恐怖症（xenophobia：X），第4因子は心的外傷を有するストレス（traumatic stress：T），第5因子は強迫観念による確認意識（compulsive checking：CH）と，ほぼ Taylor *et al.*（2020）が想定した結果に収束した。各因子の信頼度も高く，確認的因子分析の結果を踏まえると，調査項目の頑健性が十分担保されていると判断できる。しかしその一方で，因子間の相関が確認されており（$r>.4$, $p<.001$），コロナ・ウイルスに関する苦悩は，包括的あるいは統合的な苦悩であるといえる。

Taylor *et al.*（2020）の研究は，Qian and Yahara（2020）に対し，尺度の頑健性が担保されていることもあり，追試可能性が高いものであると評価できる。ただ留意すべき点として CSS の測定尺度では，コロナ禍による経済環境の悪化を背景とした，個人主体が感じる個人的な経済的不安やストレスに関する項目が測定されていないという課題が指摘される。

そこで本書で実施した調査では，日本における金銭的ストレスに関する尺度作成を試みた，畠山・濱口（2019，2020）の調査項目を援用し，コロナ禍における金銭的不安意識を検討した。

2-2　コロナ禍によってもたらされる金銭的不安（仮説モデル要因：Ａ３）の検討

畠山・濱口（2019，2020）は，経済的要因に対するストレス尺度を整理概観し，金銭的ストレス（financial stress）の測定尺度の作成を試みた Ponnet *et al.*（2015）や，その概念化を試みた Ponnet（2016）の研究などを参考に，日本人を対象とした新たな金銭的ストレス尺度の作成を試みた。

彼女らは，関東地方の幼稚園・保育園に４～６歳の子どもを預けている保護者を対象に質問紙調査を実施した(7)。

金銭的ストレス測定のための項目に関して，彼女らは Ponnet（2016）に基づき３因子構造を想定したうえ，Ponnet *et al.*（2015）と国内の社会調査を参考に，17項目の設問(8)を作成している(9)。

因子負荷量が .40を満たしていない「将来，安定した収入が得られていると思う」の１項目を削除した２度目の因子分析の結果(10)，金銭的必要性，金銭的負担感，金銭的不安感の３因子構造が確認されている。また確認的因子分析の結果，CFI＝.93，RMSEA＝.08となり(11)，十分ではないものの(12)，まずまずの頑健性が確認されている。

彼女らはさらに，下位因子と，世帯年収，主観的経済状況，知覚されたストレス，物質主義，希望との関係を偏相関から検討している。注目すべきは，将来の金銭的ストレスに関わる項目から構成される「金銭的不安感」が，知覚されたストレス(13)と正に相関（r=.25，p<.01）する一方で，希望(14)に対して負の相関（r= −.33，p<.01）が確認されたことである（世帯年収(15)，主観的経済状況(16)，物質主義(17)とは無相関であった)。この結果に対し畠山・濱口（2019）は，「収入や家庭の経済状況に限らず，金銭的不安感が高いとストレスを感じやすく，将来に希望が持てない可能性が考えられる」(18)と議論する。

畠山・濱口（2019，2020）の調査は，探索的なものであり，金銭的不安感に関する因子負荷量を観ても，1.01と１を越えているなど，その尺度の頑健性は十分とはいえない。また，そもそもの調査の目的が親の金銭的ストレスによる幼児の社会的行動（従属変数）への影響を検討するものであるため，調査対象者が限定的であり，その分析結果に関しての限界が存在することも考慮する必要がある。しかしながら，彼女らの研究は，日本においてまだまだ議論されていない金銭的ストレスに関して，既存研究の結果を踏まえ検討している点，そしてある一定の頑健性を保有する尺度を提示した点は評価できる。

本書では，コロナ禍によって醸成されうる，「将来への不安」というネガティブ感情の，買物出向意図・購買意図への影響を検討するという目的から，畠山・濱口（2019，2020）金銭的不安感の項目を採用し分析を実施する。

2-3　自粛意向の測定（仮説モデル要因Bの測定尺度）

消費者の購買行動に作用する規範意識に関する議論は，消費者行動研究において古くから存在する。例えば，精緻化見込みモデルを提起したPetty and Cacioppo（1986）は，具体的に規範という用語を用いていないものの，情報の精緻化における，個人的責任（personal responsibility）の動機づけへの作用を検証しており，個人主体の情報処理における外的要因の影響を議論する[19]。

また態度形成の観点から，規範概念による購買行動への作用を議論した研究にFishbein and Ajzen（1975）の熟慮行動理論モデル（TRA）がある。第2章で提示した，熟慮および計画行動理論モデル（**図表2－1**）で明示（内包）されているように，TRAにおいても外的要因である社会的価値観，すなわち規範が態度形成の主要規定因として位置づけられている。

Fishbein and Ajzen（1975）の主観的規範（Subjective Norm：SN）は，社会的影響に基づく概念であり，「ある状況において，考慮されている問題行動の遂行に関して，その人にとって重要である他者（両親，教師，同僚・友人など）がどのように考えているのかということに対する，その個人自身の知覚，信念」[20]である。また主観的規範の下位概念として，彼らは，規範的信念（Normative Belief：NB）と，規範的信念に従おうとする動機づけ（Motivation to comply：MC）を位置づけ，購買意図および態度との関係を数式で明示した（式2）（$\omega 1$，$\omega 2$はそれぞれのウェイトを意味している）。

式２：熟考行動理論に関する数式（Ajzen and Fishbein 1975）

$$B \sim BI = [Aact]\,\omega_1 + \left[\sum_{(i=1)}^{n} (NB_i)\,(MC_i)\right]\omega_2 \qquad (2)$$

熟慮行動理論モデルに関して特筆すべきは，主観的規範が購買行動意図へ影響を与えているということであり，個人の購買行動を制限するという点である。またもう１つ重要な議論として，彼らが主張する主観的規範は，個人に内在化する信念，つまり個人主体が保有する「他者への準拠に関する判断基準」として議論されている点である。

実際の調査では，コロナ禍における自粛意向を検討するに際し，主観的規範の測定方法を援用し，さらに伊東（1997）[21]や田中・布施（2019）[22]の研究を参考に，家族，友人，職場の上司および同僚，一般社会に関連する自粛に対する規範を測定する。

具体的には，規範的信念（NB）として，「私の家族は，私の（不要不急以外の）外出自粛を望んでいると思う」，「私の友人は，私の（不要不急以外の）外出自粛を望んでいると思う」，「職場の上司および同僚は，私の（不要不急以外の）外出自粛を望んでいると思う」，「一般的に社会は，私の（不要不急以外の）外出自粛を望んでいると思う」を，規範的信念に従おうとする動機づけ（MC）として「私は，私の家族が，私に対して（不要不急以外の）外出自粛を望んでいることに応えたいと思う」，「私は，私の友人が，私に対して（不要不急以外の）外出自粛を望んでいることに応えたいと思う」，「私は，私の職場の上司および同僚が，私に対して（不要不急以外の）外出自粛を望んでいることに応えたいと思う」，「私は，一般的に社会が，私に対して（不要不急以外の）外出自粛を望んでいることに応えたいと思う」を据え，規範的信念（NB）とそれに対する動機づけ（MC）のそれぞれの積を合算（総和）した変数を分析に用いる。

2-4　節約意向（仮説モデル要因Ｃの測定尺度）の検討

Durante and Laran（2016）が示したように，ネガティブ感情（ストレス）は，倹約意向や必需品に対する購買意図を促進する。Durante and Laran

(2016) では，どの程度支出を抑えたいかという，非支出金額（貯金金額）というかたちで倹約意向を測定しているが，玉置（2014）が指摘するように，そもそもこの種の支出の制限には，支出行動自体を抑制することと（e.g. 購入したモノを長く大切に使用することによる節約，貯金)，支出金額の総額を低減させようとすること（e.g. 特売を利用することで支出金額を低減させることによる節約）という，2つの行動が存在する。本書では，玉置（2014）の研究に依拠し，節約意向を，前者の「倹約意向」，後者の「特売意向」に弁別し[23]，それらの態度の測定を通じて，ネガティブ感情および自粛意向からの影響，あるいは買物出向意図・購買意図への影響を検討する。

玉置（2014）は，節約意向に関して，Lastovicka *et al.*（1999）の倹約志向尺度（Frugality Scale）の8項目に，独自で作成した特売意向の3項目を加え，11項目から測定する[24]。

因子分析の結果，特売意向は3項目から成る1因子に，倹約意向は（3項目が削除され）5項目から成る2因子に収束した。倹約意向の下位尺度である「自律的消費による倹約」に関してAVE（Average Variamce Extracted）=.406と，基準となる>.5を満たしていない[25]，また「自律的消費による倹約」の信頼度係数が α =.660，「貯蓄のための消費抑制による倹約」が α =.621と，>.75を満たしていないという，尺度の頑健性に関する課題が存在する。しかしその一方，確認的因子分析の結果，節約意向全体の高い適合度（GFI=.978, AGFI=.953, CFI=.961, RMSEA=.061, χ^2=56.291, df=17, p=.000, n=627）が確認されている。

玉置（2014）は，この節約意向の下位尺度を用いて，倫理的消費（倫理的農産物）[26]の購買点数に対する影響を検討している。調査の結果，倫理的農産物の購買点数に対して，倹約意向の影響は仮説に則する結果ではなかったものの，特売意向（低）と社会的意識（高）の交互作用の影響（F=[1, 153]=3.208, p=0.075）が明示されている。

本書の調査では，この玉置（2014）の尺度を援用し，節約意向を媒介変数として，ネガティブ感情と自粛意向からの影響と，買物出向意図・購買意図への影響を検討する。

2-5　ご褒美消費意向（仮説モデル要因Dの測定尺度）の検討

コロナ禍のネガティブ感情や自粛意向に反発するかたちで誘発される，あるいは低減すると考えられる「ご褒美消費」を検討するうえで，重要な示唆を提供してくれるのがArnold and Reynolds（2003）の快楽的買物動機（hedonic shopping motivation）に関する研究である。彼らは，消費することによって獲得される快楽性を議論する快楽的消費（hedonic consumption）に対し，Babin *et al.*（1994）[(27)]の研究を参考に，買物時の楽しさに焦点を当て，その買物出向に対する動機の解明と尺度作成を試みた。Arnold and Reynolds（2003）の研究は，Churchill（1979）の尺度開発の手法に準じ，質的調査（デプス・インタビュー：n＝98[(28)]）⇒探索的定量調査（n＝266[(29)]）⇒妥当性の検討のための定量調査（n＝251[(30)]）という，3段階の調査から構成されている。

定性調査の結果，冒険型ショッピング（adventure shopping），社会的ショッピング（social shopping），ご褒美型（自己満足型）ショッピング（gratification shopping），アイデア型ショッピング（idea shopping），役割遂行型ショッピング（role shopping），そして価値追求型ショッピング（value shopping）の，6カテゴリに買物動機が分類できることを確認している[(31)]。

「冒険型ショッピング」とは，刺激的で，冒険心を掻き立て，別の世界にいるような感覚を味わいたいなどの，買物時の刺激によって醸成される快楽的買物動機を意味する。「社会的ショッピング」とは，友達や家族と一緒に買物を楽しむことや，買物中の交流，あるいは買物を介した他人との絆の醸成という，社会的動機と関連した快楽的買物動機を意味する。「ご褒美型（自己満足型）ショッピング」とは，ストレス解消のための買物であり，ネガティブ感情を和らげるための買物，そして自分への特別なご褒美として買物したいという，ストレスに対するコーピングによって獲得される快楽的買物動機を意味する。「アイデア型ショッピング」とは，トレンドや新しいファッションに遅れずに追随したい，もしくは新しい製品やイノベーションとの接点を持ちたいという，情報収集によって獲得される快楽的買物動機を意味する。「役割遂行型ショッピング」とは，ギフト消費のような，他者への買物から得られる楽しさ，あるいは他者への買物から得られる気持ちや感情に与える影響，また買物をする主体が素晴らしい贈り物を見つけた際に感じるような興奮や喜びに反映するなどの，他者への貢献（社会的な役割担うこと）によって獲得される快楽的買物動機を意味する。「価値追求型ショッピング」とは，販売目的のための買物や，ディスカウントされた商品の探索，バーゲン品の獲得などの，目的（所有を含む）達成によって獲得される快楽的買物動機を意味する。

本書で注目すべき買物動機とは，ご褒美型（自己満足型）ショッピングである。Arnold and Reynolds（2003）も McGuire（1974）の緊張緩和に関わる議論や，Lee *et al.*（2001）の買物によるコーピング作用に関する議論(32)を踏まえ，ご褒美型（自己満足型）ショッピングがストレスや負のムードに対するコーピング意向に基づくものであると議論している。そして，デプス・インタビューを実施し，ご褒美型（自己満足型）ショッピングが，ストレスに対するコーピングとしての買物に対する動機であること，さらに自分自身のためのご褒美の買物に対する動機であることを確認している。

彼らはそのデプス・インタビューの結果から，ご褒美型（自己満足型）ショッピングに関して作成された28項目の設問を精緻化し，最終的に6項目（7点尺度）での測定を実施する。定量調査では，定性調査で質問された内容とは異なり，オンラインやテレビショッピング，あるいはドラッグストアや食料品店での買物といった利便性が重視される買物の場は除かれ，ショッピングモールでの買物のみを対象として調査が実施された。

買物動機を構成する項目として定性調査から作成された48項目は，相関分析および探索的因子分析(33)によって，25項目まで削減された。項目の妥当性に関して，Arnold and Reynolds（2003）は，再度18項目（最終版）を用いた分析を実施し，その適合度の頑健性を確認している（GFI＝.88，AGFI＝.83；CFI＝.94，NNFI＝.92，standardized RMR＝.048，RMSEA＝.073，$\chi^2[120]=254.15$，$p=.000$）。さらに，χ^2値を利用した多母集団同時推定の結果からも，探索的調査との同質性が確認され，また信頼度係数αや AVE なども十分な値を示している(34)。これらの結果を踏まえると，Arnold and Reynolds（2003）の快楽的買物動機尺度の妥当性は担保されているといえる(35)。

調査ではこの Arnold and Reynolds（2003）の褒美型（自己満足型）ショッピングに関する尺度を用いて，節約意向との相関を考慮し，ネガティブ感情と自粛意向からご褒美消費意向への作用，およびご褒美消費意向から買物出向意図・購買意図へ作用を検討する。

2-6 必需品・非必需品への購買意図（仮説モデル要因Ｅの測定尺度）の検討

前章で記したように，コロナ禍によって醸成されたストレス解消のためのご褒美消費の測定に関して，製品特性の違い（必需品／非必需品），さらに非必需品のなかでもファッションに関する買物目的の対象者の違い（自分／他者），（コロナ禍において促進されたであろう家中消費を想定し）消費文脈の違い（外出／巣籠），を反映させた設問項目を独自に作成した。具体的には，製品特性別（生活必需品，嗜好性食品，自分のためのファッション財，家族のためのファッション財，家電やインテリア用品）に対する購買意図（購入したいかどうか）を７点尺度で測定した。

2-7 百貨店・SMの買物出向意図（仮説モデル要因Ｆの測定尺度）の検討

百貨店・SMに対する買物出向意図に関して，本書ではその尺度としての頑健性が担保されているJCSI（日本版顧客満足度指数：Japanese Customer Satisfaction Index）のロイヤルティに関する項目を用いて検証した。

JCSIはACSI（米国版顧客満足度指数：American Customer Satisfaction Index）[36]を基盤に作成された評価指標である。本書でJCSIを採用した理由は，①尺度の頑健性[37]，②小売業を含むサービス産業を対象としていること，そして③百貨店を対象とした調査が実施されている[38]ことを，重要視したためである。本章で示す調査では酒井（2012）の研究に依拠し７点尺度で，追加調査（第７章）では小野（2010，2016）を参考に10点尺度で測定した。

3. 調査概要

本節では，2020年９月２～７日に株式会社マイボイスコムのパネラーを対象に実施した探索的調査（調査Ⅰ）の概要および調査結果について記述する。

Qian and Yahara（2020）の調査のように，４月７日に初めて発出されたコロナ・ウイルスに対する緊急事態措置の対象であった，１都１府５県（東京都，大阪府，埼玉県，千葉県，神奈川県，兵庫県，福岡県）の在住者に限定せず，調査（Ⅰ）では全国の消費者を調査対象とした。しかし，百貨店での買物意向が比較的高い百貨店顧客を対象としたいという目的から，スクリーニング調査を実施し，「百貨店利用が月１回以上」かつ「百貨店での支出金額が３万円以上／月」，そして百貨店の中核顧客である30歳以上のパネラーを選定している。有効回答数は806名[39]であった（**図表３－１**）。

調査項目は大きく，「コロナ禍に対する不安意識」，「自粛意向」，「節約意向」，「ご褒美消費意向」，「購買意図」，「買物出向意図」と，「百貨店の買物時

図表３－１　調査対象者概要（n=806）

年齢	人数	(%)	性別	人数	(%)	居住地域	人数	(%)	職業	人数	(%)
30～39	189	23.4%	男性	403	50%	北海道	19	2.4%	会社員・役員	440	54.6%
40～49	209	25.9%	女性	403	50%	東北	18	2.2%	自営業	48	6.0%
50～59	177	22.0%				関東	422	52.4%	専門職	40	5.0%
60～69	162	20.1%				北陸	15	1.9%	公務員	28	3.5%
70+	69	8.6%				中部	74	9.2%	専業主婦・専業主夫	159	19.7%
						近畿	176	21.8%	パート・アルバイト	47	5.8%
						中国	27	3.3%	無色・定年退職	41	5.1%
						四国	14	1.7%	その他	3	0.4%
						九州	41	5.1%			

出典：筆者作成。

の情報源」[40]に関する項目，そして「百貨店利用」および「百貨店に対する期待」に関する記述回答から構成されている。

「コロナ禍に対する不安意識」に関しては，Taylor *et al.*（2020）のCOVID Stress Scale（CSS）の一部（COVID danger and contamination）と畠山・濱口（2019, 2020）の金銭的不安感に関する項目を採用した。「自粛意向」に関しては，熟考行動理論を基盤に伊東（1997）および田中・布施（2019）を参考に，家族，友人，職場の上司および同僚，一般社会に関連する，自粛に対する規範意識の項目を設定した。「節約意向」に関しては，玉置（2014）の節約意向の項目を援用した。「ご褒美消費意向」に関しては，Arnold and Reynolds（2003）[41]の快楽的買物動機尺度を採用した。「購買意図」に関しては，独自の指標を用いて調査を実施した。「買物出向意図」に関しては，酒井（2012）で採用されたJCSIのロイヤルティに関する項目を援用（一部修正）し，調査を実施した。分析はSPSS ver.27およびSPSS Amos ver.27を用いて分析した。

4．調査結果

本書では，探索的因子分析，確認的因子分析，下位尺度間の相関・偏相関分析，および買物出向意図・購買意図を従属変数とした要因間の関係性を重回帰分析とQCAを用いて検討した。本節ではまず探索的因子分析の結果から紹介する（情報源に関する分析結果は第4章で議論する）。

4-1　A. コロナ禍に対する不安意識

最尤法，プロマックス回転を用いた探索的因子分析の結果，CSSの「私は，食料品店で販売される水が不足するのではないかと心配になる」が因子負荷量＞1.0となったため，当該項目を削除し再度因子分析を実施した。コロナ禍に対する不安意識は2因子に収束した（**図表3－2**）。回転後の累積寄与率は，63.24％であった。

第1因子は「感染への不安（コロナ・ウィルスの危険性および汚染に対する不安）」，第2因子は「社会経済的不安（社会経済的影響に対する不安）」となり，概ね Taylor *et al.*（2020）と同様の結果が確認された。信頼度係数はそれぞれ，第1因子が α =.954，第2因子が α =.881と十分な値が確認された。また確認的因子分析の結果，GFI =.951，AGFI =.925，CFI =.976，standardized RMR =.037，RMSEA =.057，AIC =465.146，χ^2(100) = 359.146，p =.000と，RMSEA は>.05の値を示したものの，概ね高い水準の値が確認された[42]。

さらに「金銭的不安」に関しても因子分析を実施した。分析の結果，1因子に収束した（**図表3-3**）。回転後の累積寄与率は，82.817% であった。信頼度係数は，α =.896と十分な値が確認された。この結果も先行研究である畠山・濱口（2019，2020）の結果を踏襲するものとなった。

加えて，「コロナ禍に対する不安意識」の2因子と，「金銭的不安意識」の共分散を仮定したモデルの適合度も確認した。分析の結果，GFI =.938，AGFI =.918，CFI =.970，standardized RMR =.047，RMSEA =.057，AIC =533.090，χ^2(190) =533.090，p =.000となった。「コロナ禍に対する不安意識」に関する結果同様，RMSEA は>.05の値を示したものの，概ね高い水準の値が確認された[43]。

4-2　B. 自粛意向

自粛意向は先行研究に準じ，「規範的信念（NB）」と「規範的信念に従おうとする動機づけ（MC）」の積である規範意識（SN）の合算した変数を分析に用い，探索的因子分析（最尤法・プロマックス回転）を実施した。自粛意向は1因子に収束した（**図表3-4**）。

回転後の累積寄与率は，84.88% であった。信頼度係数は α =.940と十分な値が確認された。しかし確認的因子分析の結果，GFI =.974，AGFI =.870，CFI =.985，standardized RMR =2.132，RMSEA =.168，AIC =63.389，χ^2(2) =47.389，p =.000と，GFI と CFI の適合度が高い一方で，GFI に対して AGFI の数値が極端に低いこと，また RMSEA が>.10を超えており[44][45]，十分な適合度を示すものではなかった。ただその一方で Holter(0.05) =102(<806s) であること，本書の調査が探索的調査であることから，当該尺度を修正せず採用した。

図表 3－2　コロナ禍に対する不安意識　因子分析の結果

公共のスペース（手すり，ドアの取っ手など）に触れるとウイルスに感染するのではないかと心配になる
ウイルスに感染するのではないかと心配になる
誰かが私の近くで咳やくしゃみをした際，自身がウイルスに感染するのではないかと心配になる
私の周りの人たちがウイルスに感染するのではないかと心配になる
医療システムがウイルスから私自身を守ることができないのではないかと心配になる
他者とのお金のやりとりによってウイルスを感染するのではないかと心配になる
自身の家族の安全を守れないのではないかと心配になる
医療システムが私の愛する人達を守ることができないのではないかと心配になる
お金を扱ったり，ATM を使用することによってウイルスを感染するのではないかと心配になる
ソーシャルディスタンスを維持するという対応ではウイルスから身を守れないのではないかと心配になる
郵便物や配達物がウイルスに汚染されているのではないかと心配になる
基本的な予防（手洗いなど）ではウイルスから身を守れないのではないかと心配になる
薬局で販売される処方薬が不足するのではないかと心配になる
食料品店で販売される食料が不足するのではないかと心配になる
食料品店で販売される洗剤や消毒用品が不足するのではないかと心配になる
食料品店が廃業するのではないかと心配になる
食料品店の風邪やインフルエンザの対応が不十分なのではないかと心配になる
固有値
% 累積寄与率

出典：筆者作成。

4-3　C. 節約意向

最尤法，プロマックス回転を用いた探索的因子分析の結果，「節約意向」は，玉置（2014）の研究同様，3 因子に収束した（**図表 3－5**）。回転後の累積寄与率は，73.728% であった。

[redacted]

M	SD	Factor 1 感染への不安 （コロナ・ウイルスの危険性および汚染に対する不安）	Factor 2 社会経済的不安 （社会経済的影響に対する不安）	*h2*	*α*
2.57	1.02	.857	−.062	.663	
2.43	1.02	.844	−.103	.599	
2.38	1.00	.843	−.088	.612	
2.38	0.99	.791	.015	.644	
2.28	1.02	.786	.033	.656	
2.29	1.02	.780	.054	.672	.954
1.97	1.08	.774	.016	.618	
2.20	1.00	.750	.043	.612	
1.93	1.08	.748	.101	.679	
1.92	1.08	.703	.141	.656	
2.15	1.08	.674	.157	.630	
2.04	1.05	.666	.159	.621	
2.46	1.00	−.046	.876	.712	
2.47	1.02	−.094	.874	.654	
2.55	1.01	.120	.687	.604	.881
2.30	1.03	.013	.683	.478	
2.27	1.03	.395	.468	.640	
		9.735	1.016		
		57.263	5.978		
因子間相関		I	II		
	I	—	.715		
	II		—		

玉置（2014）の研究に依拠し，第1因子は「特売意向」，第2因子は「自律的倹約意向」，第3因子は「貯蓄意向（貯金のための倹約意向）」とした。信頼度係数はそれぞれ，第1因子が $\alpha=.829$，第2因子が $\alpha=.696$，第3因子が $\alpha=.795$ と，第2因子の信頼度が基準値>.75を満たしていないものの，玉置（2014，p33）の研究においても「自律的倹約意向」は $\alpha=.660$ であったことも

図表3-3　金銭的不安意識　因子分析の結果

	M	SD	Factor 1 金銭的不安	*h2*	*α*
近い将来、生活がなりたたなくなるのではないかと心配になる	3.82	1.63	.908	.824	
今後の経済的な見通しがもてない	4.05	1.59	.819	.672	.896
私（または配偶者）が職を失うのではないかと心配になる	3.69	1.68	.858	.736	
固有値			2.484		
% 累積寄与率			82.817		

出典：筆者作成。

図表3-4　自粛意向　因子分析の結果

	M	SD	Factor 1 自粛意向	*h2*	*α*
SN（友人）	22.19	12.41	.922	.780	
SN（社会）	20.57	11.43	.898	.850	.940
SN（家族）	20.01	11.52	.883	.760	
SN（職場）	21.88	11.71	.872	.806	
固有値			3.395		
% 累積寄与率			84.880		

出典：筆者作成。

あり，項目を修正することなく，算出された結果を採用した。

確認的因子分析の結果，GFI=.971，AGFI=.930，CFI=.967，standardized RMR=.038，RMSEA=.081，AIC=136.275，$\chi^2(15)=94.275$，$p=.000$と，RMSEAは>.05の値を示したものの，概ね高い水準の値が確認された(46)。

4-4　D. ご褒美消費意向

最尤法，プロマックス回転を用いた探索的因子分析の結果，「ご褒美消費意向」は，Arnold and Reynolds（2003）の研究同様，1因子に収束した（**図表**

図表3－5　節約意向　因子分析の結果

	M	SD	Factor 1 特売意向	Factor 2 自律的倹約意向	Factor 3 貯蓄意向（貯金のための倹約意向）	*h2*	*α*
衣料品、身の回り品のバーゲン販売を利用したいと思う	3.31	1.03	**.874**	−.123	.030	.677	
食料品や日用品の特売（売り出し）を利用したいと思う	3.47	1.01	**.820**	.037	−.024	.689	.829
購入時にポイントがつくお店を優先的に利用したいと思う	3.57	0.94	**.570**	.244	.026	.569	
自分のお金を慎重に使うことは良いことだと思う	3.79	0.87	−.103	**.848**	.034	.649	
お金を上手に使って買い物すると気分が良くなる	3.77	0.90	.102	**.709**	−.121	.529	.696
もしすでに持っているものを修理（再生）できるなら，新しいモノを買う必要はないと思う	3.41	0.92	.033	**.383**	.252	.316	
貯金するために，現在買うのを我慢しているモノがある	3.01	1.08	.030	−.081	**.832**	.665	.795
貯金するためなら，欲しいモノを買うことを進んで我慢する	3.09	0.99	−.014	.059	**.799**	.665	
固有値			3.671	1.214	1.013		
% 累積寄与率			45.890	15.170	12.668		

因子間相関	Ⅰ	Ⅱ	Ⅲ
Ⅰ	—	.587	.487
Ⅱ		—	.419
Ⅲ			—

出典：筆者作成。

3－6）。回転後の累積寄与率は，73.7％であった。

因子名は「ご褒美消費意向」とし，その信頼度係数は α =.887となり，Arnold and Reynolds（2003）の調査結果よりも高い数値が確認された[47]。

4-5　E. 購買意図

「購買意図」に関しても，最尤法，プロマックス回転を用いた探索的因子分析を実施した。分析の結果，購買意図は，1因子に収束した（**図表3－7**）。回転後の累積寄与率は，71.181％であった。信頼度係数は α =.897であった。確認的因子分析の結果，GFI＝.998，AGFI＝.988，CFI＝.999，standardized RMR＝.011，RMSEA＝.029，AIC＝29.36，$\chi^2(2)=3.36$，p＝.000と，高い水準

図表3－6　ご褒美消費意向　因子分析の結果

	M	SD	Factor 1 ご褒美消費意向	*h2*	*α*
ストレス解消のためである	4.11	1.68	**.949**	.904	
落ち込んだ気分を良くするためである	4.06	1.66	**.891**	.792	.887
自分自身へのご褒美のためである	4.53	1.55	.718	.515	
固有値			2.211		
％累積寄与率			73.700		

出典：筆者作成。

図表3－7　購買意図　因子分析の結果

	M	SD	Factor 1 購買意図	*h2*	*α*
自身のファッションに関わる商品を購入したい	5.20	1.41	**.851**	.725	
生活必需品を購入したい	5.38	1.39	**.841**	.708	
アルコール飲料やコーヒー，紅茶などの嗜好品を購入したい	5.30	1.37	**.837**	.700	.897
家電やインテリアに関わる商品を購入したい	5.03	1.40	.791	.625	
家族のファッションに関わる商品を購入したい	4.87	1.49	.672	.452	
固有値			3.559		
％累積寄与率			71.181		

出典：筆者作成。

の値が確認された[48]。その後，各項目の差を一元配置分散分析から検討した。その結果，調整対象者の購買意図は，「他者」よりも「自分自身への買物」を重視する傾向が確認された[49]。この結果は，H12「個人に関わる財／他者のための財」を支持するものである。

4-6　F. 買物出向意図

「百貨店に対する買物出向意図」に関して，最尤法，プロマックス回転を用いた探索的因子分析を実施した。分析の結果，買物出向意図は，2因子に収束した。回転後の累積寄与率は，66.698% であった。第1因子は「オンラインの買物出向意図」[50]，第2因子は「オフライン（リアル）の買物出向意図」[51]に弁別された。第1因子の信頼度係数は α =.955，第2因子は α =.864であった。確認的因子分析の結果，GFI =.949，AGFI =.879，CFI =.968，standardized RMR −.142，RMSEA =.102，AIC =278.072，$\chi^2(23)$ =214.072，p =.000と，GFI および CFI は高い水準の値が確認された一方で GFI に対して，AGFI の数値が極端に低いこと，RMSEA が＞.10を超えていること[52]から，適合度は低いと判断された。

オンラインとオフライン（リアル）の「買物出向意図」に関して，t 検定を用いて比較した（H14－百貨店）。分析の結果，総じてオフライン（リアル）の方がオンラインより高く評価されていることが確認された[53]。この結果は，「取扱商品やサービスに関して，百貨店のオンラインストア（EC）がオフライン（リアル）ほど充足していない」という，消費者知覚の介在により導出されたと推察される。

また，オンラインとオフライン（リアル）の買物出向意図を統合した値[54]を用いて探索的因子分析を実施した（最尤法，プロマックス回転）。分析の結果，「買物出向意図」は，1因子に収束した[55]（**図表3－8**上段）。累積寄与率は，73.715% であった。確認的因子分析の結果，GFI =.976，AGFI =.879，CFI =.983，standardized RMR =.029，RMSEA =.157，AIC =57.621，$\chi^2(2)$ =41.621，p =.000と，GFI および CFI は高い水準の値が確認された一方で，GFI に対して AGFI の数値が極端に低いこと，RMSEA が＞.10を超えていることから，適合度は低いと判断される[56]。

図表 3－8　買物出向意図（店舗スタイル［リアル＋オンラインストア］統合版）因子分析の結果

				Factor 1		
		M	SD	買物出向意図	*h2*	*α*
百貨店	これから1年間に今までよりも頻繁に百貨店を利用したい	4.37	1.21	.914	.836	.917
	次回，商品を購入する際，百貨店を第一候補に利用すると思う	4.21	1.23	.866	.749	
	今後1年間で，これまでよりも幅広い目的で百貨店を利用したい	4.50	1.27	.861	.741	
	これからも百貨店の店舗を利用し続けたい	4.85	1.16	.789	.622	
	固有値	2.949				
	% 累積寄与率	73.715				
SM	これから1年間に今までよりも頻繁にSMを利用したい	4.30	1.18	.924	.854	.943
	次回，商品を購入する際，SMを第一候補に利用すると思う	4.32	1.16	.917	.841	
	これからもSMの店舗を利用し続けたい	4.51	1.16	.877	.769	
	今後1年間で，これまでよりも幅広い目的でSMを利用したい	4.35	1.20	.874	.765	
	固有値	3.23				
	% 累積寄与率	80.74				
百貨店SM統合	これから1年間に今までよりも頻繁に○○を利用したい	4.42	1.24	.922	.849	.943
	次回，商品を購入する際，○○を第一候補に利用すると思う	4.26	1.20	.883	.780	
	今後1年間で，これまでよりも幅広い目的で○○を利用したい	4.34	1.20	.868	.753	
	これからも○○の店舗を利用し続けたい	4.68	1.17	.826	.682	
	固有値	3.07				
	% 累積寄与率	76.63				

出典：筆者作成。
注：百貨店・SMの値を統合した因子分析に関して，本調査ではTucker（1966）の三相因子分析を用いて分析を実施した。

同様に,「スーパーマーケット（以下 SM）に対する買物出向意図」についても最尤法，プロマックス回転を用いた探索的因子分析を実施した。分析の結果，百貨店の分析時と同様，買物出向意図は 2 因子に収束した。回転後の累積寄与率は，72.419% であった。第 1 因子は「オンラインの買物出向意図」，第 2 因子は「オフライン（リアル）の買物出向意図」に弁別された。第 1 因子の信頼度係数は α=.950，第 2 因子は α=.898であった。確認的因子分析の結果，GFI=.971，AGFI=.938，CFI=.985，standardized RMR=.0077，RMSEA=.007，AIC=185.387，$\chi^2(26)$=127.387，p=.000と，高い水準の値が確認された[57]。

「SM に対する買物出向意図」に関しても，t 検定を用いて比較した。分析の結果，百貨店の結果同様，総じて“オフライン（リアル）”の項目が“オンライン”ストア（EC）に関する項目より高く評価されていることが確認された[58]（H14-SM）。コロナ禍において，SM のオンラインストア（EC）の利用件数は拡大傾向[59]にあるものの，SM の主要な取扱商品が生鮮食品であることもあり，まだまだ売上における規模は大きくはない。このような業態特性によって，“オフライン（リアル）”に対する買物出向意図が“オンラインストア（EC）”よりも高い数値を示したと考察される。

また，SM に関して，オンラインとオフライン（リアル）の「買物出向意図」を統合した値[60]を用いて探索的因子分析を実施した（最尤法，プロマックス回転）。分析の結果，1 因子に収束した。回転後の累積寄与率は，80.74% であった（**図表 3 - 8** 中段）。確認的因子分析の結果，GFI=.998，AGFI=.990，CFI=1.000，standardized RMR=.005，RMSEA=.026，AIC=19.098，$\chi^2(2)$=3.098，p=.000と，高い水準の値が確認された[61]（**図表 3 - 8** 中段）。

さらに，百貨店と SM の値を統合して，大型小売小売業に対する「買物出向意図」に関する因子分析も実施した（最尤法，プロマックス回転）。分析の結果，1 因子に収束した。回転後の累積寄与率は，76.63% であった（**図表 3 - 8** 下段）。確認的因子分析の結果，GFI=.987，AGFI=.937，CFI=0.992，standardized RMR=.018，RMSEA=.133，AIC=58.945，$\chi^2(2)$=42.945，p=.000と，高い水準の値が確認された。

加えて調査では，買物出向意図に各項目である，「関連購買」，「第一候補

(必需品)」,「第一候補（非必需品)」,「頻度拡大」,「持続期間」を従属変数として，業態（百貨店／SM）および店舗スタイル（オンライン／オフライン［リアル］）を独立変数とした二元配置分散分析[62]を実施した。

分析の結果,「関連購買（今後1年間で，これまでよりも幅広い目的で○○を利用したい)」と「第一候補（必需品）(次回，商品［必需品］を購入する際，○○を第一候補に利用すると思う)」に関して“業態”の主効果が確認された。「関連購買」に関しては百貨店がSMよりも高く[63]，「第一候補（必需品)」に関して百貨店はSMより低くなることが確認された[64](H13)。

そして,「関連購買」,「第一候補（必需品)」,「第一候補（非必需品）(次回，商品［非必需品］を購入する際，○○を第一候補に利用すると思う)」,「頻度拡大（これからも○○の店舗を利用し続けたい)」,「持続期間（これから1年間に今までよりも頻繁に○○を利用したい)」に対する“店舗スタイル”の主効果が確認された（H14)。

“業態”×“店舗スタイル”の交互作用が確認されたのは,「第一候補（必需品)」のみであった（$F(1)=8.794$，$p<.01$)。オフライン（リアル）の場合，SM（M=4.70，SD=1.31）が百貨店（M=4.26，SD=1.51）よりも高く，オンラインストア（EC）を想定した場合もSM（M=4.14，SD=1.31）が百貨店（M=4.01，SD=1.57）よりも高いことが確認された。

またH15として示したように，“必需品”と“非必需品”に対する違いに関しても検討した。t検定を用いた分析の結果，百貨店への“必需品”に関する買物出向意図（リアルM=4.26，SD=1.50）は“非必需品”のそれ（リアルM=4.53，SD=1.39）よりも低い数値を示した（$p<.01$)（オンラインに関しては非有意であった)。一方SMに関しては，“必需品”（リアルM=4.70，SD=1.31）が“非必需品”のそれ（リアルM=4.41，SD=1.31）よりも高い数値を示した（$p<.01$)。この結果は，百貨店という「場」が非必需品を，一方SMが必需品を中心とした業態であるという，消費者の知覚に起因し導出されたものであると推察できる。

以上の結果は，第2章で提示した買物出向意図に対する仮説，H13「百貨店／SM」，H14「オンライン／オフライン（リアル)」と，H15「必需品／非必需品」を支持するものである。

4-7　下位尺度間の関係性の検討

因子分析によって導出された因子および下位尺度間の相関と偏相関を検討した。分析の結果，すべての項目間に$r=.144$〜$.718$（$p<.01$）の相関関係が確認された（**図表３－９**）。

偏相関分析の結果，「感染への不安（コロナ・ウイルスの危険性および汚染に対する不安）」（Ａ１）と「社会経済的不安（［コロナ・ウイルスによる］社会経済的影響に対する不安）」（Ａ２）に中程度の正の相関（$r=.558$, $p<.01$）が確認された一方，「金銭的不安」（Ａ３）との相関はほとんど存在しなかった（$r=.09$, $p<.05$）。また「感染への不安」（Ａ１）は，相関係数は低いものの，「自粛意向」（B）（$r=.262$, $p<.01$），「節約意向」のうちの「特売意向」（Ｃ１）との正の相関（$r=.102$, $p<.05$），そして「自律的倹約意向」（Ｃ２）との正の相関（$r=.196$, $p<.01$）が確認された。さらに「購買意図」（E）との正の相関（$r=.136$, $p<.01$）も確認された。しかし「百貨店への買物出向意図」（F 百貨店）とは弱い負の相関関係（$r=-.083$, $p<.05$）にあった。

「社会経済的不安」（Ａ２）は，先述した「感染への不安」（Ａ１）との相関とともに「金銭的不安」（Ａ３），「節約意向」の一部である「貯蓄意向（貯金のための倹約意向）」（Ｃ３），「SM への買物出向意図」（F SM）と正の相関（$r=.134$〜$.558$, $p<.01$），また「ご褒美消費意向」（D）との正の相関（$r=.072$, $p<.05$）が確認された。逆に，「節約意向」の一部（Ｃ１，Ｃ２）および「購買意図」とは負の相関（$r=-.091$〜$-.081$, $p<.05$）が確認された。

「金銭的不安」（Ａ３）は，「社会経済的不安」（Ａ２）とともに，「自粛意向」（B），「節約意向」の一部（Ｃ１，Ｃ３），「ご褒美消費意向」（D）との正の相関（$r=.11$〜$.308$, $p<.01$），また「感染への不安」（Ａ１）と「百貨店への買物出向意図」（F 百貨店）との正の相関（$r=.087$〜$.09$, $p<.05$）が確認された。「自律的倹約意向」（Ｃ２）（$r=-.09$, $p<.05$），および「購買意図」（E）（$r=-.12$, $p<.01$）とは負の相関が確認された。

「自粛意向」（B）も相関係数が低いものの，「感染への不安」（Ａ１），「金銭的不安」（Ａ３），「節約意向」の一部（Ｃ２，Ｃ３），「ご褒美消費意向」（D），「購買意図」（E），「百貨店への買物出向意図」（F 百貨店）との正の相関（r

図表3－9　因子間の相関（上段）および偏相関（下段）の結果

	A1	A2	A3	B	C1	C2	C3	D	E	F 百貨店	F SM
A1		.718**	.528**	.560**	.423**	.455**	.414**	.320**	.375**	.348**	.390**
A2	.558**		.628**	.462**	.334**	.266**	.469**	.373**	.214**	.402**	.455**
A3	.09*	.308**		.449**	.377**	.214**	.479**	.401**	.144**	.369**	.376**
B	.262**	−.046	.129**		.347**	.414**	.431**	.381**	.390**	.452**	.440**
C1	.102*	−.088*	.147**	−.1**		.518**	.415**	.415**	.428**	.364**	.468**
C2	.196**	−.091*	−.09*	.106**	.277**		.369**	.225**	.545**	.327**	.360**
C3	−.039	.134**	.169**	.144**	.128**	.193**		.351**	.173**	.329**	.418**
D	−.05	.072*	.11**	.113**	218**	−.088*	.07*		.275**	.441**	.393**
E	.136**	−.081*	−.12**	.105**	.136**	.332**	−.161**	.044		.468**	.423**
F 百貨店	−.083*	.064	.087*	.118**	−.074*	.004	−.025	.187**	.236**		.678**
F SM	−.059	.16**	−.035	.061	.201**	−.007	.129**	−.01	.083*	488**	

*$p<.05$, **$p<.01$
出典：筆者作成。

$=.105〜.262$，$p<.01$），またその一方でご「特売意向」（C１）との負の相関（r $=-.1$，$p<.01$）が確認された。

「コロナ禍への不安意識」（A）と「自粛意向」（B）との偏相関分析の結果は，「H１：『コロナ禍への不安意識』（A）と『自粛意向』（B）と正に相関する」という仮説を，（一部）支持するものである。

「節約意向」に関して，「特売意向」（C１）は「金銭的不安」（A３），他の「節約意向」（C２，C３），「ご褒美消費意向」（D），「購買意図」（E），「SMへの買物出向意図」（F SM）との正の相関（$r=.128〜.277$，$p<.01$），また先述したように，「不安意識」の一部（A１）と正の相関（$r=.102$，$p<.05$）が確認された。「自粛意向」（B）（$r=-.1$，$p<.01$），「社会経済的不安」（A２）および「百貨店への買物出向意図」（F 百貨店）と，負の相関関係（$r=-.088〜-.074$，$p<.05$）が確認された。

「自律的倹約意向」（C２）は，「感染への不安」（A１），「自粛意向」（B），他の「節約意向」（C１，C３），「購買意図」（E）との正の相関（$r=.106〜.332$，$p<.01$），「不安意識」の一部（A２，A３）そして「ご褒美消費意向」（D）との負の（$r=-.091〜-.088$，$p<.05$）が確認された。

「貯蓄意向（貯金のための倹約意向）」（C３）は，「不安意識」の一部（A２，A３），「自粛意向」（B），他の「節約意向」（C１，C２），「SMへの買物出向意図」（F SM）との正の相関（$r=.128〜.193$，$p<.01$），および「ご褒美消費意向」（D）との正の相関（$r=.07$，$p<.05$）とともに，「購買意図」（E）との負の相関（$r=-.161$，$p<.01$）が確認された。

「ご褒美消費意向」（D）は，「金銭的不安」（A３），「自粛意向」（B），「特売意向」（C１）そして「百貨店への買物出向意図」（F 百貨店）との正の相関（r $=.11〜.218$，$p<.01$），「社会経済的不安」（A２）と「貯蓄意向」（C３）との正の相関（$r=.07〜.072$，$p<.05$）が確認された。その一方で，先述したように「自律的倹約意向」（C２）との負の相関（$r=-.088$，$p<.05$）が確認されている。

「節約意向」（C）と「ご褒美消費意向」（D）との偏相関分析の結果は，「H２：『節約意向』（C）と『ご褒美消費意向』（D）と負に相関する」という仮説を，一部支持するものである。しかしながら，「ご褒美消費意向」（D）は，「特売意向」（C１）および「貯蓄意向」（C３）との正の相関が確認されており，必ずしも両要因は背反するものではないことが明らかになった。

「購買意図」（E）は，先述したように，「感染への不安」（A 1），「自粛意向」（B），「節約意向」の一部（C 1，C 3），「百貨店への買物出向意図」（F 百貨店）と正の相関（$r=.105$～$.332$，$p<.01$），「SM への買物出向意図」（F SM）と正の相関（$r=.083$，$p<.05$）が確認されている。その一方，「金銭的不安」（A 3）と「貯蓄意向」（C 3）との負の相関（$r=-.161$～$-.12$，$p<.01$），また「社会経済的不安」（A 2）との負の相関（$r=-.081$，$p<.05$）が確認されている。

「百貨店への買物出向意図」（F 百貨店）は先述の要素間の相関とともに，「SM への買物出向意図」（F SM）との中程度の正の相関（$r=.488$，$p<.01$）が確認された。

導出された，「購買意図」（E）と「百貨店／SM への買物出向意図」（F 百貨店／SM）との相関の結果は，「H 3：『購買意図』（E）と『買物出向意図』（F）と正に相関する」を支持するものである。

4-8 仮説モデルの検討

因子分析・相関分析の結果を踏まえ，仮説モデルで提示した関係性を検討した。確認的因子分析で用いた検証モデルを援用し，「百貨店への買物出向意図」（F 百貨店）を従属変数とするモデルと，「SM への買物出向意図」（F SM）を従属変数とするモデルを検証した(65)。

そこで，下位尺度(66)を用いた簡易版仮説モデルを策定しその適合度を検証した。分析の結果，「百貨店への買物出向意図」（F 百貨店）を想定したモデルの適合度は，GFI＝.883，AGFI＝.743，CFI＝862，standardized RMR＝.194，RMSEA＝.151，AIC＝545.155，$\chi^2(25)=485.155$，$p=.000$と，十分な値を示さなかった(67)。

同様に，「SM への買物出向意図」（F SM）を想定したモデルの適合度を検証した。分析の結果，GFI＝.884，AGFI＝.745，CFI＝.863，standardized RMR＝.184，RMSEA＝.151，AIC＝543.022，$\chi^2(25)=483.022$，$p=.000$と，「SM への買物出向意図」（F SM）に関するモデルも十分な値を示さなかった(68)。

上記のように共分散構造分析の結果は十分な数値を得られなかったため，本章で提示した仮説を検証する目的から，重回帰分析を実施した（**図表 3-10**）。

図表 3-10　重回帰分析結果

	従属変数											
	C1			C2			C3			D		
	B	*SE*	*p*	*B*	*SE*	*p*	*B*	*SE*	*p*	*B*	*SE*	*p*
（定数）	2.193	.088	***	2.729	0.071	***	1.556	0.091	***	2.348	0.151	***
A1	.3	.05	***	.37	0.04	***	.02	0.052		−.063	0.086	
A2	−.059	.049		−.11	0.039	**	.219	0.05	***	.26	0.084	**
A3	.12	.024	***	−.02	0.019		.155	0.025	***	.217	0.041	***
B	.009	.003	**	.017	0.002	***	.019	0.003	***	.032	0.005	***
⊿*R2*	.219			.253			.31			.22		
R2	.233		***	.257		***	.313		***	.218		***

	従属変数								
	E			F 百貨店			F SM		
	B	*SE*	*p*	*B*	*SE*	*p*	*B*	*SE*	*p*
（定数）	1.443	0.193	***	1.651	0.188	***	1.308	0.181	***
C1	.248	0.05	***	.125	0.049	**	.308	0.047	***
C2	.781	0.057	***	.25	0.056	**	.176	0.054	***
C3	−.154	0.041	***	.134	0.04	***	.241	0.039	***
D	.112	0.026	***	.241	0.025	***	.144	0.024	***
⊿*R2*	.348			.266			.314		
R2	.345		***	.269		***	.317		***

**p<.01, ***p<.001
出典：筆者作成。

分析の結果，総じて重決定係数が20～30％程度であることに留意する必要はあるが，「特売意向」（C 1）を従属変数に，「不安意識」（A 1～A 3）および「自粛意向」（B）を独立変数とする分析の結果，「感染への不安」（A 1），「金銭的不安」（A 3），「自粛意向」（B）の影響が確認された。

「自律的倹約意向」（C 2）に対して，「感染への不安」（A 1），「社会経済的不安」（A 2），「自粛意向」（B）の影響が確認された。この結果で注目すべきは，「社会経済的不安」（A 2）の負の影響である。「自律的倹約意向」（C 2）はそもそも，自身にお金を使うことを肯定するものであるため，「社会経済的不安」（A 2）によって，支出自体に対する負の影響が観測されたと考察される。

「貯蓄意向」（C 3）には，「社会経済的不安」（A 2），「金銭的不安」（A 3），

「自粛意向」(B) の影響が確認された。この結果は，Durante and Laran (2016) の調査結果を支持するものであるといえる。

「ご褒美消費意向」(D) に関して，「社会経済的不安」(A 2)，「金銭的不安」(A 3)，「自粛意向」(B) の影響が確認された。この結果も，「貯蓄意向」(C 3) の結果同様，Durante and Laran (2016) の調査結果を支持するものであるといえ，事前の不安意識がコーピング態度を醸成した結果であると考察される。

重決定係数が十分な値ではないものの (20～36%程度)，「節約意向」(C) および「ご褒美消費意向」(D) は，「購買意図」(E)，「買物出向意図」(F) に作用することが確認された。しかし，「ご褒美消費意向」(D) の「購買意図」(E)・「買物出向意図」(F) への作用は，仮説 (H10, H11) を支持する結果であった一方，「節約意向」(C) は，仮説とは異なり，概ね正の作用を示した。唯一，「購買意図」(E) に対して，「貯蓄意向」(C 3) が負の影響を示したが，それ以外は正の影響を示す結果となった。

この結果に対し特に注目すべきは，「節約意向」(C) の高まりが「百貨店への買物出向意図」(F 百貨店) に寄与するというものである。なぜならこの結果は，コロナ禍における百貨店の売上低減の理由の1つとされる「節約意向」(C) の向上による影響を，一部反証するからである。

「節約意向」(C) が，「購買意図」(E) と「買物出向意図」(F) を促進する背景として，Durante and Laran (2016) の研究で明示された，ストレス文脈による作用が推察される。つまり，コロナ禍という，われわれが今まで経験したことのないストレス文脈において，コロナ禍前は非必需品であると位置づけられた製品カテゴリが必需品として知覚・評価された可能性がある (例えば，投機目的の絵画や高級時計)。

以上，「節約意向」(C) からの「購買意図」(E) および「買物出向意図」(F) への影響を除いた，ほぼすべての仮説が支持される結果となった。

【相関】

H1：「コロナ禍への不安意識」(A) と「自粛意向」(B) は正に相関する。(支持)

H2：「節約意向」(C) と「ご褒美消費意向」(D) は負に相関する。(一部支持)

H3：「購買意図」(E) と「買物出向意図」(F) は正に相関する。(支持)

【影響】

H4：「コロナ禍への不安意識」(A) は「節約意向」(C) へ正に影響する。(一部支持)

H5：「コロナ禍への不安意識」(A) は「ご褒美消費意向」(D) へ負に影響する。(一部支持)

H6：「自粛意向」(B) は「節約意向」(C) へ正に影響する。(支持)

H7：「自粛意向」(B) は「ご褒美消費意向」(D) へ正に影響する。(支持)

H8：「節約意向」(C) は「購買意図」(E) へ負に影響する。(一部支持)

H9：「節約意向」(C) は「買物出向意図」(F) へ負に影響する。(棄却)

H10：「ご褒美消費意向」(D) は「購買意図」(E) へ正に影響する。(支持)

H11：「ご褒美消費意向」(D) は「買物出向意図」(F) へ正に影響する。(支持)

【差異】

H12：個人に関わる財と他者のための財の「購買意図」(E) は異なる (差がある)。(支持)

H13：百貨店とSMの業態の違いによって「買物出向意図」(F) は異なる (差がある)。(支持)

H14：オンラインストア (EC) とオフライン (リアル) の店舗スタイルによって「買物出向意図」(F) は異なる (差がある)。(支持)

H15：必需品と非必需品という財の違いによって消費者の「買物出向意図」(F) は異なる (差がある)。(一部支持)

5. 考察と課題

5-1 調査結果の考察

偏相関分析の結果から，不安意識の下位尺度間の関係性を考察すると，個人的な「感染への不安（コロナ・ウイルスの危険性および汚染に対する不安）」（A 1）は，「社会経済的不安（［コロナ・ウイルスによる］社会経済的影響に対する不安）」（A 2）と相関する一方，「金銭的不安」（A 3）とは直接的な関係が希薄であり，むしろ「社会経済的不安」（A 2）を介して関係するものであると推察される。

また「感染への不安」（A 1）および「金銭的不安」（A 3）は，「自粛意向」（B）との相関・偏相関が確認されている。この結果は，「社会経済的不安」（A 2）という社会全般に対する不安意識の影響によって「自粛意向」（B）が促進されるのではなく，個人視点の「不安意識」（A 1，A 3）によって，主体が重要だと知覚・評価する規範意識，すなわち「自粛意向」（B）が促進される可能性を明示するものである。加えて，熟慮行動理論を踏まえ偏相関分析から導出された結果を考察すると，本書で導出された「自粛意向」（B）に関する結果は，規範的信念に従おうとする動機づけ（MC）よりも，規範的信念（NB）が「コロナ禍による不安」からの影響を強く受けたことによる消費者の反応であったと，解釈することができる。

「コロナ禍への不安意識」（A）と「節約意向」（C）に関して，「感染への不安」（A 1）が「特売意向」（C 1）や「自律的倹約意向」（C 2）と正の相関があった一方で，Durante and Laran（2016）が示したような，「貯蓄意向（貯金のための倹約意向）」（C 3）との関係性は有意ではなかった。逆に「社会経済的不安」（A 2）は，「特売意向」（C 1）および「自律的倹約意向」（C 2）と負の相関とともに，「貯蓄意向」（C 3）と正の相関が確認されている。さらに金銭的不安（A 3）は，特売意向（C 1）および貯金のための倹約意向（C 3）と正の相関，自律的倹約意向（C 2）と負の相関が確認された。

「購買意図」（E）との正の相関も踏まえると，「感染への不安」（A 1）によって，倹約的購買を含む倹約的消費が，その不安に対するコーピング行動として誘発されたと推察される。その反対に，「社会経済的不安」（A２）と「節約意向」（C）との関係性に関して，Durante and Laran（2016）の研究を踏まえると，個人主体がコロナ禍による社会経済的環境の悪化を（主体の）ストレス制御の対象外の事象と認識したことで，導出された結果であると考察できる。つまり，個人主体にとってコントロールできない事象であるがゆえ，Durante and Laran（2016）の実験Ⅲで示されたストレス制御状態（低）×ストレス状態（高）の結果のように，「自律的倹約意向」（C２）が低減し，貯蓄意向（C３）が促進されたと考察される。

「金銭的不安」（A３）と「節約意向」（C１，C３）との関係性は，まず不安解消に直結するコーピング行動として，特売品の購買や貯金が支持された結果であると解釈することができる。一方，「金銭的不安」（A３）が支出自体にネガティブな影響をもたらしたため，非必需品に対する支出意向を含む「自律的倹約意向」（C２）と背反する結果となった。

「ご褒美消費意向」（D）と「不安意識」（A）との関係は，「社会経済的不安」（A２）および「金銭的不安」（A３）が有意であった一方で，「感染への不安」（A１）の偏相関および因果関係は確認されなかった。この結果は，Hama（2001）の「支出金額の低い時ほどストレス解消が促進される」という結果とは逆の現象を明示するものであるといえる。なぜなら，「社会経済的不安」（A２）や「金銭的不安」（A３）が高まり，個人主体の可処分所得が低減することが意識されているにもかかわらず（消費主体にとっての支出金額の比重が高まるにもかかわらず），「ご褒美消費意向」（D）が促進されていたためである。この結果の解釈として，Durante and Laran（2016）の実験Ⅳで示されたような，ストレス状態（高）が必需品購買意図（支出金額）を促進したことが，要因の１つとして考察される。

しかし本書の議論において最も重要な要因である「百貨店への買物出向意図」（F 百貨店）に対する，「不安意識」（A）の直接的な関係性は希薄であることが確認された。この結果から，「コロナ禍への不安意識」（A）は，他の要因を媒介として「買物出向意図」へ作用する要因であると判断することができる。他方，「不安意識」（A）とは異なり，「自粛意向」（B），「節約意向」（C），

「ご褒美消費意向」（D）は，相関係数が十分な値を示していないものの，要因横断的な相関が確認されており，他の要因の媒介となるものであると推察することができる。

この潜在的な関係性を検討するため，補完的な調査として fsQCA ver.2.5を用いて，「買物出向意図」（F 百貨店 /F SM）を従属変数とした，他の要因の影響を検討した。分析の結果，最も固有被覆度（unique coverage）[69]が高かった組み合わせは，百貨店と SM の業態の違いは関係なく，“A1*A2*C1*C2*E”であった。この結果から，CSS で導出された「不安意識」（A1，A2），「貯蓄意向」（C3）以外の「特売意向」（C1）および「自律的倹約意向」（C2），「購買意図」（E）が買物出向意図を規定するといえる。また，組み込まれた要因数が最も多かった組合せは，“A1*A2*A3*C2*C3*D*E” であった[70]。

仮説モデルでは計画行動理論の視座から「コロナ禍への不安意識」（A）に対するコーピング意向として「節約意向」（C）を位置づけ議論したが，fsQCA で算出された結果から，「節約意向」（C）をコーピング意向として位置づけない場合（~C1，~C2，~C3）の，「コロナ禍への不安意識」（A）による買物出向意図への影響についても検討した。

「コロナ禍への不安意識」（A1～A3）の一部が関連し「節約意向」（C）をコーピング意向として位置づけない場合の組み合わせとして，A1*~A3*~B*~C1*~C3*~D*E が確認された。この組み合わせでは，消費者が「感染への不安」（A1）を知覚する一方で「金銭的不安」（A3）を知覚しない（「金銭的不安」（A3）が充足されている）時，「特売意向」（C1）および「貯蓄意向」（C3），そして「ご褒美消費意向」（D）がコーピング意向として作用しないこと（必要としないこと）を明示している。加えてこの組み合わせでは，「購買意図」（E）の知覚が，「買物出向意図」（F 百貨店 /F SM）に寄与することも明示する。この結果に関して留意すべきは，「自粛意向」（B）も，「買物出向意図」（F 百貨店 /F SM）を促進する独立変数として介在しない点である。つまりこの結果は，「節約意向」（C）や「ご褒美消費意向」（D）といった媒介変数を介さずに，「購買意図」（E）を媒介とし買物出向意図（F）へ「感染への不安」（A1）が作用することを示唆する。

偏相関分析の結果では，「購買意図」（E）に関して，「買物出向意図」（F 百

貨店 /F SM）に中程度の正の相関が確認されており，相互に作用しうる関係にあることが確認された。この結果からも，「購買意図」（E）が「買物出向意図」（F）へ寄与すると主張される。

加えて相関分析の結果，すべての項目間で相関が確認されたことを考慮すると，それらに共通する潜在因子の可能性が考察される。仮説モデルの検証結果からも，「買物出向意図」（F）および「購買意図」（E）と，「コロナ禍への不安意識」（A），「自粛意向」（B），「節約意向」（C），そして「ご褒美消費意向」（D）の間に媒介となる潜在変数が存在する可能性も指摘される。

調査では，調査項目数の制限の関係から，JCSI の知覚品質や顧客期待などの，ロイヤルティ評価の前段階に存在する要因を測定する設問を設けていなかった。また「コロナ禍への不安意識」（A）に関しても，すべての項目を用いた分析ではなく，「外国人恐怖症」，「心的外傷を有するストレス症状」，「強迫観念にとらわれた確認意識」に関する項目を測定していない。これらの理由により，「コロナ禍への不安意識」（A）と，「自粛意向」（B），「節約意向」（C），「ご褒美消費意向」（D）といった態度との関係性，また「購買意図」（E）・「買物出向意図」（F）との関係性に関して十分に測定しきれていない可能性がある(71)。

5-2　課題

調査の課題は，まず「自粛意向」（B）および「百貨店への買物出向意図」（F 百貨店）の項目の妥当性が店舗できていない点である。本章で提示した調査では，「コロナ禍への不安意識」（A），「節約意向」（C），「購買意図」（E），「SM への買物出向意図」（F SM）に関しては，確認的因子分析からその妥当性が確認されているが，「自粛意向」（B）とともに，最も重要な「百貨店への買物出向意図」（F 百貨店）が十分な適合度を示さなかった。調査では JCSI のロイヤルティに関わる項目を用いたが，今後の研究として，例えば SERVQUAL などのサービス品質に関わる尺度からの検討も必要であると考える。

また，追加調査として JCSI（全項目）を用いて百貨店利用者の百貨店に関する評価を検討したものの，先行研究で提示されたような因子の収束が確認できなかった。よって，圓丸（2022）で示されている，消費者の百貨店に対する評価が他業態（e.g. SC）と異なる点も考慮した，業態特性に沿った評価項目の検討の必要性も示唆される。

次に，CSS（全項目）の尺度の妥当性に関する課題が存在する。追加調査を実施し，CSS と JCSI との関係性および「自粛意向」（B），「節約意向」（C），「ご褒美消費意向」（D），「購買意図」（E）との関係の検討を試みたが，CSS（全項目）の因子分析の結果は Taylor et al.（2020）の調査結果に則する因子構成とはならず，さらにその適合度も十分な値を示さなかった。

サンプル数を増やし（n＝149 → n＝500），Taylor et al.（2020）の，コロナ・ウイルスに対する危機感と汚染に対する意識（DC）と社会経済的影響（SE）に関する項目に限定して因子分析を実施すると，彼らの調査結果を再現すること可能となった。しかしながら，確認的因子分析を実施したところ，GFI＝.877，AGFI＝.829，CFI＝.94，standardized RMR＝.342，RMSEA＝.072，AIC＝340.074，$\chi^2(123)=244.074$，$p=.000$と，GFI＜.9，CFI＜.95，RMSEA＞.05などの基準(72)を十分担保する値を示さなかった。

CSS の尺度妥当性が低減した背景には，調査対象者の特性による影響もさることながら，コロナ・ウイルスを取り巻く環境の変化による影響が推察される。Taylor et al.（2020）が CSS を測定したのは2020年の 3 月，本研究における調査は2020年の 9 月，追加調査は2021年の 1 月に実施した。

コロナ禍から早一年が経ち，社会においてコロナ・ウイルスに対する知見が蓄積され，多くの消費者にある程度の正確な情報が流布されたことで，CSS が最初に測定された頃よりも，無用な不安意識が取り除かれている可能性がある。それゆえ，追加調査（2021年 1 月実施）の結果の妥当性が担保されなかったと推察される。

よって今後コロナ禍に関する消費者調査を実施するうえで，その時制や対象とする地域に沿った尺度開発が求められると，本書で示した分析結果から指摘される。

6．総括：買物行動・購買行動へのコロナ禍の影響

本章では「コロナ禍への不安意識」（A）が「購買意図」（E）・「買物出向意図」（F）にどう作用しうるか，ニューノーマル時代の百貨店のあり方を検討するうえで調査を実施した。調査の結果，仮説で提示したように，「節約意向」（C）と「ご褒美消費意向」（D）を介して，「ご褒美消費意向」（感染への不安・社会経済的不安・金銭的不安）（A）と「自粛意向」（B）が，「購買意図」（E）と「買物出向意図」（F）に作用していることを確認した。

fsQCA を用いた分析の結果，最も固有被覆度が高かった組み合わせとして，“A 1*A 2*C 1*C 2*E”が確認された。先述したように，この組み合わせは，「感染への不安（コロナ・ウイルスの危険性および汚染に対する不安）」（A 1）と「社会経済的不安（[コロナ・ウイルスによる］社会経済的影響に対する不安）」（A 2）が知覚される時，「特売意向」（C 1）と「自律的倹約意向」（C 2）そして「購買意図」（E）の介在によって，買物出向意図（F）が促進されることを意味する。

この結果を踏まえ，百貨店が採用すべきマーケティング・コミュニケーションを考慮すると，「コロナ禍への不安意識」（A）に対するコーピングとしての「特売意向」（C 1）を刺激するセールを打ち出すことや，同様に自身に支出をすることの意図を含む「自律的倹約意向」（C 2）を刺激する広告が有効であると示唆される。また「購買意図」（E）を向上させる広告，もしくは製品カテゴリでは必需品には属さない商品の（コロナ禍における）“必需性”を訴求する広告も重要であるといえよう。

加えて，コロナ禍に対する不安意識を軽減させることで，買物出向を高めることも可能であろう。fsQCA を用いた分析結果からも，～A 2*～A 3*～B*C 2*E のように，「社会経済的不安」（A 2）と「金銭的不安」（A 3）そして「自粛意向」（B）が充足されており，「自律的倹約意向」（C 2）と「購買意図」（E）が知覚されている時，「買物出向意図」（F）が高まることが確認されている。その意味でも「社会経済的不安」（A 2）と「金銭的不安」（A 3）を軽減

するような，購買や買物の必要性を訴求する広告が有効であると考察される。同様に，「感染への不安」（A 1）を軽減するという方略も有効であると，調査結果から示唆される。具体的な広告内容としては，店舗において充分にソーシャルディスタンスを厳守できるような案内（誘導）がなされていることや，クラスターとならないように店舗のクリンネスを高めているという，店舗環境の安全性を訴求することが挙げられる。

ただその方略を検討するうえで注意すべきは，消費者の知覚する「百貨店らしさ」の違いや，情報取得段階別の消費者が重視する媒体の違いである。百貨店は，それらを考慮したうえ，「節約意向」（C）や「ご褒美消費意向」（D）を刺激することや，あるいは「コロナ禍への不安意識」（A）を軽減するような，マーケティング・コミュニケーション戦略や店舗環境戦略の検討が求められる。

（1）Qian and Yahara（2020）の調査は，政府によって4月7日に発出された緊急事態措置の対象地区となった，東京都，大阪府，千葉県，神奈川県，埼玉県，兵庫県そして福岡県の在住者（n＝926）を含むものであり，Yahoo! *Japan* が提供するアンケート調査サービスを用いて，4月8～9日に実施された。

（2）性格，道徳的基盤，イデオロギーの測定に関して Qian and Yahara（2020）は，日本版 Big-Five Scale（BFS）と日本版道徳基盤尺度（the Moral Foundation Questionnaire：MFQ），そして村山・三浦（2019）のイデオロギーに関する尺度を用いて検討した（村山・三浦［2019］の訳を採用）。因子分析の結果，性格を構成する BFS は5因子，つまり外向性（α＝.92），神経性（α＝.94），開放性（α＝.90），勤勉性（α＝.90），協調性（α＝.77）に収束した（Jamovi を用いた確認的因子分析の結果，適合度は，$\chi2$＝19603［df＝1700，p＜.001］，AIC＝308833，CFI＝.743，TLI＝.732，SRMR＝.101，RMSEA＝.075であった）。一方，MFQ を用いて測定された道徳的基盤は，5因子，つまり，弱者への保護とケア（α＝.69），神経性（α＝.67），開放性（α＝.63），勤勉性（α＝.61），協調性（α＝.59）に収束した（Jamovi を用いた確認的因子分析の結果，適合度は，$\chi2$＝8469［df＝395，p＜.001］，AIC＝160904，CFI＝.619，TLI＝.581，SRMR＝.105，RMSEA＝.105であった）。イデオロギーは3因子，平等への選好，変化への抵抗，政治的立場（リベラル－保守的）に収束した（信頼度係数 α，および確認的因子の結果による適合度に関しては当該論文では記載されていない）。

（3）測定方法として5点尺度（0～4点）のリッカート法が採用されている。

（4）米国人を対象にした確認的因子分析の結果，適合度はRMSEA＝0.050，SRMR＝0.042，CFI＝.93となった（cf. Taylor *et al.* 2020, p.3）。

（5）2020年3月21日～4月1日にインターネット調査を実施した（cf. Taylor *et al.* 2020, p.2）。調査対象者はUniversity of Regina Institutional Research Ethics Board登録のパネラーを対象（n＝6,854：米国人3,375名，カナダ人3,479名；男性52.3%，女性47%；18～94歳 :M＝49.8歳，SD＝16.2歳）。調査対象者の10.1%が休職中あるいは失業中，25.0%が退職者，4.3%が主婦（主夫），4.4%が学生であった。さらに人種の内訳は，白人（68.1%），アジア人（11.5%），アフリカ系米国人／黒人（9.4%），ラテン系／ヒスパニック（6.4%），ネイティブアメリカン／先住民（1.4%），その他（3.2%）であった。調査は時間による心理的変化を鑑み，7日間設問を開示し（7-day window），その期間を踏まえ，評価の測定が実施された。

（6）最尤法，斜交回転で測定（cf. Taylor *et al.* 2020, p.3）。

（7）回収率は48.4%（228/471世帯）であった。調査対象者（n＝366）のうち，欠損反応を削除した有効回答率は78.4%となっている（n＝287：父親117名，母親170名）。調査は，2018年9～11月に実施された。

（8）得点が高いほど金銭的ストレスが高いことを示すよう，最大値7点とする7点尺度ですべて測定されている（畠山・濱口2019, p.164）。

（9）詳しくは，畠山・濱口（2019）を参照されたい。

（10）主因子法，Promax回転（畠山・濱口2019, p.165）。

（11）項目6と項目7との誤差項に共分散を設定したうえでの適合度となっている（cf. 畠山・濱口2019, p.166）。

（12）豊田 編（2007, p.18）の基準を踏まえて。

（13）畠山・濱口（2019）は，鷲見（2006）の知覚されたストレス尺度（Perceived Stress Scale：PSS）を採用している。彼女らの研究では詳しい記述がないが，鷲見（2006）の研究を踏襲し5点尺度（0点：まったくなかった～4点：いつもあった）で測定されているものと推察される。しかし，鷲見（2006）が検討した日本版PSSには10項目版と14項目版が存在し，畠山・濱口（2019）が研究においてどちらを採用したかは明記されていない。

（14）畠山・濱口（2019）は，希望（Hopefulness），目標指向性（Goal-directedness），充実感（Self-fullness），過去受容（Acceptance of past）からなる時間的展望尺度の作成を試みた，白井（1994）の研究における希望に関わる尺度を採用している。彼女らの研究では詳しい記述がないが，白井（1994）の研究を踏襲し5点尺度（1点：あてはまらない～5点：あてはまる）で測定されているものと推察される。白井（1994）では，因子分析（主因子法，プロマックス回転）の結果，希望を構成する項目として「私には未来がないような気がする（逆転項目）（My future looks to be dark）」，「（I am confident to manage my future）」，「（I am hopeful in future）」を提示している（ただし，信頼度係数$\alpha=.67$となっており，Nunnally［1978］が示した基準$\alpha>.70$を踏まえると，因子の頑健性が十分に担保されているとはいえない)。

(15) 世帯年収に関する設問は（a. 収入はない，b. 200万円未満，c. 200～400万円未満，d. 400～600万円未満，e. 600～800万円未満，f. 800～1,000万円未満，g. 1,000万円以上）であった（cf. 畠山・濱口 2019，p.164)。

(16) 畠山・濱口（2019，2020）は，平井ら（2015）の主観的経済状況の尺度を援用して分析を実施している。平井ら（2015，p.59）では，「あなたの家の経済状況についてあなたはどのように感じていますか」という設問に対し，5点尺度（a. 経済的にかなりゆとりがある，b. 経済的にまあゆとりがある，c. 経済的にゆとりはないが困ってはいない，d. 経済的に困っている，e. 経済的にかなり困っている）での測定を実施している。

(17) 畠山・濱口（2019，2020）は，Richins（2004）による短縮版 MVS（material values scale）の6項目版）を用いて測定された呉・寺島（2016）の物質主義尺度を採用している。彼女らの研究では詳しい記述がないが，呉・寺島（2016）の研究を踏襲し4点尺度（1点：あてはまらない，2点：あまりあてはまらない，3点：ややあてはまる，4点：あてはまる）で測定された合算平均を用い分析していると推察される。

(18) 畠山・濱口（2019），p.166。

(19) Petty and Cacioppo（1986）は，リンゲルマン効果（社会的怠惰：Ringelmann Effect）を援用し，個人的責任を議論している。リンゲルマン効果とは，集団になればなるほど，つまり多くの人が関与すればするほど，個人主体の作業量が低下する現象を意味する。

(20) 詳しくは，Fishbein and Ajzen（1975）および Ajzen and Fishbein（1980）を参照されたい。

(21) 伊東（1997）は，未婚化に影響する要因を検討するにおいて，結婚を促進する要因としての社会的規範の影響を測定している。規範に関連する他者として，父親，母親，友人，職場の人を設定し，規範的信念（7点尺度）と，規範的信念に従おうとする動機づけ（同調への動機）（7点尺度）で測定している（cf. 伊東 1997，p.166)。

(22) 田中・布施（2019）は，看護師の転職意思決定の抑制要因として主観的規範の影響を検討している。彼女らは伊東（1997）の測定方法および尺度を参考に，規範に関連する他者として，同僚，上司，家族，社会を設定し，調査を実施している。

(23) 玉置（2014）では節約意識，倹約意識，特売意識と表記されている。

(24) 玉置（2014）の調査は，奈良県在住の生活協同組合会員（n＝671）を対象に実施された（調査時期：2012年8月)。すべての項目が5点尺度で測定されている。

(25) Fornell and Larcker（1981）による基準を用いている。

(26) 玉置（2014）が議論する倫理的農産物とは，フェアトレードに関する属性を保有する製品としての（1）産直農産物や（2）生産者ブランド農産物，動植物の厚生や社会的責任に関する属性を含有する製品としての（3）有機農産物や（4）特別栽培農産物，地域経済への貢献に関する属性を含有するローカルフードとしての（5）奈良県産の農産物を指す。

(27) Babin *et al.*（1994）は買物がもたらす価値（Shopping Value）を，功利的買物価値（Utilitarian Shopping Value）と快楽的買物価値（Hedonic Shopping Value）に弁別し議論している。また因子分析を実施し，それらが最終的に15項目から構成されることを示している（快楽的買物価値：11項目，功利的買物価値：4項目）。確認的因子分析の結果（n＝404），GFI＝.90，AGFI＝.76，CFI＝.94，NFI＝.94，standardized RMR＝.05，RMSEA＝.09，$\chi 2(89)=315$，$p<.001$と，まずまずの適合度が確認されている。

(28) 大学生を対象とした調査。男性33名，女性65名，年齢は18〜55歳であった。質問内容は，店舗やモール（食料品店を含む）へなぜ買物に行くのか，その際どのような印象を持つのかであった（cf. Arnold and Reynolds 2003，p.79）。

(29) 対象者はマーケティングリサーチの講義を受講する大学生（n＝266；男性 約38%，女性 約62%）。調査対象者は対面または電話で連絡を受けた後，自己記入式質問紙が渡され，回答を求められた（3名の回答の内容が不十分とし削除された）。

(30) 探索的調査時同様の調査対象者に向けて，同様の調査手順が採用され，調査が実施された（n＝251：男性 約32%，女性 約68%）。2名の回答の内容が不十分とし削除された。

(31) 井上（2007，p.67）の訳を一部援用。

(32) Lee *et al.*（2001）は，先行研究における消費を通じたコーピング行動（Consumption-coping behaviors）に関わる議論を整理したうえ，それらの行動とライフイベントの変化との関係を検討している。

(33) 主因子法，バリマックス回転で分析している。

(34) 各下位尺度の信頼度係数は$\alpha=.77$〜.87，構成概念信頼性（Composite Reliability：CR）は.80〜.92，AVEは.58〜.78とすべての下位尺度が＞.5となっている。また，収束的妥当性（Convergent validity）は，すべて因子の負荷量が＞.61と，尺度の妥当性はあらゆる面で確認されている。またArnold and Reynolds（2003）は弁別的妥当性（Discriminant validity）も確認しており，その結果からも尺度の頑健性は担保されているといえる（cf. Arnold and Reynolds 2003，p.84）。

(35) Arnold and Reynolds（2003）の尺度を援用し，スーパーマーケットと百貨店における支出金額への快楽的買物動機の影響を検討した，井上（2007）が提示するモデルの適合度も高い数値を示している。本書で注目すべきは，百貨店での支出金額に対して，価値追求型ショッピング，ご褒美型（自己満足型）ショッピング（井上［2007］の研究ではリラクゼーション型と表記），冒険型ショッピングが影響することを示している点である（GFI＝.94，AGFI＝.91，standardized RMR＝.47，AIC＝64.29，$\chi 2=116.29$，$p=.000$，$df=42$）。

(36) ACSI 自体も SCSB（Swedish Customer Satisfaction Barometer）をその源流とする（cf. 南・小川 2010）。

(37) 小野（2010）における，顧客満足モデルの構成概念の信頼度係数は，顧客期待 α =.848，知覚品質 α =.900，知覚価値 α =.906，顧客満足 α =.916，クチコミ α =.848，ロイヤルティ α =.844となり，十分な値を示していることが確認されている。またモデル全体の妥当性に関しても（n＝95,558），共分散構造分析を用いた確認的因子分析の結果を踏まえると（RMSEA が>.05ではあるものの），概ね基準を満たしていると判断できる（GFI＝.936，AGFI＝.916，RMSEA＝.061）。百貨店業態のみの顧客満足モデルの適合度指標は，GFI＝.92，AGFI＝.89，RMSEA＝.07，であった（小野 2010，p.29）。

(38) 小野（2010）では JCSI のすべての項目を用いて，酒井（2012）ではロイヤルティに関わる項目を用いて百貨店に関する調査が実施されている。

(39) スクリーン調査の結果，「月1回利用，3万円以上／月」の出現率は3.4%（1,012/29,825），「月2回利用，5万円以上／月」の出現率は1.0%（306/29,825）であった。

(40) 本書では，濱岡・里村（2009）の研究における「消費者が重要視する情報源」に関する項目を援用した。

(41) 本書では，井上（2007）の訳を採用した。

(42) 確認的因子分析の結果は，誤差共分散を設定した場合の数値となっている。誤差共分散を設定しなかった場合の数値は GFI＝.830，AGFI＝.779，CFI＝.901，standardized RMR＝.052，RMSEA＝.107，AIC＝1268.723，χ2（118）＝1198.723，p＝.000であった。

(43) 確認的因子分析の結果は，誤差共分散を設定した場合の数値となっている。

(44) 田部井（2011）の基準を採用。

(45) 確認的因子分析の結果は，誤差共分散を設定しない場合の数値となっている。誤差共分散を設定した修正モデルは飽和モデルとなった。

(46) 確認的因子分析の結果は，誤差共分散を設定した場合の数値となっている。誤差共分散を設定しなかった場合の数値は GFI＝.953，AGFI＝.901，CFI＝.942，standardized RMR＝.052，RMSEA＝.101，AIC＝194.863，χ2(17)＝156.863，p＝.000であった。玉置（2014）の適合度は，GFI＝.978，AGFI＝.953，CFI＝.961，RMSEA＝.061，χ2 (17)＝56.291，p＝.000，n＝627であった。

(47) 各項目の平均値の違いを一元配置分散分析から検討した。分析の結果，有意差が確認された。Tukey HSD 法を用いて多重比較した結果，「自分自身へのご褒美のためである」（M＝4.53，SD＝1.55）が「ストレス解消のためである」（M＝4.06，SD＝1.66）および「落ち込んだ気分を良くするためである」（M＝4.11，SD＝1.68）よりも高いことが確認された（$p<.001$）。

(48) 確認的因子分析の結果は，誤差共分散を設定しない場合の数値となっている。

(49) 各項目の平均値の違いを一元配置分散分析から検討した。分析の結果，有意差が確認された。Tukey HSD 法を用いて多重比較した結果,「生活必需品を購入したい」(M＝5.38, SD＝1.39）と「アルコール飲料やコーヒー, 紅茶などの嗜好品を購入したい」（M＝5.38, SD＝1.37）は「家族のファッションに関わる商品を購入したい」（M＝4.87, SD＝1.49）と「家電やインテリアに関わる商品を購入したい」（M＝5.03, SD＝1.40）より高いこと（$p<.001$), さらに「自身のファッションに関わる商品を購入したい」（M＝5.20, SD＝1.41）が「家族のファッションに関わる商品を購入したい」（M＝4.87, SD＝1.49）より高いこと（$p<.01$）が確認された。以上の結果から, 消費者の購買意図は, 他者に対するよりも自身に関する消費を重視する傾向が強いことが確認された。

(50) 因子を構成する項目は,「これから1年間に今までよりも頻繁に百貨店のオンラインストア（EC）を利用したい」,「これからも百貨店のオンラインストア（EC）を利用し続けたい」,「次回, 非生活必需品を購入する際, 百貨店のオンラインストア（EC）を第一候補に利用すると思う」,「次回, 生活必需品を購入する際, 百貨店のオンラインストア（EC）を第一候補に利用すると思う」,「今後1年間で, これまでよりも幅広い目的で百貨店のオンラインストア（EC）を利用したい」となる。

(51) 因子を構成する項目は,「これから1年間に今までよりも頻繁に百貨店を利用したい」,「これからも百貨店を利用し続けたい」,「次回, 非生活必需品を購入する際, 百貨店を第一候補に利用すると思う」,「次回, 生活必需品を購入する際, 百貨店を第一候補に利用すると思う」,「今後1年間で, これまでよりも幅広い目的で百貨店を利用したい」となる。

(52) 確認的因子分析の結果は, 誤差共分散を設定した場合の数値となっている。誤差共分散を設定しなかった場合の数値はGFI＝.864, AGFI＝.780, CFI＝.898, standardized RMR＝.171, RMSEA＝.149, AIC＝683.217, $\chi 2(34)=641.217$, $p=.000$であった。

(53) t検定を用いた分析の結果,「今後1年間で, これまでよりも幅広い目的で百貨店の○○店舗を利用したい」（オフライン［リアル］M＝4.69, SD＝1.40：オンラインストア［EC］M＝4.32, SD＝1.55),「次回, 生活必需品（［アルコール飲料やコーヒー, 紅茶などの嗜好品を除く］食料品や日用品など）を購入する際, 百貨店の○○店舗を第一候補に利用すると思う」（オフライン［リアル］M＝4.26, SD＝1.51：オンラインストア［EC］M＝4.01, SD＝1.57),「次回, 非生活必需品を購入する際, 百貨店の○○店舗を第一候補に利用すると思う」（オフライン［リアル］M＝4.53, SD＝1.39：オンラインストア［EC］M＝4.03, SD＝1.50),「これから1年間に今までよりも頻繁に百貨店の○○店舗を利用したい」（オフライン［リアル］M＝4.56, SD＝1.38：オンラインストア［EC］M＝4.18, SD＝1.46),「これからも百貨店の○○店舗を利用し続けたい」（オフライン［リアル］M＝5.3, SD＝1.34：オンラインストア［EC］M＝4.39, SD＝1.52）と, オフライン［リアル］がオンライン（EC）よりも評価が高いことが確認された（$p<.001$）。

(54) オンラインとオフライン（リアル）に対する項目を合算平均した値を用いて分析した（e.g.「今後１年間で，これまでよりも幅広い目的で百貨店の店舗を利用したい」+「今後１年間で，これまでよりも幅広い目的で百貨店のオンラインストア［EC］を利用したい）」）。第一候補に関する設問は，必需品・非必需品をさらに合算し平均した値を用いている。

(55) 因子は，JCSI の項目を参考に作成し，「これから１年間に今までよりも頻繁に百貨店を利用したい（関連購買）」，「次回，生活必需品を購入する際，百貨店を第一候補に利用すると思う（第一候補 必需品）」，「次回，非生活必需品を購入する際，百貨店を第一候補に利用すると思う（第一候補 非必需品）」，「今後１年間で，これまでよりも幅広い目的で百貨店を利用したい（頻度拡大）」，「これからも百貨店を利用し続けたい（持続期間）」から構成される。

(56) 確認的因子分析の結果は，誤差共分散を設定しない場合の数値となっている。誤差共分散を設定した修正モデルは飽和モデルとなった。

(57) 確認的因子分析の結果は，誤差共分散を設定した場合の数値となっている（誤差共分散を設定しなかった場合の数値は GFI＝.913，AGFI＝.859，CFI＝.949，standardized RMR＝.10，RMSEA＝.113，AIC＝427.805，$\chi 2(34)=385.805$，$p=.000$であった）。

(58) t 検定を用いた分析の結果，「今後１年間で，これまでよりも幅広い目的で SM の○○店舗を利用したい」（オフライン［リアル］M＝4.56，SD＝1.27：オンラインストア［EC］M＝4.14，SD＝1.46），「次回，生活必需品（［アルコール飲料やコーヒー，紅茶などの嗜好品を除く］食料品や日用品など）を購入する際，SM の○○店舗を第一候補に利用すると思う」（オフライン［リアル］M＝4.7，SD＝1.31：オンラインストア［EC］M＝4.14，SD＝1.48），「次回，非生活必需品を購入する際，SM の○○店舗を第一候補に利用すると思う」（オフライン［リアル］M＝4.41，SD＝1.31：オンラインストア［EC］M＝4.01，SD＝1.50），「これから１年間に今までよりも頻繁に SM の○○店舗を利用したい」（オフライン［リアル］M＝4.53，SD＝1.25：オンラインストア［EC］M＝4.07，SD＝1.46），「これからも SM の○○店舗を利用し続けたい」（オフライン［リアル］M＝4.88，SD＝1.38：オンラインストア［EC］M＝4.14，SD＝1.50）と，オフライン［リアル］がオンライン（EC）よりも評価が高いことが確認された（$p<.001$）。

(59) 池田満寿次（2021.2.15）「コロナ下で飛躍的に伸長するネットスーパー」公益財団法人流通経済研究所 https://www.dei.or.jp/aboutdei/column/20210215（最終アクセス：2022年５月16日）

(60) オンラインとオフライン（リアル）に対する項目を合算平均した値を用いて分析した（e.g.「今後１年間で，これまでよりも幅広い目的で SM の店舗を利用したい」＋「今後１年間で，これまでよりも幅広い目的で SM のオンラインストア［EC］を利用したい）」）。第一候補に関する設問は，必需品・非必需品をさらに合算し平均した値を用いている。

(61) 確認的因子分析の結果は，誤差共分散を設定しない場合の数値となっている。

(62) 本研究では，等分散が棄却されたこともあり，Bonneferoni 法を用いた分析を実施した。

(63)「関連購買」に対する業態の主効果（$F(1)=9.233$, $p<.001$）が確認され，百貨店（M＝4.50, SD＝0.04）がSM（M＝4.35, SD＝0.04）よりも高い数値を示した。

(64)「第一候補 必需品」に対する業態の主効果（$F(1)=30.369$, $p<.001$）が確認され，百貨店（M＝4.14, SD＝0.04）がSM（M＝4.42, SD＝0.04）よりも低い数値を示した。

(65) 調査では，因子分析の結果を踏まえ，すべての因子間の共分散を設定したモデルの適合度も検証した。「百貨店への買物出向意図」（F 百貨店）を想定したモデルの適合度は，GFI＝.842, AGFI＝.814, CFI＝.928, standardized RMR＝.342, RMSEA＝.055, AIC＝3157.685, $\chi 2(839)=2{,}855.685$, $p=.000$と，GFIとAGFIが十分な値ではなく，RMSEA＞.05を示しているものの，GFIに対するAGFIの数値やCFIの値からまずまずの適合度であると判断される。

同様に，「SMへの買物出向意図」（F SM）を想定したモデルの適合度を検証した。分析の結果，GFI＝.857, AGFI＝.831, CFI＝.934, standardized RMR＝.342, RMSEA＝.053, AIC＝3004.33, $\chi 2(839)=2702.33$, $p=.000$と，GFIとAGFIが十分な値ではなく，RMSEA＞.05を示しているものの，GFIに対するAGFIの数値やCFIの値を考慮すると，「SMへの買物出向意図」（F SM）に関するモデルもまずまずの適合度であると判断される。

加えて特筆すべきは，「買物出向意図」（F）および「購買意図」（E）を除いた因子間の共分散モデルが，GFI＝.891, AGFI＝.866, CFI＝.947, standardized RMR＝.342, RMSEA＝.052, AIC＝1878.585, $\chi 2(839)=2702.33$, $p=.000$と，GFI＜.9, CFI＜.95の基準を若干満たさず，RMSEA＞.05を示しているものの，ある程度の頑健性が担保された適合度を確認できたことである。簡易版仮説モデルおよび全項目を用いた仮説モデルの適合度の結果を踏まえると，「不安意識」（A），「自粛意向」（B），「節約意向」（C），そして「ご褒美消費意向」（D）から，「購買意図」（E）および「買物出向意図」（F）への直接的なパスを想定するモデルよりも，それらの間を媒介する潜在因子を考慮したモデルを設定することによる，適合度の改善の可能性が示唆される。

(66) 下位尺度および1因子に収束した因子の合算平均を用いた。

(67) 圓丸（2022, p.59）では，「特売意向」（C１）と「自律的倹約意向」（C２）を排した共分散構造モデル（修正版モデル）の検証を実施している。分析の結果，モデルの適合度は，GFI＝.852, AGFI＝.825, CFI＝.935, standardized RMR＝.375, RMSEA＝.057, AIC＝2483.434, $\chi 2(627)=2{,}255.434$, $p=.000$, Hoelter(0.05)＝245（＜806）と，GFIが＞.9, CFIが＞.95を超えておらず，RMSEA＜.05という基準（詳しくは，豊田 編 2007）を一部十分に満たしているとはいえないものの，観測変数の多さ（38項目）および誤差共分散を制限した結果としては，まずまずの適合度であると判断した。（豊田［2002］は，観測変数の多さによって適合度が低減することを指摘している）。本書では，各項目の関係性（相関／作用）を検討する関係から，修正版モデルに関する議論は割愛する。

(68) 下位尺度を用い，簡易版仮説モデル ver. 2 を策定しその適合度を検証したが，分析の結果，「百貨店への買物出向意図」（F 百貨店）を従属変数としたモデルは，GFI = .95，AGFI = .695，CFI = .933，standardized RMR = .373，RMSEA = .168，AIC = 305.157，$\chi 2(9) = 213.157$，$p = .000$と，十分な値を示さなかった。同様に，「SM への買物出向意図」（F SM）を従属変数としたモデルは，GFI = .959，AGFI = .749，CFI = .863，standardized RMR = .332，RMSEA = .15，AIC = 263.359，$\chi 2(9) = 171.359$，$p = .000$と，十分な値を示さなかった。しかし，「特売意向」（C 1）と「自律的倹約意向」（C 2）を排し，「SM への買物出向意図」（F SM）を加えた探索的モデルを検討したところ，GFI = .993，AGFI = .969，CFI = .995，standardized RMR = .018，RMSEA = .044，AIC = 95.439，$\chi 2(10) = 25.439$，$p = .000$と頑健性を担保する値が確認された。この探索的モデルで注目すべきは，「SM の買物出向意図」（F SM）が「百貨店の買物出向意図」（F 百貨店）へ正に作用する（標準化推定値 .5，$p = .000$）という結果である。

(69) 固有被覆度（unique coverage）とは，単一の組合せのみの従属変数を説明しうる割合を明示する値である（cf. 横山 2017，p.23）。

(70) Schneider *et al.*（2010）は，整合性（Consistency）の基準として＞.9を提示する。本書では，彼らの研究に依拠し，＞.9の組合せのみを議論の対象とする。

(71) 本書では，Taylor *et al.*（2020）の CSS および JCSI のすべての項目を援用し，「自粛意向」（B），「節約意向」（C），「ご褒美消費意向」（D），そして「購買意図」（E），「買物出向意図」（F）との関係性を検討する，追加調査を実施した。しかし，CSS に関して Taylor *et al.*（2020）の提示したような結果にならず，確認的因子分析の実施した結果，その適合度も十分な値が確認できなかった。JCSI に関しても先行研究のような因子の収束を確認できず，さらに確認的因子分析を実施したが，適合度も十分な値を示さなかった。

(72) 確認的因子分析の結果は，誤差共分散を設定した場合の数値となっている。誤差共分散を設定しなかった場合の数値は GFI = .822，AGFI = .772，CFI = .894，standardized RMR = .098，RMSEA = .092，AIC = 423.446，$\chi 2(132) = 349.446$，$p = .000$であった。

第Ⅱ部　「百貨店らしさ」とは

第4章 「百貨店らしさ」とは
—百貨店利用者が重視する情報源と「百貨店らしさ」の実態—

1. はじめに

われわれ消費者が百貨店に対して知覚する「百貨店らしさ」とはどのようなものであろうか。そしてそれは，百貨店の今後の戦略にどのように生かされるべきであろうか。

例えば大丸の顧客が，百貨店という認識をもって（業態イメージを保有し），大丸大阪店や心斎橋店などの自身が愛顧するストア（店舗）での利用経験を踏まえ，大丸ブランド（リテールブランド）を評価するように，消費者は，業態のイメージと最も利用頻度の高いストア（店舗）のイメージから百貨店リテールブランドイメージを形成する（**図表序－1**）。そしてその消費者が知覚するリテールブランドイメージを構成する要素には，「品揃えイメージ」，「サービス品質イメージ」，「ストア（店舗）イメージ」，「価格ゾーン」，「店舗アメニティ」，「アクセス至便性イメージ」，「立地イメージ」，「コーポレート（企業）ブランドイメージ」などが存在すると推察される[1]。

本書の目的の1つとして，序論で示したように，①消費者が知覚する「百貨店らしさ」の実態把握がある。このことはつまり，百貨店間の「同質化」を議論するための，消費者が知覚する「百貨店らしさ」の形成要因の把握を意味する。この研究目的を達成するため，本章と次章（第5章）では，消費者（百貨店利用者）が百貨店というリテールブランドおよびストア（店舗）をどう知覚・評価するのか，リテールブランドの構成要素を念頭に置き，定性調査から検討する。

本章では，インターネット質問紙調査を用い，百貨店利用者が重要視する情報源の実態把握と，記述回答をテキストマイニングすることで彼らが知覚・評価する「百貨店らしさ」の内実を検討した分析結果を主に紹介する。

2. 百貨店利用客の百貨店買物出向に伴う情報源

本節からは，2020年９月２～７日に株式会社マイボイスコムのパネラーを対象に実施した探索的調査（調査Ⅰ）の結果を用いて，百貨店利用者に求められる情報源とは何かについて議論する。調査では，「百貨店利用が月１回以上」かつ「百貨店での支出金額が３万円以上／月」，そして百貨店の中核顧客である30歳以上を対象とした。調査概要および調査対象者の詳細に関しては，第３章で示した内容となる（**図表３－１**）。

調査項目は，濱岡・里村（2009）の情報源の利用状況に関する項目を採用した。彼らの調査手法に準じ，認知→客観情報の収集→（主観的）評価情報の収集→最終決定の４段階を順に回答することを調査対象者に求めた（**図表４－１**，**図表４－２**）。

2-1 「認知（どんな製品やブランドがあるかを知る）」のための情報源

百貨店利用者である調査対象者が，百貨店出向以前の情報収集の段階（認知）において，どのような情報源を重要視するのか，複数回答（利用する情報源）と単一回答（最も利用する情報源）への回答を求めた。

利用する情報源の上位５つは，テレビ広告（59.7%），テレビ番組（51.5%），店頭での接触（店頭で見たり触ったりする）（49.4%），折込チラシ（41.3%），企業のホームページ（39.6%）であった。また最も利用する情報源としては，店頭での接触（店頭で見たり触ったりする）（22.7%），テレビ広告（16.7%），企業のホームページ（8.7%），テレビ番組（8.1%），折込チラシ（5.5%）であった。

以上の結果から，百貨店に対する「認知」形成段階では，マス広告とともに，実際の店舗での接触や企業のホームページが重要視されていることがわかった。

2-2 「客観情報の収集（仕様や性能，場所や日程など製品・サービスの特徴を調べる）」のための情報源

次に百貨店利用者である調査対象者が，客観情報の収集において，どのような情報源を重要視するのか，複数回答（利用する情報源）と単一回答（最も利用する情報源）への回答を求めた。

利用する情報源の上位5つは，店頭での接触（店頭で見たり触ったりする）（46.9%），テレビ広告（36.4%），企業のホームページ（36.0%），テレビ番組（31.0%），折込チラシ（26.0%），そして店員（26.0%）であった。最も利用する情報源としては，店頭での接触（店頭で見たり触ったりする）（26.2%），企業のホームページ（15.9%）テレビ広告（12.3%），テレビ番組（6.8%），店員（6.3%）であった。

以上のように，百貨店に対する「客観情報の収集」段階では，マス広告以上に，実際の店舗での接触や企業のホームページが重要視されていることがわかった。また最も利用する情報源の結果を考えると，店員からの情報が「認知」段階よりも重要視されていることが確認された。

2-3 「（主観的）評価情報の収集（仕様だけではわからない良い点や悪い点，使い方などを調べる）」のための情報源

（主観的）評価情報の収集（仕様だけではわからない良い点や悪い点，使い方などを調べる）のための百貨店の情報源に関して，調査から導出された上位5つは，店頭での接触（店頭で見たり触ったりする）（48.4%），企業のホームページ（29.2%），店員（27.5%）テレビ広告（26.7%），テレビ番組（23.4%）であった。

最も利用する情報源としては，店頭での接触（店頭で見たり触ったりする）（29.7%），店員（12.3%），テレビ広告（10.5%），企業のホームページ（10.2%），クチコミサイト（6.8%），であった。

最も利用する情報源に関する結果から，客観情報以上に「店員」を情報源として評価していることが確認された。また，クチコミサイトの評価も重視する

傾向にあることが明らかになった。

2-4 最終決定（最終的に購入を決定する時）のための情報源

最終決定（最終的に購入を決定する時）のための百貨店の情報源に関して，利用される情報源の上位5つは，店頭での接触（店頭で見たり触ったりする）（57.2%），店員（27.0%）テレビ広告（25.2%），企業のホームページ（21.5%），テレビ番組（21.3%）であった。最も利用する情報源としては，店頭での接触（店頭で見たり触ったりする）（46.2%），テレビ広告（9.9%），店員（6.3%），企業のホームページ（5.5%），折込チラシ（5.1%）であった。

最終決定段階では，ほとんどの百貨店利用者が「店頭での接触」や「店員」を重視していることが確認された。

2-5 百貨店の情報源の比較

濱岡・里村（2009）の研究に依拠し，各情報源の認知→客観情報の収集→（主観的）評価情報の収集→最終決定に関する推移を確認した結果（**図表4-1**），彼らの研究で示された結果同様，「テレビ広告」は認知段階で高いものの徐々に利用率が低減すること，その一方で「店員」や「店頭」での情報は，後半の情報収集段階において利用率が高くなることが確認された。

単一回答（最も重要視する情報源）に関しても，複数回答で測定した利用する情報源と同様の傾向が確認された。特に注記すべきは，「店頭」が後半につれ高く評価されていること，そして最終決定においては50%近くの調査対象者が最も重要視すると評価していることである（**図表4-2**）。この結果は，百貨店利用者の買物意思決定時において，店頭での商品・サービスとの接触の重要性を示唆していることを意味し，また百貨店の買物体験における店頭でのUX（顧客体験：User Experience）の重要性を示唆する結果である。

しかし，調査で確認した上記の結果は，百貨店によるテレビ広告はほとんど放映されていない現状にもかかわらず，テレビ広告が上位の挙げられたという問題を包摂している。この背景には，テレビ広告で紹介されている（百貨店が取り扱っているであろうと調査対象者が知覚する）製品・サービスを想起して回答したことや，テレビ番組内での紹介を包含して回答した可能性が考察され

図表4－1　百貨店の情報源の推移（複数回答）（n=806）

	認知	客観情報の収集	（主観的）評価情報の収集	最終決定
テレビ広告	59.7%	36.4%	26.7%	25.2%
テレビ番組	51.5%	31.0%	23.4%	21.3%
新聞広告	35.4%	21.7%	15.6%	16.0%
折込チラシ	41.3%	26.2%	18.2%	18.0%
新聞記事	35.2%	21.7%	15.5%	16.0%
雑誌広告	28.8%	17.4%	13.2%	12.7%
雑誌の記事	29.7%	18.5%	12.5%	13.4%
ラジオ広告／ラジオ番組	14.5%	10.0%	7.7%	8.6%
通販カタログ	18.0%	11.9%	9.2%	8.9%
ダイレクトメール	38.7%	25.2%	15.9%	15.9%
企業からの電子メール	28.4%	21.2%	15.6%	13.4%
企業のホームページ	39.8%	36.1%	29.2%	21.5%
消費者・個人のブログやホームページ	18.2%	14.6%	16.1%	12.4%
クチコミサイト	24.3%	17.4%	19.7%	16.1%
ショッピングサイト	33.1%	22.2%	18.2%	16.5%
バナー広告	15.5%	9.6%	6.8%	7.6%
友人、家族からのクチコミ	33.0%	25.3%	22.6%	19.6%
店頭で実際に見たり触ったりする	49.4%	46.9%	48.4%	57.2%
店員	22.6%	22.5%	27.5%	27.0%
その他	0.7%	0.4%	0.5%	0.2%

出典：筆者作成。

る。

また圓丸（2022）の調査で示されているように，調査対象者によっては，ルミネやパルコ，イオン，ららぽーといったSC（あるいはGMS）を百貨店として認識している可能性があり，それらの広告を百貨店の広告であると知覚した可能性も指摘される。

図表 4-2　百貨店の情報源の推移（単一回答）（n=806）

	認知	客観情報の収集	（主観的）評価情報の収集	最終決定
テレビ広告	16.7%	12.3%	10.5%	9.9%
テレビ番組	8.1%	6.8%	6.1%	4.8%
新聞広告	2.6%	1.9%	2.2%	2.4%
折込チラシ	5.5%	5.8%	5.0%	5.1%
新聞記事	2.9%	1.9%	1.5%	1.7%
雑誌広告	1.1%	1.2%	0.7%	1.1%
雑誌の記事	1.9%	1.5%	1.0%	1.0%
ラジオ広告／ラジオ番組	0.5%	0.5%	0.6%	0.6%
通販カタログ	0.6%	0.4%	0.4%	0.2%
ダイレクトメール	4.8%	4.0%	3.1%	2.6%
企業からの電子メール	3.2%	3.2%	1.6%	1.6%
企業のホームページ	9.9%	16.0%	10.2%	5.5%
消費者・個人のブログやホームページ	2.4%	1.7%	2.2%	1.9%
クチコミサイト	3.1%	3.0%	6.8%	2.5%
ショッピングサイト	5.1%	4.0%	2.9%	3.5%
バナー広告	0.2%	0.4%	0.1%	0.2%
友人、家族からのクチコミ	4.7%	2.5%	2.7%	2.7%
店頭で実際に見たり触ったりする	22.7%	26.2%	29.7%	46.2%
店員	3.5%	6.5%	12.3%	6.3%
その他	0.5%	0.4%	0.4%	0.1%

出典：筆者作成。

3. 百貨店利用者が知覚・評価する「百貨店らしさ」とは：テキストマイニングによる分析結果を踏まえて

3-1 「百貨店の利用」に関する分析

調査では，「あなたが，百貨店利用時にいつもすること・買う物，楽しみにしていることなど，百貨店の利用の仕方について，具体的にお聞かせください」と「あなたが，百貨店に期待するのはどのようなことですか。具体的にお聞かせください」について記述回答を求めた。そしてそこで獲得されたテキストデータを KH Corder（ver.3）を用いて分析した。

「百貨店の利用の仕方」に関して，「特になし」や「ない」などの回答を除いた結果，有効回答数はn＝672であった（**図表4－3**）。

調査の結果，「百貨店の利用の仕方」は，商品（食料品を中心とした）を閲覧（見る）・購入することの“楽しさ”や，（取扱商品の）品質の良さ，自身が好きなブランド（主に洋服）との関連性，そして化粧品購買が誘因となっていることが確認された。またレストランでの食事や，普段の食材（調達）という百貨店における買物の仕様に関する具体的なワードも確認された。

Jaccard係数(2)に注目すると，＞.20の関係性として，「食料－売場」(.50)，「購入－楽しい」(.21)，「百貨店－購入」(.20）が，＞.20ではないものの，「食料－購入」(.14）や，「化粧－店」と「百貨店－店」，「質－良い」(.13）と「百

図表4－3　百貨店の利用の仕方（テキストマイニング）(n=672)

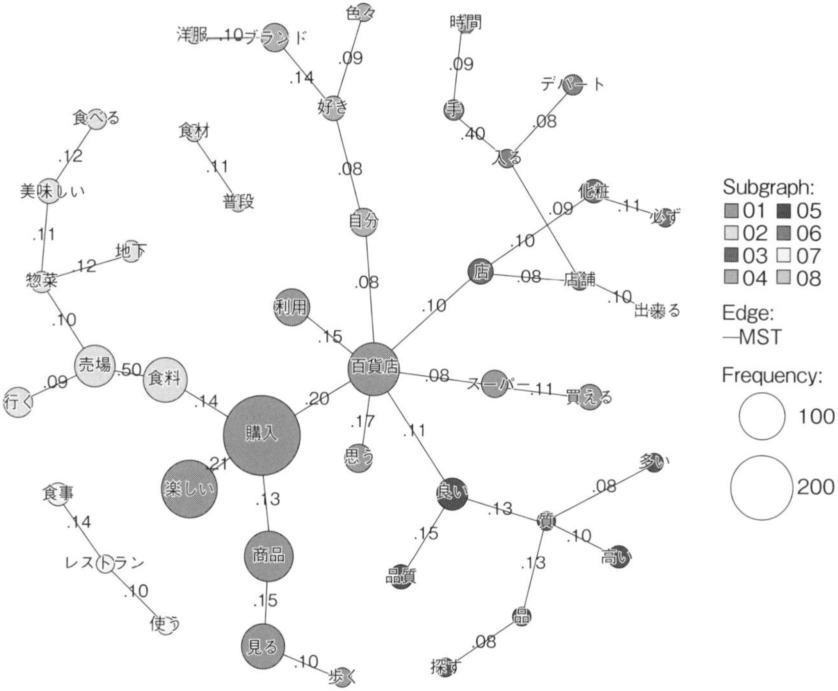

出典：筆者作成。

注：最低抽出頻度10回とし，上位50位までの用語を対象に共起ネットワーク分析を実施した。図表4－3では，最小スパニング・ツリーで示された関係性のみを掲載している。

貨店－良い」(.11）が，“百貨店”を媒介とした関連性が確認された。この結果から，調査Ⅰの調査対象者にとって，百貨店とは「品質の良い食料品や化粧品を，楽しく購入できるお店」と知覚され，買物出向される場であると解釈できる。

また調査では，世代別の「百貨店の利用の仕方」も検討した（**図表 4 - 4**）。

調査対象者の世代と「百貨店の利用の仕方」の関連性を分析した結果，60s をピークに段階的に百貨店利用に関する評価属性が増加する傾向にあることが確認された。つまり，30s にとっては“購入（買物)”を“楽しみ”に“向かう（行

図表 4 - 4　百貨店の利用の仕方の世代間の違い（テキストマイニング）（n=672）

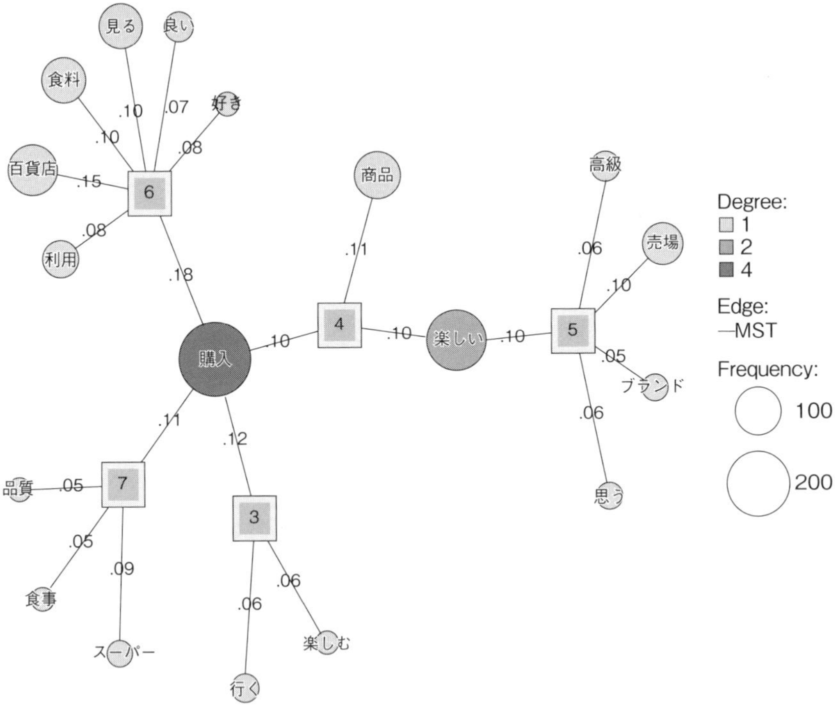

出典：筆者作成。

注：最低抽出頻度10とし，上位50位までの用語を対象に，共起ネットワーク分析を実施した。図表 4 - 4 では，最小スパニング・ツリーで示された関係性のみを掲載している。表記している数字は，3=30s，4=40s，5=50s，6=60s，7=70s を意味する。

く)”場であり，40sにとっては“商品”の“購入”を“楽しむ”場であり，50sにとっては“高級”な“ブランド”を“イメージ（思う)”する“楽しい”場であり，60sにとっては“良い”“食料（品)”を“見た”り“利用”したりできる“好き”な場(“百貨店”）であるというように，関連するワードが多くなる傾向にあった。一方，70sになると“スーパー”以上に“品質”が担保された商品を“購入”できるとともに“食事”が可能な場として知覚されており，レストランの機能が評価されていることが分析結果から確認された。

3-2 「百貨店への期待」に関する分析

「百貨店への期待」に関して，「特になし」や「ない」などの回答を除き，データをクレンジングした結果，有効回答数はn＝682であった。

調査の結果（**図表4－5**），「百貨店に対する期待」は，「良い品質の商品」を中心とした商品・サービスの提供し，「安全，安心，信頼」が担保され，またSMとは異なる（違う）美味しくて珍しいモノ（商品）を取扱う，まさに非日常的な特別感を体験できさらに欲しいものを買物できる場所，という期待であることが確認された。またその他の期待として，ブランドが手に入ることや，丁寧な接客も確認された。

「百貨店の利用の仕方」の調査同様，「百貨店への期待」に関しても世代別の違いを検討した（**図表4－6**）。

分析の結果，70sへと年齢を重ねるにつれ，段階的に百貨店に対する期待の評価属性が増加する傾向にあることが確認された。30sは“安く（安い)”て“品質”が担保されたモノを期待しており，40sも“高級”で“質 ”が高い商品が期待し，50sになると商品の購入と共にサービスに対する期待を保有していることが確認された。また60sは，30s～50sが保有した期待を包含するように，“良い”あるいは“(質の）高い”“商品”や“接客（サービス)”（“スーパー［SM]”とは異なる）の“提供”が期待されていた。そして70sでは，“安心”“安全”“充実”に関わる“商品”の“品質”を提供する“百貨店”に期待を寄せていることが確認された。

以上のように調査結果から，商品への期待を中核としながら，世代間によって百貨店に対する期待は異なることが明らかになった。

図表 4-5　百貨店に対する期待（テキストマイニング）（n=682）

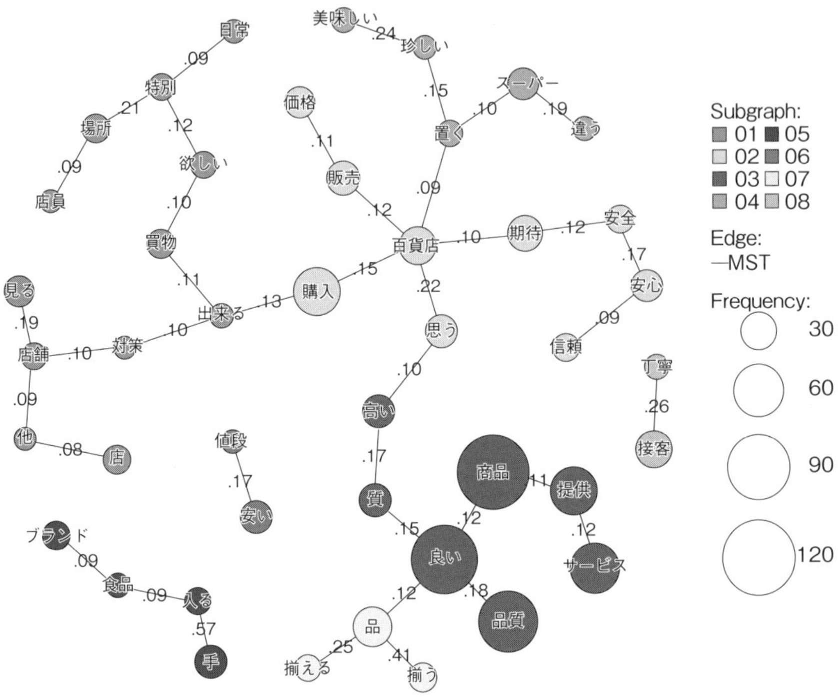

出典：筆者作成。

注：最低抽出頻度10回とし，上位50位までの用語を対象に共起ネットワーク分析を実施した。図表 4-5 では，最小スパニング・ツリーで示された関係性のみを掲載している。

4. 百貨店のブランドイメージ

本書では，株式会社マイボイスコムが実施した（2020年 3 月 1 日～ 5 日）インターネット質問紙調査（n＝10,306）のデータを用いて，「百貨店への期待」について検討した（調査Ⅱ）。「特になし」や「期待していない」などの回答を除き，データをクレンジングした結果，有効回答数はn＝3,937であった。

図表4－6　百貨店に対する期待の世代間の違い（テキストマイニング）（n=682）

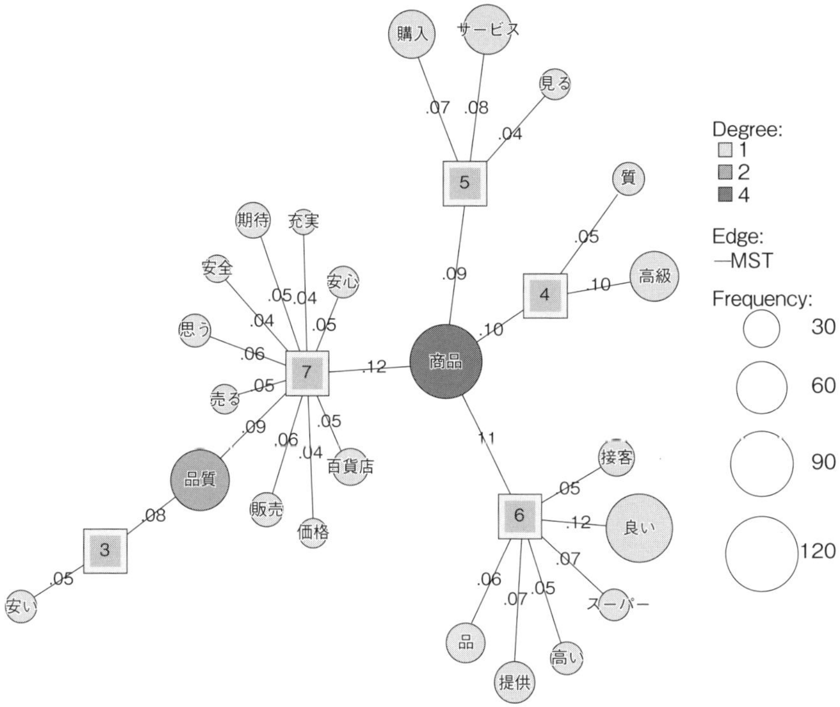

出典：筆者作成。
注：最低抽出頻度10回とし，上位50位までの用語を対象に共起ネットワーク分析を実施した。図表4－6では，最小スパニング・ツリーで示された関係性のみを掲載している。表記している数字は，3＝30s，4＝40s，5＝50s，6＝60s，7＝70sを意味する。

4-1　調査対象者概要

クレンジングの結果，男性1,864名（47%），女性2,073名（53%）となり，その多くが30s以上（97.1%）であった。また来店頻度に関しては，月1回程度以上と回答した割合は32.2%（1,269名）であった（**図表4－7**）。

4-2　調査結果

分析の結果（**図表4－8**），「百貨店に対する期待」は，「良い品質の商品と丁

図表 4－7　調査対象者概要（n=3,937）

年齢	人数	(%)	性別	人数	(%)	来店頻度	人数	(%)
17～19	6	0.2%	男性	1,864	47%	週に２～３回以上	74	1.9%
20～29	109	2.8%	女性	2,073	53%	週に１回くらい	172	4.4%
30～39	372	9.4%				月に２～３回くらい	349	8.9%
40～49	819	20.8%				月に１回くらい	674	17.1%
50～59	1,138	28.9%				２～３カ月に１回くらい	735	18.7%
60～69	983	25.0%				半年に１回くらい	808	20.5%
70＋	510	13.0%				ほとんど行かない	1070	27.2%
						利用したことがない	55	1.4%

出典：筆者作成。

図表 4－8　百貨店に対する期待（テキストマイニング）（n=3,937）

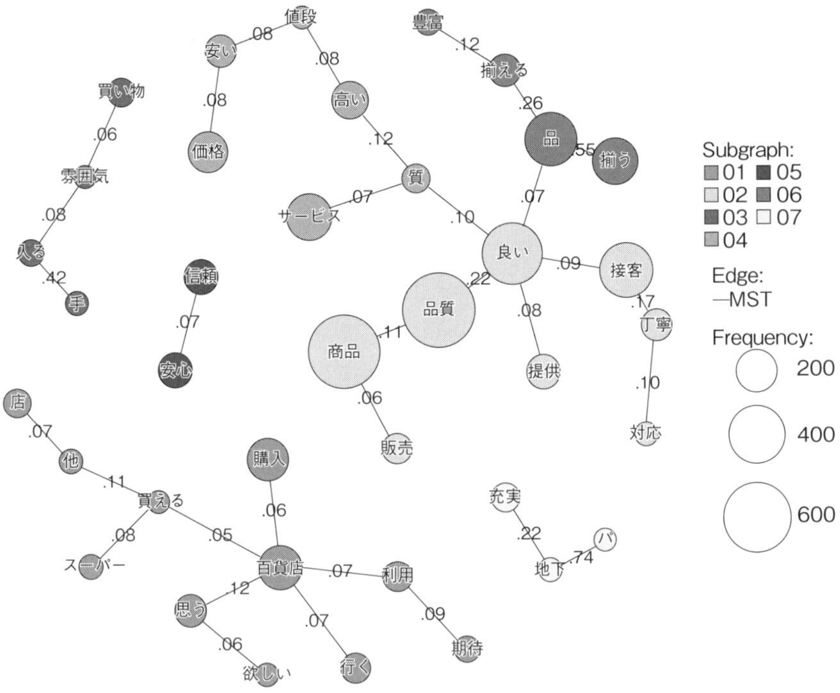

出典：筆者作成。

注：最低抽出頻度50回とし，上位50位までの用語を対象に共起ネットワーク分析を実施した。図表４－８では，最小スパニング・ツリーで示された関係性のみを掲載している。

寧な良い接客対応」，それに関連した「良い品揃え」，そして「質の高いサービス」と「値ごろ（安い）な価格（への希望）」が確認された。また，「買物時の雰囲気」，「信頼・安心」，「デパ地下の充実」，「SMとは異なる（他の）欲しいモノが購入できる」という期待も確認された。

この結果は，そのデータの詳細は若干異なるものの，総じて本章の第3節で示した調査の結果と近似的な内容を明示するものである。つまり，来店頻度にかかわらず，商品やサービスに対する品質の高さ，デパ地下（食料品）売場への関与，信頼や安心，さらにSMと異なる品揃えといった要因が，消費者の百貨店に対する期待として確認された。

5. 総括

本章では，調査から百貨店利用者が重要視する情報源を，また消費者が知覚・評価（期待）する「百貨店らしさ」を検討した。

「百貨店らしさ」の知覚・評価に関しては，前節で議論したように，来店頻度に関わらず，商品やサービスに対する品質の高さ，デパ地下（食料品）売場に対する評価，信頼や安心，さらにSMと異なる品揃え，といった要因が確認された。

百貨店利用者が買物時に利用する，百貨店に関する情報源に関して，本書では濱岡・里村（2009）の研究に依拠し，認知→客観情報の収集→（主観的）評価情報の収集→最終決定の推移考慮した調査を実施した。調査の結果，「テレビ広告」をはじめとするマスメディアなどの情報源は認知段階で高く利用されている一方，買物場面へ近づくにつれ段階的にその利用率が低減することが確認された。その一方で「店員」や「店頭」という情報源は，後半の情報収集段階において利用率が高くなることが確認された。

特に，百貨店出向を踏まえた情報源の特性として，店頭での接触（店頭で見たり触ったりする）が重視されていることが確認された。コロナ禍で買物出向が難しい状況においても，店頭で得られる情報が高く評価されていることや，「百貨店らしさ」に関する調査結果を考慮すると，UXを含めた質の高い商品・サービスの提供（特に食料品売場を中心として），他の業態とは異なる品揃え形成，またコロナ禍であるからこそ信頼や安心の担保が重要であるといえる。

そして，ニューノーマル時代の百貨店経営におけるコミュニケーション戦略として，（本章の調査結果で示されたような）消費者が知覚・評価する「百貨店らしさ」を踏まえた，情報接触段階別（認知→客観情報の収集→［主観的］評価情報の収集→最終決定）の最適な媒体の選択，すなわちカスタマー・ジャーニー基点のコミュニケーション戦略が有効であると示唆される。

近年，多くの百貨店はマス広告を用いたプロモーションを辞め，自社サイトやSNSなどオンラインでのタッチ・ポイントを中核に据えようと試みている。コロナ禍に伴い，この傾向はさらに加速化しており，「認知」や「客観情報収集」，あるいは「主観的情報の収集」段階だけでなく，オンライン接客を含め，「最終決定」時においてもオンラインで買物できるような体制の準備が，消費者から求められている。

本章で提示した，情報接触段階別で重要視される媒体の違い，そして消費者が知覚する「百貨店らしさ」の内実と世代別の認識の違いに関する調査結果は，コロナ禍の市場環境の変化に対応するための一握りのヒントを，百貨店関係者に提供できると考える。

（1）圓丸（2022）は，和田（2002，p.180）の研究を踏まえ，リテールブランドの構成要素を議論する。詳しくは，圓丸（2022，p.5）を参照されたい。

（2）Jaccard係数は，「0.1＝関連がある」，「0.2＝強い関連がある」，「0.3＝とても強い関連がある」とされている（cf. 末吉 2019，p.214）。

第 5 章

百貨店ロイヤルティ顧客の百貨店の利用実態および百貨店との関係性の内実
―FGI からの検討―

消費者が知覚・評価する百貨店らしさとして，前章ではテキストマイニングを用いて分析した。調査の結果，消費者は百貨店の「非日常的な特別感を体験できさらに欲しいものを買物できること」や「高級感」などを評価していることが明らかになった。本章では引き続き消費者の百貨店の利用実態や知覚・評価に焦点を当て，百貨店利用者（2019年の百貨店支出金額の高い，百貨店ロイヤルティ保有者）を対象に，フォーカスグループインタビュー（以下 FGI）を実施した結果を提示する。

調査では，商業施設・百貨店の利用実態（および意識），百貨店選考理由，百貨店との関係性について質問した。さらに，ニューノーマル時代において，百貨店利用者が百貨店での買物に対してどのような不満を感じているかも検討した。

1. 調査概要

FGI は，2021年１月24日に株式会社マクロミルのパネラーを対象に実施した（調査Ⅲ）。以下では調査概要および調査結果について記述する。

調査Ⅰ同様，百貨店での買物意向が比較的高い百貨店顧客を対象としたいという目的から，スクリーニング調査を実施し，「百貨店利用が月１回以上」かつ「百貨店での支出金額が３万円以上／月」，そして百貨店の中核顧客である

30～50歳代の女性パネラーを選定している。また調査では，株式会社阪急阪神百貨店提供の，阪急百貨店で実際に使われた広告画像を用いる関係から，京都，大阪，兵庫在住者，さらに「阪急百貨店」利用者を調査対象者として選定した（**図表5－1**，**図表5－2**）。

調査（Ⅲ）では，世代別にグループを弁別し，2グループを対象としてFGIを実施した。Group 1は40～50代，Group 2は30代，各4名から構成されている。

調査プロセスは，まず百貨店の利用実態や意識についてインタビューし，その後，広告表現要素に関するインタビューを実施するという流れとなる（広告表現に関する調査結果は第6章で議論する）。FGIのモデレーターは，調査会社選定の第三者に依頼した。

2．調査結果：商業施設・百貨店の利用実態（および意識），百貨店選考理由，百貨店との関係性

2-1　商業施設・百貨店の利用実態（および意識）

調査の結果，“商業施設”の利用実態および利用意識（出向意図）に関して，どちらのグループも店舗の機能面（利便性［心的および身体的な立ち寄りやすさ］，値ごろ感，ワンストップ・ショッピング，取扱商材の品質）を重視する傾向にあり，目的に応じて業態や店舗を使い分けていることが確認された（**図表5－3**）。

“百貨店”の利用実態および利用意識（出向意図）に関しても，両グループとも店舗の機能面（利便性［住まいや仕事場からの距離の近さ］，ポイント割引，ワンストップ・ショッピング，マーチャンダイジングの充実感）を重視した買物傾向にあり，目的に応じて業態や店舗を使い分けていることが明らかになった。また，40～50代のGroup 1に関して，百貨店での買物行動の慣習化が確認された。

図表5－1　FGI調査対象者（Group 1）

		A	B	C	D
参加日時		2021/1/23　10:00～12:00　【40～59歳 G】			
性別		女性	女性	女性	女性
年齢（才）		51才	45才	55才	48才
世帯年収		1,500～2,000万未満	1,500～2,000万未満	600～800万未満	600～800万未満
百貨店（実店舗）の利用頻度	2020年（1年間での平均利用頻度）	月に２～３回程度	週に２～３回程度	週に１回程度	週に２～３回程度
	2019年（1年間での平均利用頻度）	月に２～３回程度	週に２～３回程度	週に２～３回程度	週に２～３回程度
百貨店（実店舗）での購入額（税込み金額）	2020年（1カ月あたりの平均購入額）	60,000～120,000円未満	60,000～120,000円未満	40,000～50,000円未満	40,000～50,000円未満
	2019年（1カ月あたりの平均購入額）	60,000～120,000円未満	60,000～120,000円未満	40,000～50,000円未満	40,000～50,000円未満
	2020年（1年間での合算購入額）	1,000,000円以上	1,000,000円以上	50,000～60,000円未満	600,000～1,000,000円未満
	2019年（1年間での合算購入額）	1,000,000円以上	1,000,000円以上	50,000～60,000円未満	600,000～1,000,000円未満
普段利用している（利用していた）百貨店（実店舗）		伊勢丹／近鉄百貨店／阪急百貨店／阪神百貨店	大丸／阪急百貨店／阪神百貨店	伊勢丹／大丸／阪急百貨店／阪神百貨店	伊勢丹／京阪百貨店／近鉄百貨店／大丸／髙島屋／阪急百貨店／阪神百貨店
百貨店（実店舗）で普段よく利用している（利用していた）売り場		催事場／レストラン街／ギフト・贈答品／スポーツ用品／紳士服・婦人服／ファッション雑貨（財布・バッグ・靴）／化粧品／食料品（デパ地下）	催事場／レストラン街／ギフト・贈答品／ベビー・子供用品／寝具・インテリア・生活雑貨／ペット用品／紳士服・婦人服／アクセサリー・ジュエリー・時計／ファッション雑貨（財布・バッグ・靴）／化粧品／食料品（デパ地下）	レストラン街／書籍・CD・DVD／BD／ギフト・贈答品／ペット用品／紳士服・婦人服／化粧品／食料品（デパ地下）	催事場／レストラン街／ギフト・贈答品／紳士服・婦人服／アクセサリー・ジュエリー・時計／ファッション雑貨（財布・バッグ・靴）／化粧品／食料品（デパ地下）

出典：筆者作成。

図表 5 − 2　FGI 調査対象者（Group 2）

		A	B	C	D
参加日時		2021/1/24　10:00～12:00　【30～39歳 G】			
性別		女性	女性	女性	女性
年齢（才）		36才	33才	37才	39才
世帯年収		800～1,000万未満	わからない	1,000～1,200万未満	600～800万未満
百貨店（実店舗）の利用頻度	2020年（1年間での平均利用頻度）	週に 1 回程度	月に 1 回程度	週に 1 回程度	週に 4 回以上
	2019年（1年間での平均利用頻度）	週に 1 回程度	月に 2 ～ 3 回程度	週に 1 回程度	週に 4 回以上
百貨店（実店舗）での購入額（税込み金額）	2020年（1カ月あたりの平均購入額）	50,000～60,000円未満	50,000～60,000円未満	60,000～120,000円未満	50,000～60,000円未満
	2019年（1カ月あたりの平均購入額）	50,000～60,000円未満	60,000～120,000円未満	60,000～120,000円未満	60,000～120,000円未満
	2020年（1年間での合算購入額）	360,000～600,000円未満	600,000～1,000,000円未満	360,000～600,000円未満	600,000～1,000,000円未満
	2019年（1年間での合算購入額）	360,000～600,000円未満	1,000,000円以上	360,000～600,000円未満	600,000～1,000,000円未満
普段利用している（利用していた）百貨店（実店舗）		大丸／髙島屋／阪急百貨店	伊勢丹／大丸／髙島屋／阪急百貨店	阪急百貨店／阪神百貨店	伊勢丹／近鉄百貨店／大丸／阪急百貨店／阪神百貨店
百貨店（実店舗）で普段よく利用している（利用していた）売り場		レストラン街／ギフト・贈答品／ベビー・子供用品／紳士服・婦人服／化粧品／食料品（デパ地下）	催事場／レストラン街／ギフト・贈答品／ベビー・子供用品／寝具・インテリア・生活雑貨／紳士服・婦人服／アクセサリー・ジュエリー・時計／ファッション雑貨（財布・バッグ・靴）／化粧品／食料品（デパ地下）	催事場／レストラン街／ベビー・子供用品／寝具・インテリア・生活雑貨／アクセサリー・ジュエリー・時計／ファッション雑貨（財布・バッグ・靴）／化粧品／食料品（デパ地下）	催事場／レストラン街／ギフト・贈答品／ベビー・子供用品／寝具・インテリア・生活雑貨／スポーツ用品／紳士服・婦人服／アクセサリー・ジュエリー・時計／ファッション雑貨（財布・バッグ・靴）／化粧品／食料品（デパ地下）

出典：筆者作成。

2-2 百貨店選考理由

さらに調査では，調査対象者に対して，阪急うめだ本店（阪急阪神百貨店）とそれ以外の百貨店との選好の違いをインタビューした。調査の結果，Group 1では，高級感（ラグジュアリー感），ブランド数の多さ，充実したマーチャンダイジングが，あるいは自己と関係性のある店員の存在が，「阪急うめだ本店」への買物出向に対して誘因となることが確認された。そして，情報番組などによる紹介回数が他の百貨店よりも多いという，タッチ・ポイントの多さも選好の誘因として認識されていることがわかった。しかしその一方で，他の百貨店との選好を比較するなかで，利便性（買物のしやすさ）やマーチャンダイジングが不十分であること，さらに百貨店店舗が持つ個性（特性）に対する不足感が出向意図を低減させることも確認された。

Group 2は，ブランド数の多さとともに，店員の接客の高さが評価されていた。他の百貨店の選好理由としては，「商業施設の利用実態および利用意識」や「百貨店の利用実態および利用意識」に関するインタビュー結果同様，店舗の利便性（買物のしやすさ）が誘因となっていること，そして店員との関係性（親密さ）が出向理由として確認された。

百貨店別の選好の違いに関するインタビューから導出された“店員との関係性”を含め，調査対象者にとっての「百貨店との関係性」や「百貨店の存在価値」について，コロナ禍の環境を踏まえてインタビューを実施した。

2-3 百貨店との関係性

「百貨店との関係性」に関して，Group 1では，長期継続的な買物を通じて醸成された特定の店員との関係性が，自己と百貨店の関係性を表象するものとして知覚・評価されていることが確認された。コロナ禍によって，買物出向が制限されることで，それまで以上に店員との関係性が自身にとって重要であると知覚する調査対象者（G1_A）も存在した。また，対象となる百貨店は異なれるものの，幼少時の来店経験という関係性が百貨店選好に大きく寄与していることも確認された。

「百貨店の存在価値」については，百貨店業態の特性である，「ブランド数の

図表５－３　FGI 結果

	商業施設の利用実態	商業施設の利用意識	百貨店の利用実態	百貨店における買物意識
G1	**利用目的に沿って業態・店舗を選定**	**自身のペースで買物をしたい，マーチャンダイジングの充実性重視**	**目的および状況に応じて最適な百貨店を利用，ポイント誘因による買物出向**	**慣習的買物行動，マーチャンダイジングの充実感**
40〜59歳	・SM は食べるもの，食事するもの。DS では日用品。(A)	・どちらかといったら人がごちゃごちゃいない SM に行っている。ゆっくり行けるところに行く。(A)	・勤務地が北摂なので帰りに色々な百貨店に寄れる。阪急にしかないものは阪急で買って，近鉄にもあるものは近鉄で買っている。(A)	・まず阪急うめだ本店の地下にビール飲みに行く。２杯ぐらい飲んでから上に上がって化粧品を見に行ったり，ブランドの新作を見に行ったりする。(A)
	・日用品は自分が購入せずに夫がインターネットで買っている。カルディでは変わったものを買いたい。あそこにいくとついつい買ってしまう。高級なチーズは成城石井とか。買うもので分けている。(B)	・SM は10％オフの日が月・火曜日と決まっているからその日に行く。(B)		・地下の食品の下見をして，上階の人が少なくてきれいなトイレに行って，エスカレーターで降りてくる。最後に食品の買い物をして帰る。各フロア，自分の行きたい店が決まっていて，そこに寄り道しながら見る。(B)
	・重いもの，お米を買うときは車でイオンや DS に行く。まとめ買いのときは COSTCO にも行く。(C)	・駅前が一番便利。百貨店も DS もある。行くと何でもあるので便利。(C)	・梅田に行ったときはすべての百貨店に寄って帰る。やはり梅田の百貨店は全然モノが違う。梅田に行くとやっぱりたくさんいろいろなものがある。(C)	・阪急うめだ本店では鮭を買って，チョコを買って，明太子を買って。一通り決まっている。梅田まで行くと「今日はどれにしようかな」と思うぐらい買いたいものがたくさんある。迷うくらいたくさんあるのが嬉しい。(C)
	・食材をまとめて買うのは近くだったらイオンかコーヨーがある。(D)	・住んでいるところは元町だから徒歩10分以内に百貨店があるし，商店街もある。モノによってはカルディとか，普通の DS とか。小さい八百屋さんも並んでいる。いろいろあるのでぶらぶら歩きながらふらっと寄る感じ。(D)	・ここ３，４年でポイントが連携するようになった。自分は d ポイントと楽天を貯めていて，ポイント利用できる大丸と髙島屋が増えてきた。(D)	

※ DS：ドラッグストア，SC：ショッピングセンター，SM：スーパーマーケット

[redacted]

阪急うめだ本店に対する知覚・評価	その他の百貨店に対する知覚・評価	百貨店との関係性	百貨店の存在価値
高級感（ラグジュアリー感），ブランド数の多さ，充実したマーチャンダイジング，情報接触点の多さ	**目的に準じそれに特化した百貨店を選好，利便性の欠如，マーチャンダイジングの不十分さ，百貨店らしさの欠如**	**店員との長期的かつ強い関係性**	**自身を受容してくれる存在，目的を達成してくれる場，ストレス発散の場**
• 阪急は高級感があってラグジュアリー感がある。ブランドがいちばん揃っている。そこでしか買えない。充実しているから買っている。良く知る担当の店員がいる。(A)	• 大丸（梅田店）は細長い。いちいち上がらないといけない。阪神，阪急より秀でているものがない。個性がない。中途半端。(A)	• コロナで行けなくなった時，店員さんからマスクと手紙をいただいた。本当にそれはジーンときた。もとに戻ったらまた絶対に行こうと思った。元気をいただけた。(A)	• 自分は目的をもっては行かない。ぶらぶら。地下でお酒を飲んで，上で買い物。酔っぱらいながらブランドを見に行ったりしている。阪急さんはそれを許してくれる。(A)
• 華やかさがある。百貨店として阪急がいちばん上。好きなブランドが揃っている。(B)	• 大丸梅田店は百貨店なのに華やかさがない。あとは見にくい。阪神は地下にしか行ったことがない。上に上がったことがない。(B)	• 仲良しのスタッフが全員梅田に集結した。1人の方は18歳のころから知っている。30年近い。そういう方がいる。(B)	• 買い物は楽しい。ぶらぶらするとかじゃなく目的をもって行く。その目的が達成された気持ちで満足感をもって帰れる。阪急はわりと無理難題を聞いてくれると思っている。自分にとってはないと困る。(B)
• 化粧品は阪急。品揃えが違う。(C)	• 洋服は大丸梅田店。スイーツも好きなものがあるのでいつも買う。好きなブランドの化粧品は高槻阪急には入っていない。食べるものも。高槻阪急には北野のエースが入ったけどあまりない。(C)	• やっぱり店員さんとのやりとりがあって，「こっちのほうがお似合いですね」と言ってくれるのがいい。店員さんを信頼して買うようなところがある。(C)	• 百貨店には百貨店にしか売っていないものがある。買い物は，ストレス発散ですることが多い。（百貨店がないと）自分の楽しみを奪われる感じがする。(C)
• 阪急うめだ本店の物産展は2フロア使うから充実している。朝のニュースとか情報番組で取り上げられるのも阪急の情報が多い。種類も多いから行ってしまう。(D)	• 食品は百貨店（大丸芦屋店）。意外と安かったりするからそこを使うことも結構ある。(D)		

	商業施設の利用実態	商業施設の利用意識	百貨店の利用実態	百貨店における買物意識
G2	**日常使いは近所のSM，地元のSC**	**ワンストップ・ショッピングを重要視**	**目的および状況に応じて最適な百貨店を利用，機能面（立ち寄りやすさ，ポイント割引）重視**	**ワンストップ・ショッピングを重要視（買物の効率性重視）**
30～39歳	・食材は基本的に宅配で頼むことが多い。時間があるときに近所のSMで買い足している。最近は夫が在宅になったので，宅配の量が増えてきた。二つの業者さんに頼んでいる。(A)		・百貨店は京都では京都の髙島屋，大丸（京都店）。大阪では阪急百貨店，大丸（梅田店）が多い。仕事柄，大阪に行くことが多いので，自分自身の買い物は大阪駅の百貨店が多い。(A)	・仕事場の近くにあるデパートで洋服，子どもの服，仕事柄お付き合いが多いからギフトカードとか（を買う）。そういったものを1つの場所で揃うのでデパートを利用することが多い。(A)
	・食品は歩いて行ける距離のSMに運動がてら歩いて行く。持てる分だけ買ってくる。その都度行っている。(B)	・街中には百貨店もDSもあるので買い物しやすい。街中か近所のSMーが多い。(B)	・（買物場所は）京都の河原町と烏丸。髙島屋が河原町にあって，比較的近くにエスパルにある。そこで買えないものは梯子をして百貨店に行く。(B)	・百貨店は何でも1カ所で揃うし，街中にあったりするから(B)
	・近くにSCがある。西宮ガーデンズ。週に2回以上は行く。(C)	・西宮ガーデンズは衣類，食器，タオル，食料品が何でも揃っている。家族の物も何でも揃う。二時間半いて，ユニクロ，本屋さんをめぐって，セールの衣料品を買って，食料品を買って帰った。(C)	・ペルソナ会員（阪急百貨店・阪神百貨店カード会員）だから割引もあるし，駐車場も広いし，アクセスもいいからついつい行きます。(C)	・西宮ガーデンズの阪急百貨店（西宮阪急）で，衣類，食器，タオル，食料品を買う。記念日とか行事ものも百貨店で買い物ができる。(C)
	・仕事帰りに最寄り駅で買い物することが多い。(D)	・とにかく生鮮食品の品質がいいとろでないと行きたくない。（一箇所で）全部揃うのがいい。薬局も近くにあってほしい。イオンモールみたいに大きすぎると疲れてしまう。こじんまりとしたところがいい。(D)	・駅周辺が多い。(D)	・仕事帰りに大丸（芦屋店）に行って，生鮮食品は大丸で買って帰る。とにかく生鮮食品の品質がいいところでないと行きたくない。全部揃うのがいい。(D)

* DS：ドラッグストア，SC：ショッピングセンター，SM：スーパーマーケット
出典：筆者作成。

阪急うめだ本店に対する知覚・評価	その他の百貨店に対する知覚・評価	百貨店との関係性	百貨店の存在価値
ブランド数の多さ接客の良さ	**利便性（買物のしやすさ）店員との関係性**	**幼少からの来店経験を基盤とした情緒的関係**	**専門性と信頼性を保有する存在，高い接客サービスを提供してくれる業態**
	・髙島屋はそこまで広くないのと店舗数もそこまで多くないので買いやすい。あまり新しいお店が入らない。昔からあるお店がずっとあるというのがいい。(A)	・子どもの頃から季節の変わり目に母と洋服を買いに行ったり，デパートの食堂で旗の立ったお子様ランチを食べていた。自分の子も，子ども向けのイベントによく連れて行っていた。(A)	・ネットでは得られない情報が得られる場所。ネットは自分が知っているものを買うのには便利だけど，冠婚葬祭などで，もう少し詳しい情報がほしいときはデパートがとても役に立つ場所だと思っている。(A)
・好きなブランドがたくさん入っている。接客がいちばん。すごくいい距離感を保ってくれる。しょっちゅう買うものでなくても，デイリーでもハイブランドでもゆっくり見れたり，距離感をもって声をかけてくれるからすごく見やすい。(B)		・もともと祖母が百貨店が好きでよく連れてきてくれた。(B)	・接客であまりいやな思いをすることがない。忙しくても優雅な接客。せかされたりしない。それが心地よい。(B)
・梅田の阪急は流行最先端。結婚式に着て行く服とか一張羅は，阪急うめだ本店に行っています。(C)	・西宮阪急。西宮市に店員さんが精通している。詳しい方が多い。身近な感じ。皆さんよくご存じ。気兼ねなく相談できる店員さんがいるのが阪急。(C)		
・自分がよく買うブランドが入っているし，いちばん店員さんの接客レベルが高い（知識豊富)。(D)		・昔阪急うめだ本店は大食堂があった。子どもの頃，母の買い物に付き合ったあとに大食堂でお子様ランチとかを食べていた記憶がある。(D)	・気持ちのいい接客は買い物したときの満足感につながる。自分が聞いたことにすんなり答えてくれないと，ここで聞いてもしょうがないなと思ってしまう。だから信頼できる店員さんのところで買うというスタンスになっている。(D)

多さ」や「品揃えの豊富さ」によって（ワンストップで）目的を達成できるという場として，さらに快楽的買物体験が実現できる場として知覚・評価されていた。

Group 2でも，幼少時の来店経験という関係性が百貨店選好に大きく寄与していることが確認された。「百貨店の存在価値」については，百貨店店員から専門的で信頼に富む知識を獲得できる場であるとともに，上質感との接点，また快楽的買物体験の場として知覚・評価されていた。

Group 1が「自身を受容してくれる場」と知覚・評価する一方，Group 2が「ネットでは得られない情報が得られる場所」と知覚・評価していた。また，百貨店の提供する商品やサービス，あるいは場に対して，Group 1が自身の価値観を基盤に能動的に活用しようとするのとは反対に，Group 2は百貨店が保有する価値観に刺激される買物体験を好む傾向にあるという，世代間の違いが確認された。

この背景として，Group 1の調査対象者（一部）のバブル経済における積極的な百貨店利用経験，そして百貨店の利用経験自体の長期継続性による影響が推察される。逆にGroup 2は，百貨店とは幼少の頃に両親や祖父母に連れて行ってもらった場所というイメージを強く保有していること，また現在は買物主体として百貨店で買物をしているものの，「知らないことも丁寧にアドバイスをいただける」や「日常に新しいわくわくするような刺激を与えてくれる。発見。新たな出会いができる」という発言のように，百貨店から提供されるモノ・コトを新鮮な刺激として知覚・評価していた。このGroup 2の百貨店に対する知覚・評価は，Group 1との買物経験の蓄積の違いが反映されたものであると考察される。

3. 百貨店利用者の百貨店に対する不満（コロナ禍の影響を踏まえて）

調査（Ⅲ-a）では，コロナ禍による市場環境の変化を踏まえ，調査対象者が保有する百貨店に対する不満についてもインタビューを実施した（**図表5-4**）。

調査の結果，世代問わず，「百貨店のSC化（百貨店の自社店員の減少，百貨店らしい売場の減少）」，「化粧品売場でのサービスの低下（対面サービスの減少のため）」に対する不満が確認された。前者はコロナ禍前からの不満であり，百貨店にSCと同様のテナントが存在することや，テナントと百貨店イメージとの乖離に対するもの，百貨店自社の店員が減少し「百貨店らしい」接客が享受できなくなったと感じること，さらに大食堂のように百貨店を象徴するフロアが減少したことという，長期継続的な買物経験を踏まえ醸成された，調査対象

図表5－4　百貨店に対する不満

G1	G2
百貨店のSC化（百貨店の自社店員の減少・百貨店らしい売場の減少），化粧品売場でのサービスの低下（対面サービスの減少のため），コロナ禍において店頭で並ばせること，セール（マークダウン）の多頻度化，レジ袋削減に対する不満	子供服売場の減少（売場面積・品揃えに関して），店員とのコミュニケーション接点の減少，売場の活気の減少，百貨店のSC化（テナントの違和感・百貨店らしさを醸成する象徴的なフロアの欠如）
• 近鉄百貨店にエディオンとかコクミン薬局とかキャンドゥ，100均もできた。そういうものが併設されているからせっかくデパートに来ているのにわくわく感がない。わざわざここまで買い物に来ているのにSC化しているから毎回いやだなと思っている。 化粧品もタッチアップができない。自分がそこで化粧品を買っているのは，額によってフェイシャルエステが受けられる。そのモチベーションで同じところで買い続けているのにフェイシャルエステがなくなってサンプルだけくれる。そのために頑張って買っていたのに残念。 自分もいつもショッピングバッグはもっていくが，結局は過剰包装をしている。ビニールを使って。だったら無料でみんなに渡した方がいい。阪急のロゴが入っていれば阪急の宣伝になる。いかりスーパーはいまでも無料でくれる。何でできないのか？いつも腹が立ちながら買っている。 もう１つは服。服が売れないから次々セールになる。ひどいのは自分が買った次の日に行ったらセールになっていた。担当さんも「ごめんなさい」と言っていた。担当さんもその日に言われるみたい。次の日は20%，次の週は30%オフになっている。今までは服はセールの時に買いに行く感じだったけど今は常にセール品が店舗に置いてある。それを買うために頑張って買ったのにすぐにセールになっていたと思いながら支度をしている自分がいやになる。春，夏，冬のセールしかやらないでほしい。（A）	• コロナの前からそういう傾向だったが，子どもに関する商品，特に子供の靴，服に関して，大丸も髙島屋もスペースが小さくなったり，品物が少なくなった。少子化だからしょうがないのかもしれないが，ピアノの発表会につけるヘアバンドが欲しい時，今まではデパートで見つかったのに見つかりにくくなったのがここ２，３年。端っこにあったり，靴の種類が３種類ぐらいに減っている。品揃えが少なくなってきたんじゃないかなと感じる（A）

•残念に思うことは，買い物をしてエコバッグを持つことが増えた。百貨店でお惣菜，ハムを買うと「お持ちですか」とビニールに入れてくれる。でも百貨店はインフォメーションに行くと紙の袋を無料でくれる。だったら店頭で紙袋に入れろよと思う。いつもインフォメーションに行って紙袋をくださいと言っている。それは面倒くさい。そもそも紙袋が無料なら，最初から聞かずに入れてくれればいい。過剰な包装という前に，それはそうじゃないんじゃないかなと不満に思っている。あとこれは阪急に限定されるが，何でこのコロナ禍に人を並ばせるのか？と思う。朝8時半から並んでいる。並ぶ方もどうかなと思うが，そもそも距離をとれというのなら，インターネットで応募にすればいい。そうすれば並ばなくていい。そもそも並んでいると狭くなって邪魔。そういうのがいやだなと思う。(B)	•不満があったら行かなくなってしまう。定期的に行っているから特には。(B)
•コロナの影響で入ろうと思っても人数制限があってちょっと待たないといけない。化粧品もタッチアップしてもらえないから残念。百貨店で化粧品を買う時は必ずカウンターの椅子に座って試せる。タッチアップしてもらって「こんな感じですよ」とやりとりがあって化粧品を買う。それがなくなるのは残念。本当にそれでいいのかなと思う。やっぱり店員さんとのやりとりがあって，「こっちのほうがお似合いですね」と言ってくれるのがいい。店員さんを信頼して買うようなところがあるので。(C)	•コロナの関係で店員さん側からあまり話しかけてくれなくなった。メイクのお店では気軽に試せない。前まであった活気，にぎやかな感じではなくなった。それはコロナのせい。残念。でも自分から聞きたいことを丁寧に説明していただける。百貨店，店員さん自体に不満はない。(百貨店の雰囲気も好きだったのか？という質問に対して）そうですね。にぎやかな感じが好きだった。でもお客さんの数も減った。(C)
•コストもあると思うが。大丸梅田店でいえば他のブランド，会社が入りすぎている。テナントの東急ハンズとかユニクロとか。外部の単体であるようなお店が百貨店に入ってきた。服もビームスとか，大丸阪急の社員さんではない。ビームスから来た人。百貨店らしさがない。それにそのお店に行ったほうが種類，在庫があったりする。そう言われることもある。もっと種類があるとか，ネットだったらあるとポロっと言われる。百貨店の正社員が減っている。接客に関して，外部が入っているから百貨店の特徴が出にくくなっているのかなと思う。(大丸の店員さんの方がいいのか？という質問に対して）自分はそのブランドが本当に欲しくて行くのなら（ブランドの）店舗の方に行こうかなと思う。他に（ブランドの）店舗があるから別に百貨店でないとダメというのはない。そこまでこだわりはない。(D)	•百貨店は百貨店らしさ，百貨店でしか出会えないお店を置いてほしい。先日梅田の大丸に行ったら1フロアがドラッグストアみたいな化粧品ばかり売っているフロアができていた。百貨店にこのフロアいる？と思って残念な気持ちになった。店舗が入らないんだなというのはわかるけど，百貨店らしくないお店を入れてしまうのはすごく寂しい。残念な気持ちになった。この先どんどんすたれていってしまうのかなと心配になった。お店のチョイスは大事にしてほしい。昔阪急百貨店は大食堂があった。子どもの頃，母の買い物に付き合ったあとに大食堂でお子様ランチとかを食べていた記憶がある。今はそういう場所がないからあったら流行るんじゃないかなと思う。姪っ子，甥っ子を連れて行ったら喜ぶのではないかと思う。昔は屋上にも遊べるところがあった。それが百貨店の象徴だったのにそれがないのは寂しいなと思う。(D)

出典：筆者作成。

者の百貨店への期待水準と，百貨店の現状との齟齬から生じた不満であるといえよう。

後者は，コロナ禍によって密なコミュニケーションが困難となったことで生じた不満である。化粧品売場での対面接客や施術に誘因を感じる調査対象者の存在を考慮すると，今後もコロナ禍が続くことで，百貨店の特徴的なサービスの１つといえるこれらのサービスの提供に困難性が介在するようであれば，（化粧品売場を利用していた顧客をはじめ）百貨店離れが促進される可能性がある。

さらにコロナ禍に伴い売場の活気が減反したことに対する不満とともに，罹患者数が減少しないなかで多くの顧客を店頭に並ばせることや，来場制限が充分でないとする，百貨店の「ウイルス対策に対する不満」が調査から確認された。この結果からも，コロナ禍において百貨店は，店舗の雰囲気を醸成する賑わいを喚起することとともに，来店者が安心するようなウイルス対策を充分に実施し，またその内容を伝達することが必要であるといえる。さらに，信頼性と専門性を有する接客に関しても，店舗内で実施するだけでなく，オンライン上でも近似的なUX（顧客体験：User Experience）を提供するなど，コロナ禍に応じたDX（Digital Transformation）の推進が求められる。

4. 結果考察

FGIでは，「商業施設の利用実態（および意識），百貨店の利用実態（および意識），百貨店選考理由，百貨店との関係性，そしてコロナ禍を踏まえた百貨店に対する不満に関して調査を実施した。

調査の結果，調査対象者は比較的合理的・効率的な買物行動を重視することが確認された。百貨店の利用実態に関しても，他の商業施設への買物行動と同様，利便性が重視されていた。

しかし，百貨店間の選好の違いに関しては，「ブランド数の多さ」や「充実したマーチャンダイジング」といった機能性とともに，「高級感（ラグジュアリー感）」や「関係性のある店員の存在」など情緒的な側面が評価されていることが確認された。その反対に，「百貨店らしさの欠如（店舗としての個性の無さや華やかさの欠如）」は百貨店の選好に負の影響を与えていることが明らかになった。この結果の1つとして注目すべきは，消費者が贔屓の百貨店に期待するものとして，高級感や高いサービス性といった，第4章のテキストマイニングの分析結果で確認された，百貨店の評価属性と近似的な内容を確認できたことである。ただ，第4章の分析結果との違いは，消費者が「百貨店らしい」と想起する業態イメージに対し，実際の百貨店が提供するサービス内容などが逸脱した場合，負に評価されるということが確認された点にある。

調査（Ⅲ-a）で顕在化した，消費者の百貨店評価の正負の作用は，顧客満足研究で議論されている期待不一致モデル（expectation-disconfirmation）から説明ができる。小野（2016）が「顧客は製品・サービスがもたらしたパフォーマンスを知覚し，評価する際に，その予測期待を参照基準として満足を決定する」[1]と議論するように，消費者はそれまでの百貨店での買物経験をはじめ，事前に保有する知識から醸成された期待を，百貨店が提供する製品・サービスによって，充足もしくは超越させた場合，満足という評価をくだす[2]。本章で確認された結果は，顧客が保有する予測期待の水準よりも実際の百貨店のパフォーマンスが期待以上であった場合は正の評価となること，その反対に期待よりも下回った場合に不満を知覚することを示すものである。

また調査では，百貨店と関係性に関して，「幼少からの来店経験を基盤とした情緒的関係」の存在が確認され，さらにその関係が結果として百貨店選好に作用していることが確認された。加えて，百貨店の存在価値について，「快楽的買物の場」であるとともに，40～50sのGroup 1にとっては「自身を受容してくれる場」，30sのGroup 2にとっては，「上質感（商品や高い接客サービス）との接点」もしくは「信頼性の高い専門的知識を教えてくれる存在」と知覚・評価されていることが確認された。

調査結果において特に注目すべきは，世代間の差違で確認された，「百貨店の存在価値」の違いである。この違いは先述したように，百貨店での買物経験の蓄積の違いが作用していると推察される。調査（Ⅲ-a）では，「年々百貨店が好きになってきた」と発言したGroup 2の調査対象者（G 2_B）に対して，さらにその詳細に関してヒアリングすることで，百貨店での買物経験の蓄積の作用（正の影響）に関する実態把握を試みた。

その結果，「もともと祖母が，百貨店が好きでよく連れてきてくれた。だんだんいいものを見るにつれて，いいものがいいなと思うようになってから。いつからというのはないが，化粧品もドラッグストアのものを学生の頃は使っていたが，やはりデパートコスメの方が，効果が得られると思った。あとは接客。あまりいやな思いをすることがない。忙しくても優雅な接客。せかされたりしない。それが心地よくて年々好きになっていった感じ。」というように，幼少期のノスタルジアを基盤としながらも，化粧品に関する買物を百貨店への買物出向の契機とし，長期継続的な買物経験を経て，（百貨店が提供する）上質な商品や接客に対する知覚・評価が蓄積され，そして百貨店への愛着が醸成・強化されていくことが確認された。

さらに，コロナ禍において，百貨店の店員との関係性がポジティブな影響をもたらしていたことも注目すべき結果である。対面での接客が難しいからこそ，直筆の手紙（DM）のようなコミュニケーションや，馴染の店員との会話が消費者にとってかけがえのないUXと評価されていた。しかしその一方で，ニューノーマル時代において，フェイシャルトリートメントといった，百貨店のそれまでの強みである接触型の接客サービスが物理的に難しくなったことによる，消費者の不満も確認されている。

今後百貨店は，コロナ・ウィルスへの対応を鑑み，DXも踏まえて，百貨店の存在意義とは何か，またその際の強みとは何かを，さらにその「百貨店らしさ」を踏まえたマーケティング・コミュニケーションのあり方とは何かを検討することが重要であるといえよう。

（1）小野（2016），p.5。

（2）消費者の期待が下回った場合においても，満足が形成されることもあるという。嶋口（2001，p.76）は，「実際に期待ほどでない客観評価でも，顧客は自分の期待に基づいた購買行動を正当化するために，自らの心の中で納得しようとする」と述べ，認知的不協和の影響によって，評価水準にねじれが生じることを議論する。

第III部　「百貨店広告らしさ」とは

第 6 章

「百貨店広告らしさ」を形成する広告表現要素とは

—催事交通広告に対する消費者評価の検討—

1. はじめに：視覚的思考方略を援用した調査方法

消費者にとって「百貨店広告らしさ」を醸成する百貨店の広告表現要素とはどのようなものであろうか。本章では，広告表現要素（画像，テキスト，ブランドロゴ）に焦点を当て，アートの世界で注目されている対話型鑑賞法を参考としたフォーカスグループインタビュー（以下 FGI）を実施した（調査Ⅲ-b）。

本書の調査で援用した対話型鑑賞法とは，ニューヨーク近代美術館（The Museum of Modern Art：MoMA）で始められたアート鑑賞法であり，視覚的思考方略(1)(Visual Thinking Strategies：VTS)(2)を指し，①作品をよく見る，②観察した物事について発言する，③意見の根拠を示す，④他の人の意見をよく聴いて考える，⑤話し合い，さまざまな解釈の可能性について考えるの，5つのステップ(3)から成る鑑賞法，およびその鑑賞法を中核とする教育法である。日本においては，VTS をベースに京都芸術大学にて ACOP（Art Communication Project）(4)という，「見る・考える・話す・聴く」の4つを基本とした対話型鑑賞プログラムが実践されている。

本書では，VTS がアクションリサーチに視座から有効であると考え，投影法と併合するかたちの調査設計を採用した。アクションリサーチの定義およびその構造に関して多種多様な議論が存在するものの，VTS と近似的なプロセスを提唱しているのが Stinger and Aragón（2020）の研究である。

彼らは，アクションリサーチとは「ある特定の問題を解決する系列立てられたアクションを行う人を含んだ，共同アプローチによる研究」であると議論し，「①見る（Look）」→「②考える（Think）」→「③行動する（Act）」の循環的な流れをアクションリサーチのプロセスとして提示する（**図表6－1**，**図表6－2**）。

本書でStinger and Aragón（2020）の議論に関して注目すべきは，考える（Think）の具体的な内容として“Interpret and explain（解釈と説明）”を位置づ

図表6－1　Stinger and Aragón (2020) のアクションリサーチの循環的相互作用に関する概念図

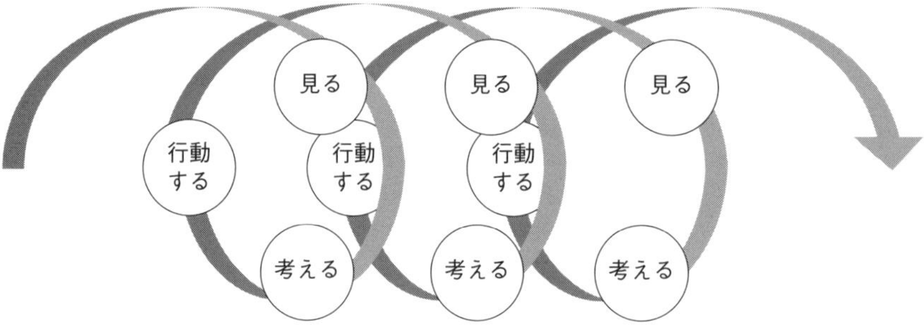

出典：Stinger and Aragón（2020），p.10を加筆修正。

図表6－2　Stinger and Aragón (2020) のアクションリサーチ構成要素の詳細

見る（Look）
観察（Observe）：何が起こっているかを観察する 情報収集（Gather data）：関連する情報を集める 定義と説明（Define and describe）：状況を説明する
考える（Think）
分析（Analyze）：調査と分析（何が起こっているのか？） 理論化（Theorize）：解釈と説明（どのように，なぜ，事象がそのようになるのか？
行動（Act）
計画（Plan）：分析と解釈を基盤とした行動・活動方針を定義する 実行（Implement）：計画の実行 評価（Evaluate）：実行された行動・活動の有効性を評価する

出典：Stinger and Aragón（2020），p.9を加筆修正。

け，続く行動（Act）において“Assess the effectiveness of action taken（Evaluate）（実行された行動・活動の有効性を評価する）”が内包されていること，さらにそれらが循環するプロセスを前提に議論されている点である。Stinger and Aragón（2020）のアクションリサーチのプロセスでは，調査に参画する主体（調査者・調査対象者）の観察能力，情報収集，説明内容，分析視点，解釈，先の行動の振り返り，そして行動の修正などが，プロセスを重ねるごとに精緻化することを想定している。つまり，調査対象者の解釈や評価が，試行回数に応じて精度を高めることを意図する。

本書では，このStinger and Aragón（2020）のアクションリサーチ・プロセスに則り，百貨店に関する交通広告の広告要素を段階的に付与し，その都度，グループインタビューを実施するという，広告研究における新たな調査方法の実践を試みた。

本書で紹介する調査は，Pieters and Wedel（2004）およびPieters *et al.*（2010）の研究を参考に広告表現要素（ブランドロゴ，画像，テキスト）に着目したものである。調査では，百貨店の交通広告（株式会社阪急阪神百貨店提供）の，2019年時の新春セールと北海道物産展に関する広告を用いて，画像→テキスト（催事タイトル・コピー）→テキスト（副次的テキスト）→ブランドロゴ→交通広告を形成する副次的告知情報の順に，段階的に刺激を付与していき（**図表6－5～図表6－8**），調査対象者にその段階ごとの印象をインタビューした[(5)]。

本書の調査で，新春セールの広告画像を採用した理由は，調査実施日が2021年1月24日[(6)]であったため，直近のニーズと適合すると判断したためである。また，北海道物産展の画像を採用した理由としては，百貨店で最も集客力のある催事であり，多くの消費者が認知あるいは評価している百貨店の代名詞といえるイベントであると判断したためである[(7)]。

本章では，VTSの手法を参考にし，百貨店広告表現の段階別の知覚の検討を試みた，FGIの分析結果を紹介する。

2. マーケティング・コミュニケーション研究における調査の位置づけ

広告をはじめとするマーケティング・コミュニケーションが消費者の態度や評価にどのように影響するのか，先行研究では長期にわたりその効果に関して議論されてきた。

例えば仁科ら（2007）は，消費者が広告を知覚・評価するプロセスについて議論している。彼らは，消費者の広告に対する知覚・評価（広告効果）とは，「広告情報への反応（認知反応，評価反応，記憶反応）」を起点する，「ブランド情報への反応」→「購買行動情報への反応（購買行動の検討）」と，消費者個人が保有するニーズや価値観を介する「ニーズ情報への反応」→「購買行動情報への反応（購買行動の検討）」の２つの経路を持つ情報処理過程であると議論する（**図表６-３**）。そして，「広告情報」に対する心理的な反応として，“認知反応”，“評価反応”，“記憶反応”を挙げ[8]，それらが情報内容（広告情報，ブランド情報，ニーズ情報，購買行動情報）を処理する際に相互に関連すると議論した（**図表６-４**）。

図表６-３　広告効果の流れ

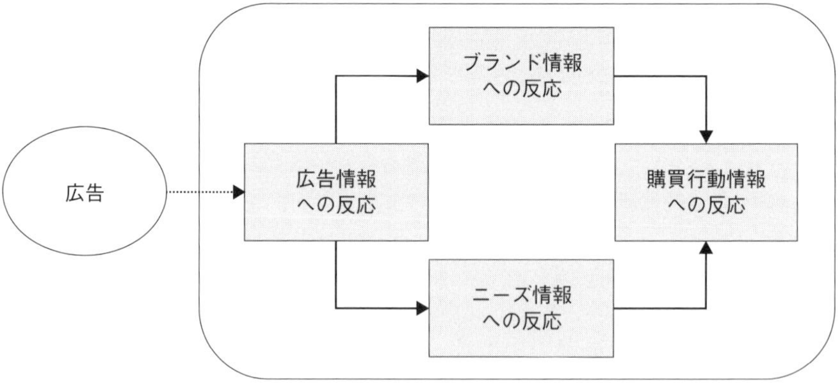

出典：仁科ら（2007），p.60。

図表6－4　情報処理プロセス

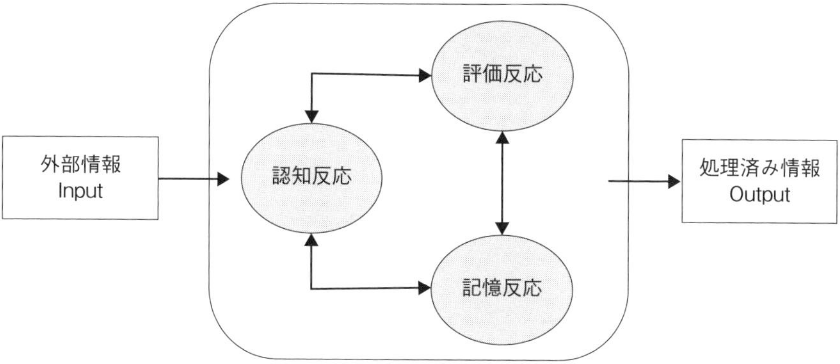

出典：仁科ら（2007），p.61。

本書では仁科ら（2007）の，広告効果の概念モデル（**図表6－3**）および消費者情報処理プロセス（**図表6－4**）を念頭に置き，「百貨店広告らしさ」について議論する。また同時に，百貨店による具体的なマーケティング・コミュニケーションの方策を検討するため，広告表現要素に関して複合的な検証を試みた，Pieters and Wedel（2004）および Pieters *et al.*（2010）の研究視点も参考に，百貨店広告における広告表現の消費者行動への影響を検討する。

広告効果に関する研究領域において，広告表現に対する消費者の知覚や評価といった態度に注目する数多く存在する一方で，意外なことにどのような広告表現要素（画像，テキスト，ブランドロゴなど）が消費者にとって影響しうるか，特に紙媒体（チラシ広告，交通広告，雑誌広告など）を対象として，統合的に検討する研究は少ない。

Pieters and Wedel（2004）は，画像，テキスト，ブランドのロゴの３つの広告表現要素による消費者への影響に関して，先行研究では各要素が個別に議論されてきたことを確認しつつも，それらの要因の影響が統合的かつ複合的に議論されていないことを指摘する。そのうえで彼らは，雑誌広告を対象として，消費者の“認知反応”である広告への注意（Attention）に注目し，画像，テキスト，ロゴごとの注視時間の違いを，アイトラッキングを用いた調査から検証した。

しかしながら，Pieters and Wedel（2004）の研究は，注視時間を従属変数とする広告表現要素の影響を検討するものであり，広告表現要素による態度への影響を検討したものではない。続く Pieters *et al.*（2010）の研究では，（広告紙面上の）ブランドの認識のしやすさ（Ad comprehensibility）や広告への態度を従属変数に据え，広告表現要素（画像，テキスト，ロゴ）から構成されるデザイン要素の作用を検討しているが，なぜそれらの広告表現要素が認識や態度に作用するかを検討できていないという課題が指摘される。

よって本書では，Pieters らの研究視点を参考にしながらも，彼らの研究課題である，画像，テキスト，ブランドの表記といった広告表現要素がなぜ態度に作用しうるのかを検討した。

具体的には，実際の百貨店広告を用いて，画像→テキスト→（ブランド）ロゴと段階的に提示し，百貨店利用者がどのようにそれら広告表現要素に対し“認知反応→認知評価”するのか，「百貨店らしさ」をどの広告表現要素から“認知評価”するのか，またそれらの評価が“記憶反応”とどのように関連しているかを，Pieters and Wedel（2004）で議論された広告表現要素間の関係性と，Pieters *et al.*（2010）で議論された広告表現の複雑性に着目し，FGI による検討を試みた。

3．広告表現要素に関する調査：新春セール

調査は，第５章で示したとおり，2021年１月24日に株式会社マクロミルのパネラーを対象に実施した。調査対象者の詳細については**図表５－１**および**図表５－２**を参照されたい。

本章で提示する内容は，（第５章の）百貨店の利用実態や意識についてのインタビュー後に実施したものである。具体的には，Group 1 に対しては新春セール→北海道物産展の広告刺激を提示，Group 2 に対しては北海道物産展→新春セールの広告刺激を提示する手順で調査を実施した。調査結果は，Group1/Group2を混合した結果を提示する。

図表6-5　新春セールの広告表現に対する消費者意識の変容－1

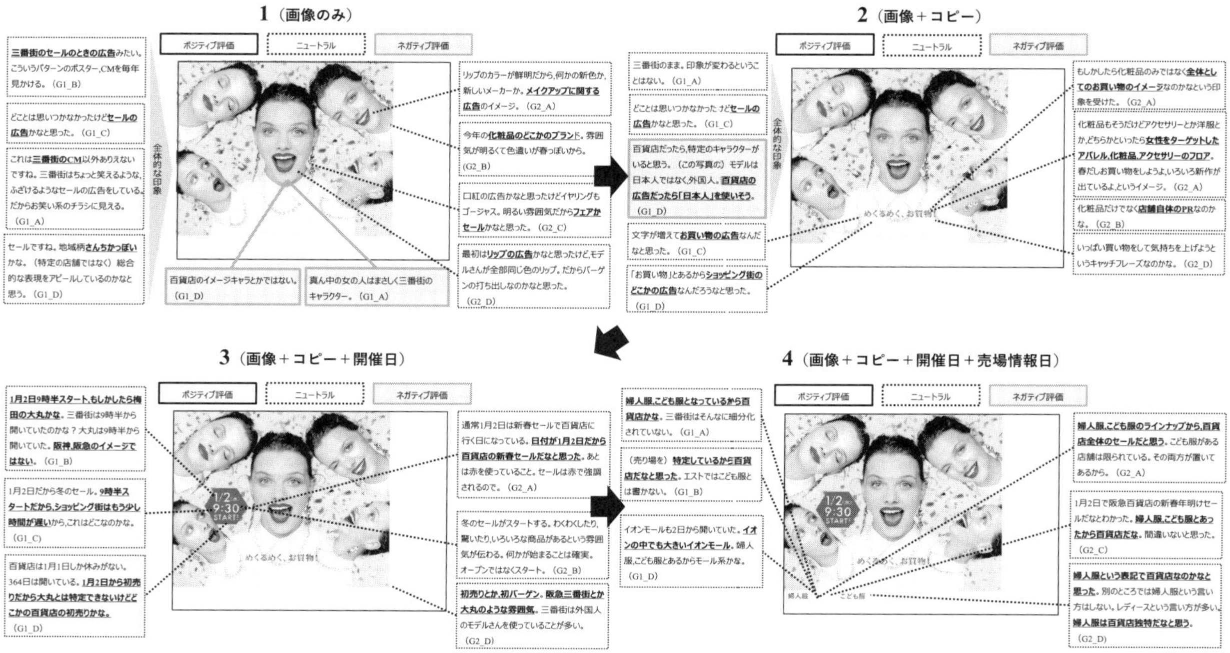

出典：株式会社 阪急阪神百貨店 提供画像を基に著者作成。

図表6－6　新春セールの広告表現に対する消費者意識の変容－2

5（画像＋コピー＋開催日＋売場情報＋（阪急）百貨店ロゴ）

ポジティブ評価　ニュートラル　ネガティブ評価

全く阪急とは違う。正直悪い。阪急は若者向けではない。どちらかといえば高級志向だと思っていた。**これは専門店街。カジュアル路線。自分が行きたい場所ではない。**（G1_A）

えー,阪急なん？ちょっと悲しい。モデルを日本人に合うモデルに変えてほしいと（百貨店に対して）何回も言ったのに。（G1_B）

えー,そうなの？阪急なんだという感じ（首をかしげながら）。でも阪急電車のポスターにありそうなのかなと思ったりもする。（G1_C）

百貨店の広告も変わったんだなと思った。専門店街と同調していて百貨店もそうなっていくんだと。ちょっと寂しい感じ。ランクが下になるというのではないが,**百貨店という感じがだんだんなくなってくるのかなと思った。**（G1_D）

やっぱりロゴから阪急なんだと思った。**もともと見た感じが斬新。モデルさんも若めなイメージ。阪急はおしゃれなアパレルが多い。お高いブランドを非常に扱っているからそういうイメージだなと思った。**阪急なら（買物に）行けそうだと思った。（G2_A）

阪急のロゴが出るまで**阪急とわからなかった。**「ああ」という感じ。（G2_B）

自分も阪急と出るまで**阪急か高島屋かよくわからなかった。**阪急のロゴが出て阪急だと思った。（G2_C）

自分もロゴが出るまでは**阪急だと確信はもてなかった。最初は大丸かなと思った。**大丸は外国人モデルが多いから。（G2_D）

6（画像＋コピー＋開催日＋売場情報＋（阪急）百貨店ロゴ＋副次的情報①）

ポジティブ評価　ニュートラル　ネガティブ評価

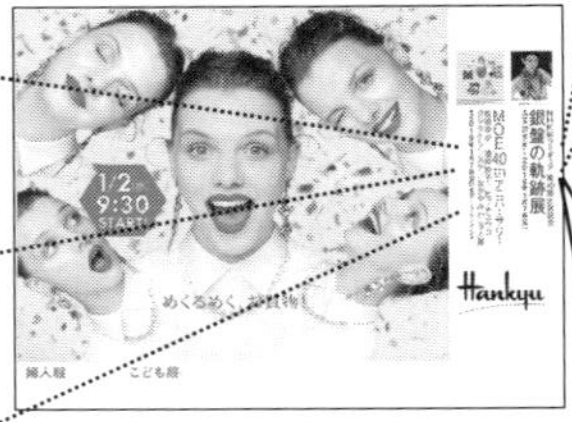

これを見た瞬間にいつも見ている中吊り。いつもこのパターンだから。今回はこういうことをしているんだというだけでスルー。（G1_A）

電車の中吊りかなと思う。街中に貼ってあるものはこういうざっくりした内容ではない気がする。どういう内容かわからない。やっているとしても行かない。行きたいとか知りたいという興味をもてない。（G1_B）

イメージ戦略を変えようとしているのかなと思う。普通は文字が80％で絵は20％だったけど違う。イメージカラーを変えようとしている感じ。（G1_D）

（具体的に）こういうのをやっているんだというイメージくらい。（G2_A）

セール以外にも期間限定で催し物がされているんだなという感じ。（G2_B）

（笑顔で）羽生君(の情報）が加わって**（百貨店に）行きたくなりました。**（G2_C）

自分も羽生君に注目しました。展示で衣装を飾るのかな。**行きたい気持ちは上がる。**（G2_D）

7（画像＋コピー＋開催日＋売場情報＋百貨店ロゴ＋副次的情報①＋副次的情報②）

ポジティブ評価　ニュートラル　ネガティブ評価

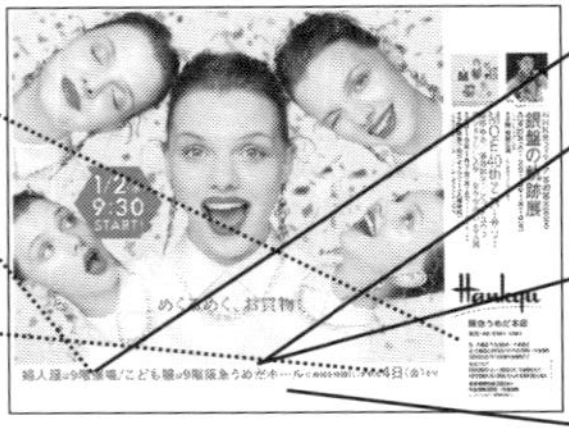

電車の中吊り広告かな。あとは新聞広告の下のところ。右側の阪急の下に小さい文字で情報が追加になったから。（G1_B）

阪急うめだ本店。やっぱり婦人服は催し場となっているからセールの**電車の中で吊るもの。**（G1_C）

期間がやっぱり短い。3日間。普通催事は1週間はやる。（G1_D）

自分はいちばん安い9階を先に確認して，なかったら店を確認しようと**行動パターンを想像した。**（G2_A）

大規模なセールなのかなと思った。それはいいと思う。（G2_B）

最初は婦人服のフロアでセールをするのかなと思っていたけど,**9階場でやっているから,婦人服もこども服も一緒に見らるし,そのついでに羽生君も見られるんだなと思った。手っ取り早くまわれそうだから行きたいと思った。**（G2_C）

催場と展示はいつも展示しているところでやるんだなと**イメージができた。**（G2_D）

8（完全広告）

ポジティブ評価　ニュートラル　ネガティブ評価

「憧れ体験」は何かな？と思った。5万個というのも多いのか少ないのかイメージがつかない。「関西最大」と言われれば,「そうか」と思うけど,5万個だとわからない。そんなものかなと思う。（G1_B）

年末の営業時間と初売りのことが書いてあるから,長期間広告として掲げられるもの。だから**電車の広告**なんだなと思った。（G1_C）

平成最後のというのはどういうこと？**過去の広告**を見ているのか？（G2_A）

普通の福袋は買わないけど何かな？と思う。**詳しくはホームページでとあるから調べてみようと思う。すぐに携帯でパッと調べる。**（G2_B）

憧れ体験福袋って何かな。確かテレビで見たけどあれのことかな。（G2_C）

色々とイベントをしているのかな。ちょっと寄ってみようかなと思う。（G2_D）

出典：株式会社 阪急阪神百貨店 提供画像を基に著者作成。

3-1 （1）画像のみ

新春セールの広告画像のみを提示し，何に用いられた画像であるのか，どんな印象を受けるのかについて質問した。

Group 1，Group 2とも，百貨店発の広告であると認識はしなかった。Group 1では，モデルの印象や，画像の構図から，阪急三番街[9]やさんちか[10]など，駅直結型ショッピング街のセール広告という知覚・評価を示した。一方，Group 2の調査対象者は，画像のモデルの表情の明るさや，全体的な雰囲気，あるいはリップのカラーなどから，化粧品ブランドの広告であると知覚・評価していた。

Group 2の評価はニュートラルな評価ではあったが，Group 1の評価は基本的にはネガティブな評価であり，画像に対して，「安っぽい」という印象を暗黙的に内包した発言が確認された。

3-2 （2）画像＋コピー

「めくるめく，お買物」というコピーから，買物を訴求する広告であるという知覚への変化，あるいは確信したという反応が確認された。具体的には，Group 1は画像のみの反応時と同様，ショッピング街のセール広告という印象から変化はなく，むしろ確信するような反応が確認された。一方，Group 2は，化粧品ブランドの広告から，買物を訴求する店舗の広告へ印象が変化することが確認された。

Group 1，Group 2とも，まだ百貨店発の広告であると認識はせず，Group 1に関しては，画像のモデルが外国人であるため，むしろ百貨店の広告ではない（G1_D）と評価する発言も確認された。

3-3 （3）画像＋コピー＋開催日

「1月2日」および「9：30 START」という表記から，はじめて百貨店の初売りセールと知覚する調査対象者が確認されるようになった。この知覚は，「新春の早朝から店舗が開店する店舗特性は，百貨店固有のものである」という調査対象者のこれまでの買物経験に起因するものである。しかし一部の対象者（G 2_D）は，この時点においては，まだショッピング街の広告であると知覚していた。また百貨店の広告であると知覚した調査対象者であっても，どの百貨店の広告であるかは確信をもって回答できてはいなかった。

3-4 （４）画像＋コピー＋開催日＋売場情報

「婦人服」と「子ども服」という表記から，多くの調査対象者が百貨店の広告であるという知覚を示した。この知覚の背景として，「婦人服」と「子ども服」という表記が，他の商業施設にはない固有の表現（百貨店らしい表現）であると認識されていること，そしてそれゆえ実験刺激である広告を解釈する手掛かり情報にそれらの表現が活用されたことを確認した。

しかし，「イオンモールの広告ではないか」と，他の競合業態の広告であると知覚する調査対象者（G 1_D）も存在した。

3-5 （５）画像＋コピー＋開催日＋売場情報＋（阪急）百貨店ロゴ

（阪急）百貨店のロゴを提示したことで，すべての調査対象者が百貨店の広告であるという知覚を示した。しかし，Group 1 と Group 2 の印象は異なるものであった。

前者は，各々が持つ阪急百貨店のイメージ（高級）と広告イメージ（カジュアル）との乖離を感じたため，「阪急百貨店らしくない広告」というネガティブな反応を示した。また一部の対象者（G 1_D）は，ロゴ提示以前の自身の（画像に対する）解釈を踏まえ，他の小売業態の広告と同質的であると評価をしていた。

一方，Group 2 はロゴを提示しても，ネガティブな反応を示さず，納得するような反応を示した。むしろ画像のモデルに対してポジティブに評価（おしゃれ，若い）し，「阪急百貨店らしい」と発言する調査対象者も存在した（G 2_A）。

3-6 （６）画像＋コピー＋開催日＋売場情報＋（阪急）百貨店ロゴ＋副次的情報①

副次的告知情報（催事場の他の告知）については，調査対象者のそれらへの関与の違いによって，買物出向意図への影響が異なることが確認された。例えば，アイススケーターの羽生結弦氏に関与がある調査対象者（G 2 _C，G 2 _D）の出向意図は喚起されているものの，その他の対象者は特に反応を示さなかった。

また画像全体の構図から，当該広告の媒体種別（交通広告：電車内の中吊り広告）と知覚する対象者も出現し始めた。加えて，調査対象者（G 1 _D）の発言のように，自身が保有する阪急百貨店の広告イメージと，対象（実験刺激）の広告表現との齟齬を知覚するという反応も確認された。

3-7 （7）画像＋コピー＋開催日＋売場情報＋百貨店ロゴ＋副次的情報①＋副次的情報②

売場情報や百貨店情報の詳細という副次的情報を付加した結果，Group 1 の多くの対象者が，当該広告を交通広告（電車内の中吊り広告）であると知覚するようになった。全体の構図とともに，「催事場」というワードや，百貨店の開店時間や連絡先などが表記されたことで，交通広告であると判断したことが確認された。

また「初売りとはどこにも書いていない。コロナ禍で来てほしいけど集中して来てほしくないというのもあって控えたのかなという感じ。大々的に来てほしいとは言いづらいのかな。」（G 1 _D）というように，コロナ禍で実施された広告であると解釈する調査対象者も存在した。

一方 Group 2 は，媒体種別に関する知覚ではなく，具体的な買物行動（催事を基点としてどのように百貨店を回遊するか）を想起するという反応を示した。

3-8 （8）完全広告

すべての情報が掲示された完全広告を提示すると，「平成最後の」というワードから，過去に掲載された広告であると知覚すること（G 2 _A）や，全体の構図と副次的情報②から交通広告であると確信する（G 1 _C）といった反応が確認された。

福袋に関するワードが表記されたことで，それに対し反応する対象者も多く存在した。

3-9 結果考察

新春セールの交通広告を用いた調査の結果，売場情報が提示されるまで，百貨店の広告であると知覚する調査対象者が存在しなかった。また，阪急百貨店のロゴを提示するまで，すべての調査対象者がどこの百貨店であるか，確信をもって知覚できていないことが確認された。

調査（Ⅲ-b）では阪急百貨店利用者を対象としていたが，画像や広告コピーのみでは，百貨店での買物経験が豊富な消費者であっても，百貨店らしさを知覚できていないことが，結果から明示された。一方，広告表現における百貨店らしさの知覚の誘因となる広告表現として，「婦人服」や「子ども服」といった百貨店特有の売場表記による影響が確認された。

また調査では，段階的に広告表現要素を付与する手順を採用し広告に対する評価を検討したが，通常な状況下において消費者が百貨店の交通広告を評価するに際し，この百貨店ロゴおよび売場表記が基点となって，その他の情報（画像含む）を情報処理する可能性が示唆される。もちろん本書での調査は，Pieters and Wedel（2004）の研究とは異なり，広告におけるロゴ，画像，テキストの注視の推移を検討してはいないが，FGIの結果を考慮すると，ロゴや百貨店らしい表記から消費者が百貨店広告であることを認識したうえ，その他の情報を処理，そして解釈していると考察される。

調査の結果で特筆すべきは，世代間の知覚・評価の際が確認されたことである。30sのGroup 2は，ロゴが提示された際も広告表現と百貨店のイメージとの齟齬が存在せず，むしろ「もともと見た感じが斬新。モデルさんも若めなイメージ。阪急はおしゃれなアパレルが多い。お高いブランドを非常に扱っているからそういうイメージだなと思った。」（G 2_A）のように，ポジティブな印象を保有する対象者も存在した。一方40～50sのGroup 1は，先述したように，百貨店のイメージ（高級）と広告イメージ（カジュアル）との乖離を感じ，「百貨店らしくない（SCやショッピング街の広告と近似的な）広告」というネガティブな反応を示した。

この世代間の反応違いは，Group 1とGroup 2の百貨店に対するスタンスや買物経験の違いから醸成されたものであると推察される。百貨店に対する買物意識に関わる調査（第５章）で確認されたように，前者にとって百貨店とは「自身を受容してくれる存在」であるのに対し，後者にとって百貨店とは「信頼性の高い専門的知識を教えてくれる存在」かつ「上質感（商品や高い接客サービス）との接点」と知覚・評価されていた。

百貨店が受容してくれると感じ，長年百貨店にとっても中心的なターゲット層として扱われている40～50s の Group 1 にとって，世代も異なる外国人モデルを用いた広告表現は，自身と親和的（近似的）であると認識できなかったため，同じ画像であっても Group 2 とは異なり，「安っぽさ」や「カジュアルさ」を知覚したと考察される。他方，Group 2 にとって，百貨店からのモノ・コトの提案は刺激的であり新鮮味を感じていること，また年を重ねるにつれ百貨店に愛着を高めつつあること，さらに外国人モデルに対してもポジティブな印象を保有したこともあって，広告表現に対しても「斬新さ」や「おしゃれである」とポジティブに評価したと考察される。

しかし，媒体の種別に関しては，百貨店や売場に関する副次的情報が提示されるまで，確信をもって交通広告であると知覚する対象者は存在しなかった。この結果から，阪急百貨店の利用者であっても，広告のレイアウトのみでは（広告表現のフォーマットがある程度固定化されている，阪急百貨店の交通広告を対象としても）それを正確に知覚・評価することが困難であることが明らかになった。

4. 広告表現要素に関する調査：北海道物産展

4-1 （１）画像のみ

北海道物産展の広告画像のみを提示し，何に用いられた画像であるのか，どんな印象を受けるのかについて質問した。

新春セールの広告刺激とは異なり，画像のみでも，多くの調査対象者が百貨店の北海道物産展であると知覚していることが確認された。調査対象者が百貨店の物産展であると知覚した理由は，画像で掲載されている，食材と人物（生

図表6－7　北海道物産展の広告表現に対する消費者意識の変容－1

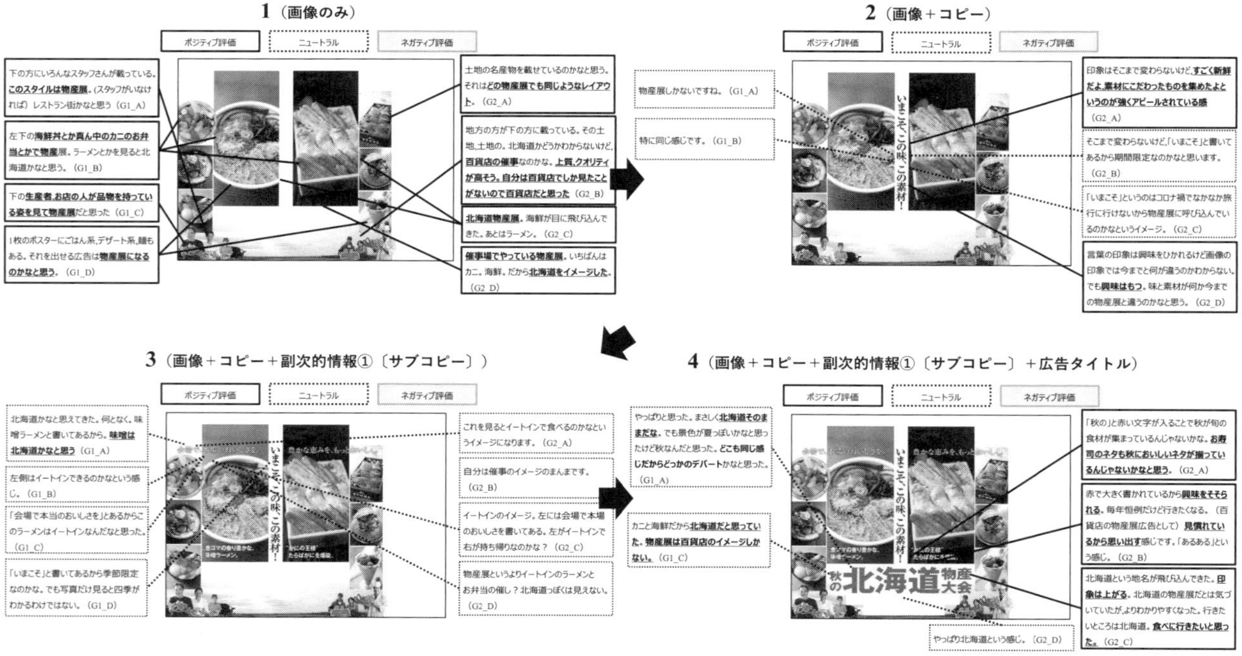

出典：株式会社 阪急阪神百貨店 提供画像を基に著者作成。

図表6－8　北海道物産展の広告表現に対する消費者意識の変容－2

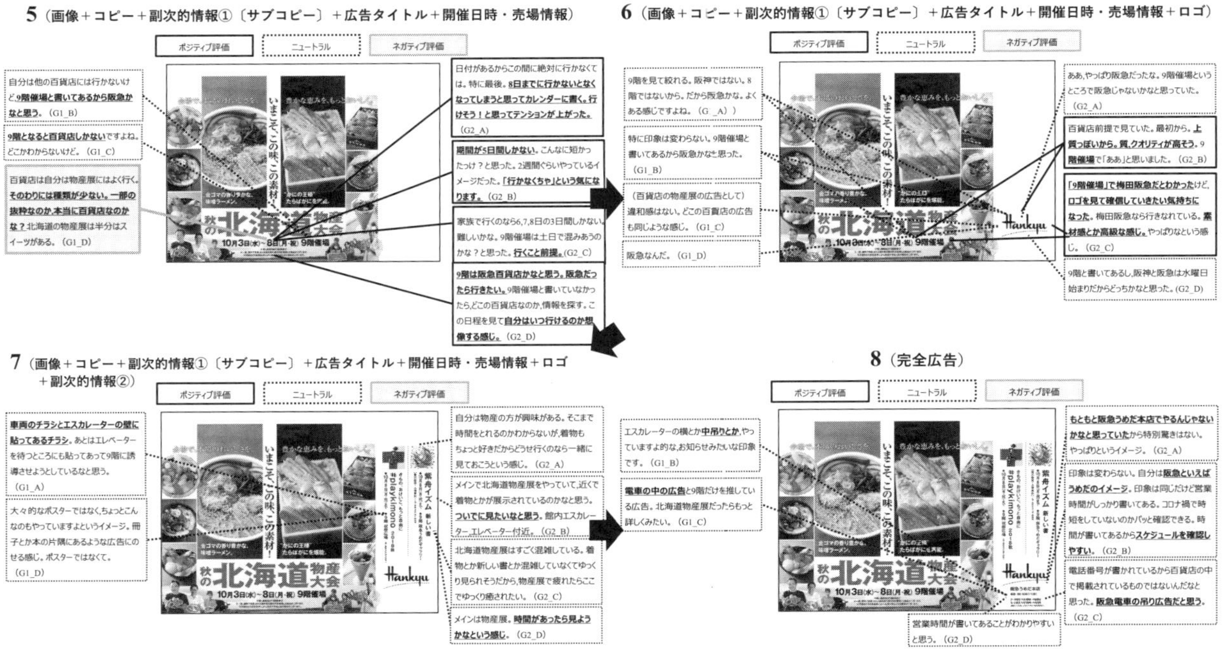

出典：株式会社 阪急阪神百貨店 提供画像を基に著者作成。

産者と知覚）が掲載されているレイアウトを，百貨店の物産展広告の特徴であると知覚したためである。また，広告素材（海鮮丼，カニなど）の画像を誘因とし，北海道物産展であるという反応を示した。

視覚的情報（発言時の表情）も踏まえても，画像に対して非常にポジティブな印象を保有していることが確認された。

4-2 （２）画像＋コピー

「いまこそ，この味，この素材!」というコピーを提示した結果，Group 1は物産展であるとの確信する反応を示した。Group 2は，画像のみを提示した場合の印象からほとんど変わらないという反応を示したものの，コピーを付与したことで「素材にこだわっている」印象をさらに強化したと発言をする調査対象者も存在した（G2_A，G2_D）。

4-3 （３）画像＋コピー＋副次的情報①（サブコピー）

「会場で，本場のおいしさを。」という副次的広告情報（サブコピー）を付与した結果，物産展のイートインを連想する反応が確認された。この反応が醸成された理由として，過去の買物経験から物産展の売場構成を，調査対象者が想起した結果であると推察される。

しかし，「物産展というよりイートインのラーメンとお弁当の催し？北海道っぽくは見えない。地域というよりラーメン，カニのイートインの催しなのかなと思う。」（G1_D）というように，サブコピーを付与したことで，物産展であっても「北海道をテーマにしたものではないのでは？」と，それまで（サブコピー提示前）の知覚との齟齬を感じ，混乱するような反応を見せた調査対象者も存在した。

4-4 （４）画像＋コピー＋副次的情報①（サブコピー）＋広告タイトル

赤字の広告タイトル「秋の北海道物産大会」を付与した結果，「やっぱりと思った。印象は変わらない。まさしく北海道そのままだな。でも景色が夏っぽいかなと思ったけど秋なんだと思った。」（G1_A）といったように催事の開催時期を認識するという反応や，「見慣れているから思い出す感じです。『ああ』

と。やはり大きく赤い文字で書かれていると印象が上がる。」(G2_B) あるいは「北海道という地名が飛び込んできた。この時期北海道に旅行には行けないから，会場で北海道の本場のおいしいものをいただけるのかなと思う。印象は上がる。」(G2_C) のように，ポジティブな印象を強化するような反応を示す調査対象者も存在した。

この変化の背景として，「(イメージは変わる？) イメージはそのまま。見たことがある雰囲気。『あるある』という感じ。」(G2_B) という発言にあるように，過去の買物経験の想起が広告に対する印象を強化したと考察される。

4-5 (5) 画像＋コピー＋副次的情報① (サブコピー) ＋広告タイトル＋開催日時・売場情報

開催委日時・売場情報 (「9階催場」) を付与した結果，Group 1は，売場情報から百貨店の物産展であるという確信を示した。「自分は他の百貨店には行かないけど，9階催場と書いてあるから阪急かなと思う。」(G1_B) のように，すでに阪急うめだ本店を連想している調査対象者も確認された。

Group 2は，開催日時を提示したことでさらに出向意図が喚起され，「日付があるからこの間に絶対に行かなくては。特に最後。8日までに行かないとなくなってしまうと思ってカレンダーに書く。」(G2_A)，「家族で行くのなら6，7，8日の3日間しかない。」(G2_C)，「期間限定だからこの期間の中で仕事を休んでいこうかなと思う。」(G2_D) のように，そもそもの物産展への関与が強いこともあって，行動スケジュールを想定した発言が多く確認された。

4-6 (6) 画像＋コピー＋副次的情報① (サブコピー) ＋広告タイトル＋開催日時・売場情報＋ロゴ

売場情報「9階催場」から高層階に催事場を保有する百貨店として，阪急うめだ本店を緩やかに想起していた調査対象者にとって，ロゴの提示は，「その知覚が間違いではない」という確信を提供する要因として機能した。多くの調査対象者が，新春セールの広告とは異なり，ロゴを提示しても百貨店イメージと広告表現との乖離を認識することなく，ポジティブな反応を示した。

しかし一部，「阪急なんだ。」（G１_D）のように，百貨店の広告であることに対する知覚との齟齬は感じていないものの，阪急百貨店の広告であると知覚していなかった調査対象者も存在した。また，「どこの百貨店も同じような感じだから違和感はない。」（G１_C）のように，物産展広告に関して百貨店間で同質化していることを指摘する発言が確認された。

4-7 （７）画像＋コピー＋副次的情報①（サブコピー）＋広告タイトル＋開催日時・売場情報＋ロゴ＋副次的情報②

副次的情報（その他の催事情報）を付与した結果，広告のレイアウトから，「中吊り広告」や「エスカレーターやエレベーター前の館内広告」を想起した発言（G１_A，G２_B）や，「冊子とか本の片隅にあるような広告にのせる感じ」（G１_D）という発言が確認された。

Group２では，物産展以外の副次的告知情報（イベント情報）を踏まえ，物産展に行った際の行動スケジュールを想定した発言が確認された。

4-8 （８）完全広告

副次的情報③（売場情報や百貨店情報の詳細）を付加した結果，前ステップでの（副次的情報②に対する）反応を踏まえ，「エスカレーターの横とか中吊りとか，やっていますよ的な，お知らせみたいな印象です。」（G１_B），あるいは「電車の中の広告と９階だけを押している広告」（G１_C）といった先の知覚を確信する反応や，「電話番号が書かれているから百貨店の中で掲載されているものではないんだなと思った。阪急電車の吊り広告だと思う」（G２_C）のように，新たに交通広告であると知覚する反応が確認された。

4-9 結果考察

北海道物産展に関する広告刺激を用いた調査の結果は，先述した新春セールの広告とは異なり，総じてポジティブな印象を調査対象者が保有していることを示した。

また画像のみであっても，画像のレイアウトから北海道物産展を想起する調査対象者が多いことも確認された。この結果は，まず調査対象者の多くがそもそも物産展に対して高い関与を有していること，さらに物産展での豊富な買物経験を有していることが，彼女らの知覚に大きく寄与したため導出されたと考察される。

物産展と知覚していたことに連動し，調査対象者は，百貨店が広告主体であると知覚していた。しかしその一方で，「9階催場」という情報だけが，阪急うめだ本店を想起させる要因と認識されたのみであった。「どこの百貨店も同じような感じだから違和感はない。」(G1_B) という発言があったように，物産展広告に関して百貨店間で同質化している可能性が指摘される。

5．百貨店広告に対する態度

広告刺激を用いたFGIの後，調査（Ⅲ-b）では百貨店広告に関する意識（百貨店出向のための情報源・百貨店広告への印象／魅力を感じる広告内容）に関するインタビューを実施した（**図表6-9**）。

調査の結果，Group 1では，百貨店らしさを感じる広告内容とは，日常的でない（SMの広告などとは異なり），非日常性，季節感を感じさせる情報，そして物産展などを代表とする期間限定的なハレの消費に関わるものなど，「生活の豊かさ演出」(11)に関わる情報であることが確認された。また百貨店の情報を獲得する情報源として，公式サイト，百貨店からのプロモーション（DM，メルマガ，Line），マス広告（新聞広告，ミニコミ誌），交通広告，店内広告が挙げられた。

Group 2も基本的にはGroup 1と同様の結果が導出され，「季節や期間限定のショップや商品情報」や「生活の豊かさ演出（非日常的）に関する情報」に百貨店らしさを知覚することや，媒体に用いられる紙質の良さ（質感の違い）に百貨店らしさを感じるとの発言も確認された（G2_D）。活用されている情報源としては，公式サイト，公式アプリ，マス広告（折込チラシ，ミニコミ誌），交通広告，店内広告が挙げられた。

Group 1とGroup 2との違いは，Group 1が百貨店からのDMをはじめとするプロモーションによって出向意図を醸成するのに対し，Group 2が公式

図表 6-9　百貨店広告に対する意識

百貨店出向のための情報源	
G1	G2
公式サイト，百貨店からのプロモーション（DM・メルマガ・Line），マス広告（新聞広告・ミニコミ誌），交通広告店内広告	公式サイト，公式アプリ，マス広告（折込チラシ・ミニコミ誌），交通広告店内広告
DMがたまにくるからそれを見ている。それは化粧品とバッグとか服飾関係。こういうチラシは電車内で見る。「TOKK」という阪急のミニコミ誌にも書いてある。新聞の折り込みには近鉄と髙島屋しか入ってこない。たまに阪急が入ってくるぐらい。（百貨店について自分で調べたりはするのか？に対して）そうですね。今は家でこもっているからネットで検索して調べている。阪急からはいっぱいメルマガがくるから気になったものはクリックして情報を見ている。結構見ている。（A）	電車の中で見ることが多い。電車の中で見たあとにホームページで確認して，自分の日付とほしいものがあったら行こうかなと思う。電車の中には詳しい内容は載っていない。（A）
新聞広告は見ない。阪急には週に1，2回行くからそこで貼ってあるチラシを見る。公式LINEからニュースが来たり，メールマガジンがくる。（B）	電車の中とかホームページとか。アプリです。一番よく大丸に行くが，アプリで催事をやっていないかなと思ってチェックして，興味があると行っている。（B）
新聞のチラシに入っていたり，新聞の下の広告で次回何日から英国展，北海道展があります，と記載してあると行きたくなる。（C）	チラシの「TOKK」とか，阪急電車の中とか，携帯でホームページを見ます。（行きたいなと思う広告は？に対して）チラシです。阪急うめだ本店に限ってですけど。駅に置いてあるやつがいちばん。百貨店に置いてあるのも見ます。（コロナ禍に伴い，百貨店に関する情報の見聞きに関して変化はあったか？に対して）携帯でホームページをチェックするようになった。前より電車に乗る頻度が減った。車での移動が多くなった。車の中で阪急のホームページを見てフロアマップを確認したり，営業時間を見たり，フェアの情報を見ている。（C）
（物産展に関する情報を）知るためにホームページを見る。バレンタインの時はいつからこの百貨店は始めるのかなと思うのでホームページを見る。だいたい百貨店のまわりを通るから入り口とか駅に貼ってある。それを見てこの時期に行こうと思う。（百貨店のホームページも見るのか？に対して）大丸はメルマガもあるしホームページも見る。催しは検索している。（D）	新聞の折り込みを最初に見る。それで何となく目が慣れてしまい百貨店の広告はすぐ仕分けができるようになっている。電車に乗ったときは吊り広告を見ている。（コロナ禍に伴い，百貨店に関する情報の見聞きに関して変化はあったか？に対して）この前行った時にアプリをすすめられた。大丸のアプリを入れてから，チェックの頻度が増えた。今まで気にしてみていなかったけど，自分がよく行く梅田とか選べて，そこの情報がくると行きたくなる。刷り込み効果に，はまってしまっている。（D）

出典：筆者作成。

百貨店広告への印象／魅力を感じる広告内容	
G1	G2
期間限定的なハレ消費（物産展など）に関わる情報，生活の豊かさ演出（非日常的）に関する情報	季節や期間限定のショップや商品情報，生活の豊かさ演出（非日常的）に関する情報，質感の違い
（百貨店の広告を見ると？に対して）行きたい，行こう，行こうと思う。日にちを覚えておいて，何日ぐらいに行こうかなと想像する。（広告に何が載っているから？に対して）物産展だったら関西初出店とかキャッチーなこと。お酒が好きだからビールとか日本酒とかが書いてあると行かなくちゃと思う。（A）	ネット，ホームページを見ると具体的な店名が出ていたり，夫や子どもは買うお店が決まっているからそこが何かやっているか。あとは季節商品について詳しくホームページで調べてから行く。（A）
（百貨店らしい広告とは？に対して）物産展の広告は初出展とか，今回特別に作りましたとかがあれば一応どんなものか調べたりする。（B）	食べ物系で北海道とか九州とか。普段食べられないものを食べられたり，購入できるとなると行きたくなる。（B）
（百貨店らしいと思う広告は？に対して）普段買えないものがその場に行けば手に入るとか。（スーパーの広告とは違うものを期待する？）スーパーで九州の特集があってもそんなに数はない。百貨店の九州物産展だとたくさん種類があって，そこで作られたものを購入できたりするから全然違うと思う。（C）	（行きたいなと思う広告は？に対して）広告では，フェアは何をやっているのかを見る。たまに出店している，なかなか行けないような限定的なお店をチェックしたりしている。（C）
（どのような広告だと百貨店らしさを感じるのか？に対して）ブランド品は他のお店にもある。でも百貨店は1か所にまとまっているから見ている。いろいろな情報を見るのも楽しいから行っている。でもこの時期（コロナ禍において）にこの百貨店に行くのは，自分のライフスタイルを踏まえると催し物は何をやっているかが誘因となっている。紳士服とか関係ないもの，興味のないもの，服が安くなっていることも求めていない。物産展でその時期にしか買えないものにすごく興味がわく。広告を見る基準はこの百貨店でこの物産展をやっているから行こう，という感じで見る。（D）	（SMのチラシとの違いは？に対して）SMは食品だけ載せている。あくまでも百貨店の広告とは違うし紙質も違う。百貨店の広告だけを，折り込みから抜いて，興味がある催しをやっていないか見ている。（D）

サイトやアプリ等を活用する点にある。Group 1がGroup 2と異なり，百貨店の情報に対して能動的かつ積極的に接触しようとしない背景として，百貨店からのプロモーションを受信する機会がそもそも（Group 2と比べ）多い，という要因が挙げられる。この百貨店からのプロモーション頻度の多さは，Group 1が長期継続的に百貨店を利用していること，また百貨店での買上金額（累積買上金額も含め）が高いことに起因する。

その一方，Group 2の行動は，さまざまな買物の場や情報源が乱立するなかで，百貨店の公式サイトへ能動的かつ積極的に接触し，百貨店の公式アプリをダウンロードするものであった。このGroup 2の行動は，百貨店への強いコミットメントを基盤にするものである。

6. 総括：考察と課題

調査（Ⅲ-b）では，百貨店利用者を対象に，百貨店らしい広告とは何か，また百貨店広告を正確に知覚できているのかについて，Pietersらの研究を参考に，VTSに着想を得たアクションリサーチの視座から，FGIを用いて検討した。

調査の結果，調査対象者は「生活の豊かさ演出」に関わる情報が掲載されていることを「百貨店らしい」広告であると知覚していることがわかった。また，北海道物産展の広告刺激を用いた調査のように，百貨店特有のコンテンツとして認識され，さらにその広告に対しても積極的に情報収集し，買物経験も豊富である場合，画像のレイアウトから広告主が百貨店であると知覚・評価することが確認された。

しかしながら，新春セールの広告のように，百貨店固有のコンテンツではない内容の広告である場合は，「婦人服」や「子ども服」のような百貨店特有の売場表記や，百貨店のロゴが無いと，正確に百貨店の広告であると知覚することができないことも確認された。加えて，北海道物産展であっても，ロゴを提示しない場合，どの百貨店が広告主となった広告か明確に識別できていないことが明らかになった。この背景には，先述したように，百貨店間の物産展の広告表現が同質的（近似的）である可能性が指摘される。

本書で実施した調査は，調査手法自体も探索的なものであり，まだまだ追加的な調査が必要であるとともに，オンラインでのFGIであることによる課題も存在する。その1つは，ZOOMを用いた調査であったため，多数の発言者が同時に発言することを制約するというZOOMの機能によって，グループダイナミックスによる集団間の議論の発展や精緻化が充分に機能せず，デプス・インタビューを同時に実施するような調査となったことである。もちろん，グループダイナミックスによって調査対象者間の発言が誘導されるという，負の影響を回避できたとはいえるものの，本来の目的であった，百貨店広告表現に対する闊達な議論を通じて，調査対象者の知覚に関する幅や深さ，そしてその変化を検討することはできなかった。

加えて，Group 1には新春セール→北海道物産展，Group 2には北海道物産展→新春セールを提示するという調査手法を採用したことで，後者に提示した広告刺激に対して，「百貨店の広告」と知覚し易かった可能性もある。ただし，調査の結果を見る限りはそのような影響は確認されず，むしろ，調査のステップが蓄積されるにつれ，「間違いたくない」という意識が作用し，数人の調査対象者の発言が制限されるような行動が若干確認された。この現象は，VTSを援用するうえで，事前に予見されたものであったが（解釈に対して精緻化したいという動機が働くという意味で），1グループに1タイプのみの広告表現を提示した場合とその結果が異なる可能性も留意する必要がある。

以上のように，本書の調査はVTSを援用し，さらにオンラインのFGIという，広告表現に対する意識を検証する方法としても，前例のない調査手法を試みたものである。それゆえ，上記で示したような調査手法に関する課題を内包しているものの，今後もコロナ禍によって対面での調査が難しい環境も想定されることを加味すると，本書の調査は，ニューノーマル時代における調査手法としても学術的に貢献するものであると考える。

（1）渡部（2010）の訳を採用した。

（2）VTS：https://vtshome.org（最終アクセス：2021年3月10日），日本版VTS：http://vtsj.acop.jp/index.html（最終アクセス：2021年3月10日）

（3）Yenawine（2015, 2013），p.33。

（4）京都芸術大学 ACOP　https://www.acop.jp/（最終アクセス：2021年3月10日）

（5）プレ調査として，学生を対象として，同様の広告刺激を用いた（対面の）FGIを，2019年11月に実施した。新春広告に関しては4名（男性1名，女性3名），北海道物産展に関しては4名（男性2名，女性2名）を調査対象者とした。

（6）当初2020年12月12日を予定していたが，調査対象者の招集が困難となり延期した。

（7）「山形屋の北海道物産展，20年連続日本一へ」（日本経済新聞　地方経済面 九州2019年11月28日，p.13）参照。日経テレコン（最終アクセス：2021年3月10日）によると，約1カ月間で10億9,485万円の売上が計上されている。

（8）"認知反応"とは「消費者に外部から与えられる広告情報やブランド情報が，視覚・聴覚の感覚器官から受信され，意味のある情報として認知・解釈されるプロセス」，"評価反応"とは「認知された情報が意識的に評価され，広告あるいはブランドへの態度が形成されるプロセス（無意識的な情緒的反応も含む）」，"記憶反応"とは「認知された情報や，評価反応で形成されたその広告やブランドに対する態度や情緒的イメージが保存され，必要に応じて情報を検索されるプロセス」である。つまり仁科ら（2007）の情報処理プロセスとは，外部情報との接触による"認知反応"を基点とした，"認知反応"，"評価反応"，"記憶反応"の各プロセスが相互作用する，連続した複合プロセスであるといえる。

（9）大阪梅田（阪急）駅を中心としたショッピング街（詳しくは，阪急三番街 https://www.h-sanbangai.com/［最終アクセス：2021年3月10日］）。

（10）神戸の阪急および阪神三宮駅を中心とした地下ショッピング街（詳しくは，さんちか https://www.santica.com/［最終アクセス：2021年3月10日］）。

（11）和田（1998）は，生活者の価値観であるライフスタイルを，「生活基盤形成」部分と「生活の豊かさ形成」部分に大別し，それぞれの価値観による消費の違いを議論している。

第 7 章

百貨店広告を用いた消費者評価要因の検討
—信頼性に着目して—

百貨店広告によって消費者がどのような態度や評価を示すのか。本章では，第３章のコロナ禍による百貨店での買物出向意図への影響，第６章で議論した百貨店広告の広告表現に対する態度や評価，そして第８章で議論する百貨店広報担当者へのインタビュー内容の結果を踏まえ実施した，西宮阪急（阪急阪神百貨店）のチラシ広告を用いた調査に関して議論する。

2019年９月18～30日に発信された，西宮阪急のチラシ広告（**図表７-１**）を用いて，通常の媒体を閲覧させる（A 群）と，百貨店のロゴ，百貨店特有の売場名称（婦人服，子ども服など），そして催事などの開催情報（会場情報や日時など）を排した媒体を閲覧させた（B 群）との，当該チラシの評価の違いを検討した（調査Ⅳ）。B 群へ提示した実験刺激は，第６章のフォーカスグループインタビュー（以下 FGI）で確認された，消費者が広告主体（百貨店業態あるいは特定の百貨店）を認識する際のシグナルに用いられていた，広告表現を排したものとなっている。

また A 群と B 群を，調査Ⅲと同様，30s と40～50s とに弁別し，FGI で確認された世代間の百貨店に対する知覚・評価の違いについても検証した。

本章の調査（調査Ⅳ）において，西宮阪急のチラシを採用した理由として，媒体特性および広告表現要素の観点において交通広告と近似的な広告媒体であること，また（交通広告が減少する一方で）チラシ広告が現在でも中核的な百貨店のコミュニケーション手法に位置づけられていることが挙げられる。さらに，百貨店の特徴である「品揃えの豊富さ」（第４，５章の結果で確認されたよ

図表７-１　実験刺激

実験刺激西宮阪急のチラシ（通常：A群）

（表面）

（中面）

実験刺激西宮阪急のチラシ（広告表現制限：B群）

（表面）

（中面）

出典：阪急百貨店提供資料。

うに）を象徴するように，さまざまな商材が紹介されており，加えてFGI（第6章）の調査結果において「百貨店らしい」コンテンツであると確認された北海道物産展やセール（バーゲン）に関わる内容が掲載されているため，実験刺激として妥当であると判断した。

1. 調査概要

調査Ⅳでは，株式会社マクロミルのパネラーを対象に，スクリーニング調査（2021年3月3日），本調査（2021年3月5日～2021年3月8日）を実施した。スクリーニング調査では，西宮阪急の広告を用いる関係から関西圏在住であり，そして百貨店利用者を対象とするため，（2019年において）百貨店月1回以上かつ月10,000円以上購入者（女性）を選定した（出現率は，同社パネラーに対して，①2020年のみの利用者の場合：1.2%，②2019年を含めた百貨店利用者の場合：3.2%）。スクリーニング調査の結果，A群－1（30s），A群－2（40～50s），B群－1（30s），B群－2（40～50s），それぞれ258名，計1,032名のサンプルを獲得した。

本調査では，COVID Stress Scale（CSS）に関する設問（全36項目）をまず提示し「コロナ禍における不安意識」について回答を求めた。続く百貨店買物出向に関わる情報源に関する項目（4項目），百貨店買物時の利用する売場に関する項目（2項目）の設問の後，実験刺激である広告を提示し，その広告に対する評価に関する設問への回答を求めた。広告に対する評価は，Gallagher *et al.*（2001），Chang and Thorson（2004）そして菅野（2013）の測定尺度を援用し，広告表現刺激に対する知覚や関与に関する項目（8項目），（形容詞を用いた）広告全般への印象（27項目），広告に対する信頼性評価（27項目），ブランド・アタッチメント（7項目），当該広告に対する記述回答（4項目）を提示した。広告全般の印象および広告評価に関して，一部内容が重複する項目も存在したが，既存研究の測定方法に準じ，重複を排することなく調査を実施した（**図表7－1**）。

また調査では，広告刺激を提示した後，「当該広告の広告主はだれか？」という，広告主体を調査対象者が知覚できているかに関して，広告主体社名を記述させることで確認した。

2．調査対象者概要

株式会社マクロミルのパネラーを対象に，スクリーニング調査（2021年2月23日），本調査（2021年3月5日～2021年3月8日）を実施した。

スクリーニング調査の結果，A群－1（30s），A群－2（40～50s），B群－1（30s），B群－2（40～50s），それぞれ258名，計1,032名を獲得した。広告主である阪急百貨店（西宮阪急）の社名，店舗名，そしてロゴが記載された広告刺激を提示したA群に関して，正確に情報を読み取っているかの確認のため，広告態度などの評価に関する設問の前に，「あなたはこのチラシの広告主がどの企業かわかりますか？企業名をご記述ください。（わからない場合は「わからない」とご記入ください。）」という回答を求めた(1)。回答において，「わからない」や無回答，そして他の百貨店名を記述した対象者を除き(2)，有効回答数はA群－1（30s）170名，A群－2（40～50s）198名となった（**図表7－2**）。

加えてCSSを用いて，"（百貨店情報）掲載あり群"（A群）と"掲載なし群"（B群）に「コロナ禍への不安意識」に関する同質性の確認を，t検定から検討した。分析の結果，「私は，食料品店で販売される水が不足するのではないかと心配になる」，「私は，食料品店が閉店してしまうのではないかと心配になる」の2項目に有意差が確認されたものの，その他の項目に差は確認されず，概ね群間の同質性が担保された。

3. 調査結果

3-1 広告主体に関する正答率

調査の結果，百貨店に関する情報を排したチラシ広告を提示したB群の正答率（百貨店の広告と認識できた率）は，30sは26%(3)，40～50sは26.4%であった（**図表7-3**）。また，阪急百貨店（阪急阪神ホールディングス［阪急電車］を含む）の広告ではなく，他の百貨店（伊勢丹，近鉄百貨店，そごう，大丸，髙島屋，阪神百貨店，松坂屋，三越百貨店）と回答した割合は，30sは16.7%，40～50sは14.0%であった。つまり，百貨店情報を掲示しない場合，掲載情報やレイアウト，また画像などの広告表現のみでは，百貨店の広告であると認識されづらいことが確認された。

ここで留意すべきは，調査Ⅳの本調査が，百貨店利用者（月1回以上）を対象とし，さらにFGI（調査Ⅲ）の結果を踏まえ「百貨店らしい独自のコンテンツである」と知覚・評価されていた「北海道物産展」に関わる広告が掲載されているチラシを，実験刺激として採用にしていることである。

このような「百貨店らしさ」が知覚されやすい条件下にもかかわらず，約3/4の回答者が百貨店の広告であると認識できていなかったこと，そして有効回答数となる調査対象者の出現率（①2020年のみの利用者の場合：1.2%，②2019年を含めた百貨店利用者の場合：3.2%）の低さを考慮すると，調査対象者よりも利用頻度が低い多くの一般的な消費者が，百貨店情報を排した（百貨店）広告に「百貨店らしさ」を知覚する可能性はほとんど存在しないといえよう。

加えて，阪急百貨店の広告であると知覚した割合とその他の百貨店の広告であると知覚した割合がほぼほぼ近似的な値を示していることからも，当該広告に対する，消費者知覚における同質性が指摘される(4)。

しかしその一方で，イオンやパルコなど百貨店業態以外の広告であると記述した回答は確認されなかった。つまり，当該広告と他の大型小売業の広告との同質性は顕在化しなかった。

図表 7-2　調査対象者概要

	年齢	人数	(%)	性別	人数	(%)	居住地域	人数	(%)	結婚
A群-1 (30s)	30〜34	78	45.9%	女性	170	100%	京都府	29	17.1%	既婚
	35〜39	92	54.1%				大阪府	81	47.6%	未婚
							兵庫県	39	22.9%	
							滋賀	8	4.7%	
							奈良県	8	4.7%	
							和歌山県	5	2.9%	
A群-2 (40〜50s)	40〜44	50	25.3%	女性	198	100%	京都府	16	8.1%	既婚
	45〜49	53	26.8%				大阪府	96	48.5%	未婚
	50〜54	41	20.7%				兵庫県	55	27.8%	
	55〜59	54	27.3%				滋賀	13	6.6%	
							奈良県	15	7.6%	
							和歌山県	3	1.5%	
B群-1 (30s)	30〜34	134	51.9%	女性	258	100%	京都府	27	10.5%	既婚
	35〜39	124	48.1%				大阪府	131	50.8%	未婚
							兵庫県	74	28.7%	
							滋賀	14	5.4%	
							奈良県	8	3.1%	
							和歌山県	4	1.6%	
B群-2 (40〜50s)	40〜44	55	21.3%	女性	258	100%	京都府	35	13.6%	既婚
	45〜49	60	23.3%				大阪府	123	47.7%	未婚
	50〜54	76	29.5%				兵庫県	61	23.6%	
	55〜59	67	26.0%				滋賀	14	5.4%	
							奈良県	12	4.7%	
							和歌山県	13	5.0%	

出典：筆者作成。

人数	(%)	子供	人数	(%)	世帯年収	人数	(%)
98	57.6%	あり	73	43%	200万未満	3	1.8%
72	42.4%	なし	97	57%	200～400万未満	16	9.4%
					400～600万未満	31	18.2%
					600～800万未満	21	12.4%
					800～1,000万未満	25	14.7%
					1,000～1,200万未満	14	8.2%
					1,200～1,500万未満	11	6.5%
					1,500～2,000万未満	8	4.7%
					2,000万円以上	5	2.9%
					わからない	15	8.8%
					無回答	21	12.4%
134	67.7%	あり	117	59%	200万未満	4	2.0%
64	32.3%	なし	81	41%	200～400万未満	16	8.1%
					400～600万未満	28	14.1%
					600～800万未満	26	13.1%
					800～1,000万未満	32	16.2%
					1,000～1,200万未満	20	10.1%
					1,200～1,500万未満	11	5.6%
					1,500～2,000万未満	8	4.0%
					2,000万円以上	5	2.5%
					わからない	21	10.6%
					無回答	27	13.6%
137	53.1%	あり	106	41%	200万未満	6	2.3%
121	46.9%	なし	152	59%	200～400万未満	34	13.2%
					400～600万未満	52	20.2%
					600～800万未満	39	15.1%
					800～1,000万未満	29	11.2%
					1,000～1,200万未満	12	4.7%
					1,200～1,500万未満	6	2.3%
					1,500～2,000万未満	4	1.6%
					2,000万円以上	4	1.6%
					わからない	29	11.2%
					無回答	43	16.7%
174	67.4%	あり	156	60%	200万未満	10	3.9%
84	32.6%	なし	102	40%	200～400万未満	26	10.1%
					400～600万未満	26	10.1%
					600～800万未満	38	14.7%
					800～1,000万未満	38	14.7%
					1,000～1,200万未満	13	5.0%
					1,200～1,500万未満	13	5.0%
					1,500～2,000万未満	14	5.4%
					2,000万円以上	7	2.7%
					わからない	41	15.9%
					無回答	32	12.4%

図表7－3　広告主体に関する正答率

			人数	(%)
A群	30s ロゴ等あり	西宮阪急	60	35.3%
		阪急百貨店（H2O リテイリング）	106	62.4%
		阪急阪神ホールディングス（阪急電車）	4	2.4%
		合計	170	100%
	40～50s ロゴ等あり	西宮阪急	53	26.8%
		阪急百貨店（H2O リテイリング）	140	70.7%
		阪急阪神ホールディングス（阪急電車）	5	2.5%
		合計	198	100%
B群	30s ロゴ等なし	わからない	191	74.0%
		阪急百貨店（H2O リテイリング）	18	7.0%
		その他の百貨店	42	16.3%
		百貨店業態全般	7	2.7%
		合計	258	100%
	40～50s ロゴ等なし	わからない	190	73.6%
		西宮阪急	1	0.4%
		阪急百貨店（H2O リテイリング）	22	8.5%
		阪急阪神ホールディングス（阪急電車）	1	0.4%
		その他の百貨店	38	14.7%
		百貨店業態全般	6	2.3%
		合計	258	100%

出典：筆者作成。

3-2　百貨店への買物出向に関わる情報源

濱岡・里村（2009）の測定尺度を用いて，調査対象者が利用する百貨店への買物出向に関わる情報源について検討した。調査の結果，認知→客観情報の収集→主観的情報の収集→最終決定へと買物の状況が近づくにつれ，第2章で示した結果同様，マスメディアを情報源とする割合が低減すること，その一方で店頭（店頭で実際に見たり触ったりする）や店員を情報源にする傾向が確認された（**図表7－4**）。

調査Ⅳの特徴としては，テレビ番組での紹介を認知段階で最も重視していたこと，また店頭に関しても認知段階から高く評価していた一方，客観情報・主観的情報の収集段階では低減する傾向にあることが確認されている。

単一回答（最も重要視する情報源）に関する分析の結果も，基本的には複数

図表7－4　情報源の変化（複数回答）

	認知	客観情報の収集	主観的情報の収集	最終決定
テレビ広告	34.5%	25.5%	19.1%	16.7%
テレビ番組	55.1%	42.8%	31.4%	27.8%
新聞広告	19.5%	15.3%	11.2%	10.1%
折り込みチラシ	22.3%	21.0%	14.5%	14.0%
新聞記事	22.7%	15.8%	11.7%	9.6%
雑誌広告	17.6%	11.3%	8.4%	8.7%
雑誌の記事	22.5%	16.2%	10.3%	9.5%
ラジオ広告／ラジオ番組	7.2%	5.7%	4.3%	4.5%
通販カタログ	9.3%	6.2%	4.8%	4.4%
ダイレクトメール	24.0%	21.0%	11.0%	9.0%
企業からの電子メール	17.1%	15.8%	8.7%	8.3%
企業のホームページ	33.0%	36.9%	29.6%	20.6%
消費者・個人のブログやホームページ	16.5%	14.5%	18.1%	11.8%
クチコミサイト	23.8%	20.2%	27.8%	18.0%
ショッピングサイト	29.6%	22.9%	18.6%	15.7%
バナー広告	9.7%	7.4%	4.3%	4.3%
友人、家族からのクチコミ	41.3%	32.6%	30.7%	25.0%
店頭で実際にみたりさわったりする	50.0%	40.0%	38.7%	55.1%
店員	26.8%	23.3%	26.2%	27.6%
その他	1.0%	2.1%	1.1%	0.7%

回答と近似的な傾向が確認された。注目すべきは，最終決定時において最も重要視されている情報源である「店頭」が，全体の40.5％を占めていることである。この結果からも，百貨店利用者にとって百貨店での商品やサービスに接触することは，その他の情報源以上に重要視されているといえる。

3-3　百貨店買物時の利用する売場

世代別の百貨店で利用する売場の違いも調査では検討した（**図表7－5**）。調査の結果，利用されるのが高い売場（上位5位）として，食品，婦人服，化粧品，雑貨，レストランが確認された。特徴的な傾向として，30～34歳の世代の化粧品売場利用の割合が高く，年齢の増加に準じて徐々にその比重を低減させていた。その反対に食品，婦人服，雑貨，レストランをはじめ，多くの売場の

図表 7-5　利用する売場（複数回答）

	30-34	35-39	40-44	45-49	50-54	55-59
食品	75.0%	83.3%	87.6%	88.5%	91.5%	94.2%
化粧品	76.4%	66.7%	64.8%	68.1%	59.0%	62.8%
雑貨	55.2%	51.4%	63.8%	58.4%	63.2%	62.0%
婦人服	56.1%	67.1%	63.8%	70.8%	64.1%	78.5%
紳士服	16.0%	12.5%	17.1%	15.9%	14.5%	24.0%
こども服	29.7%	31.0%	27.6%	18.6%	5.1%	13.2%
進物	15.1%	11.1%	27.6%	19.5%	23.1%	28.1%
リビング用品	23.6%	24.1%	24.8%	34.5%	35.0%	44.6%
家電	9.0%	6.5%	6.7%	2.7%	2.6%	4.1%
レストラン	38.2%	38.9%	44.8%	50.4%	49.6%	53.7%
カードカウンター（受付）	8.0%	6.5%	8.6%	5.3%	4.3%	9.9%
友の会	10.4%	12.5%	14.3%	17.7%	19.7%	21.5%
外商カウンター	7.5%	6.9%	11.4%	7.1%	7.7%	9.9%
VIP サロン	5.2%	2.8%	8.6%	2.7%	4.3%	5.8%
その他	0.0%	1.9%	0.0%	0.9%	0.0%	0.8%

利用率は，年齢の増加に準じて向上することが確認された。

また年齢の推移と関連して，45～49歳を区切りに，リビング用品売場の利用率が向上することも確認されている。しかしその一方，進物売場は40～44歳をピークに減少傾向にあった。この傾向の背景として，前者は可処分所得の向上や子どもの成長に応じた家具等の新調など，後者は結婚や出産などのお祝い事に関する進物の必要性が減少することなど，ライフコースに関連する要因の影響が推察される。

単一回答（最も利用する売場）の結果も同様の傾向が確認された。また化粧品売場の利用が年齢の増加とともに減少傾向にあるのと同様，紳士服や子ども服といった家族のための消費が減少傾向にあることも確認された。

3-4　広告刺激に対する知覚や関与に関する項目

調査では，広告刺激に対する認識（知覚や関与）について，Gallager *et al.*（2001）および Chang and Thorson（2004）の測定尺度を援用し検討した。

Gallager *et al.*（2001）は，広告表現要素（記述［description］と写真）に対す

る評価および広告全体の評価に関して，ウェブ広告と（雑誌形式の）パンフレット広告の媒体別の比較調査を実施した。

本書で Gallager *et al.*（2001）の調査の尺度（「興味」，「広告の説明力」，「広告全体の魅力」，「掲載写真の魅力」に関する 4 項目）（5 点尺度：まったくそう思わない～とてもそう思う）を援用した理由は，調査の目的が広告表現要素に注目するものであること，また Gallager *et al.*（2001）の調査で使用された実験刺激が本調査での実験刺激同様，4 ページからなるパンフレット型のチラシを採用していたためである(5)。

同時に，広告刺激の事前知識に関わる項目として，テレビ広告とウェブ広告との広告効果のシナジーを検討した Chang and Thorson（2004）の項目を一部援用し，「わたしはこの手のチラシを今まで見たことがない」，「私は掲載されているブランド（製品）に関する広告を今まで見たことがない」，「私はこの広告主のチラシを見るのははじめてである」の 3 つの項目を作成した（5 点尺度：まったくそう思わない～とてもそう思う）。

t 検定を用いた分析の結果，「私は提示された広告を注意深く読んだ」以外の項目で有意差が確認された。調査で用いた広告刺激に対する読み込みについて有意差が確認されなかったことから，A 群・B 群ともに同等の情報処理がなされたと解釈した。つまり，調査の手続きの頑健性が十分担保されていると判断した（**図表 7 - 6**）。

百貨店情報を掲載した A 群は，「興味」，「広告の説明力」，「広告全体の魅力」，「掲載写真の魅力」に対して B 群よりも高い評価を示した。一方，「広告の新規性（見たことがない）」や「（広告に掲載された）ブランド（製品）の新規性（見たことがない）」は B 群の方が高く評価していた。

この結果から，百貨店情報を掲載する場合（通常の広告），「認知反応→記憶反応」との関連から百貨店広告を「評価反応」するプロセスが形成されているといえ，つまり A 群の対象者は百貨店の広告と知覚することでトップ－ダウンに広告刺激を情報処理し評価したと考えられる。他方 B 群は（百貨店の広告であると正当した調査対象者も含め），広告主体が不明確であったことで「記憶反応」が充分に機能せず，ボトム－アップに広告刺激を情報処理したため，「広告の新規性」や「ブランド（製品）の新規性」を A 群よりも高く評価した

図表７－６　ｔ検定結果　広告刺激に対する知覚や関与について

	A群		B群		
	M	SD	M	SD	
あなたはこのチラシに興味を持ちましたか？	3.71	0.994	3.48	1.073	**
私は提示された広告を注意深く読んだ	3.32	1.004	3.26	0.999	
私はこの手のチラシを今まで見たことがない	2.77	1.414	3.02	1.347	*
私は掲載されているブランド（製品）に関する広告を今まで見たことがない	2.86	1.199	3.09	1.08	**
このチラシは商品やサービスについて十分に説明ができているものだと思いますか？	3.74	0.832	3.54	0.818	**
このチラシは商品やサービスについて十分に魅力を紹介できていたと思いますか？	3.76	0.793	3.59	0.899	**
このチラシの写真は魅力的でしたか？	3.79	0.876	3.53	0.933	**

*p<.05, **p<.01
出典：筆者作成。

と考察される。

3-5　（形容詞を用いた）広告全般への印象（27項目）

Gallager *et al.*（2001）の研究において，パンフレット広告に対する評価項目として用いられた27の形容詞を用いて，“百貨店情報を掲載したＡ群”と“掲載なしＢ群”の各項目の評価を比較した（５点尺度：まったくそう思わない～とてもそう思う）。

ｔ検定の結果，23項目で有意差が確認された。具体的には，広告に対する評価項目の値に関して，ポジティブな形容詞についてはＡ群が，ネガティブな形容詞についてはＢ群が高いことが確認された（**図表７－７**）。「賢そう」，「独創的」，「よく見る」には差が確認されなかった。

本書で注目すべきは，百貨店広告であると認識したＡ群が，ポジティブな印象に対し総じてＢ群よりも高く評価していたことである。この結果は，先の「広告刺激に対する知覚や関与に関する項目」に関する分析結果同様，百貨店広告であると知覚することによる影響を受けたものであると考察される。つまり，Ａ群の調査対象者は，「記憶反応」のプロセスに則し，これまでの百貨

図表7-7　t検定結果　広告刺激に対する知覚や関与について

	A群		B群		
	M	SD	M	SD	
面白い	3.33	0.95	3.13	1.02	**
魅力的	3.74	0.89	3.41	0.98	**
信頼できる	3.78	0.78	3.51	0.85	**
賢そう	3.10	0.90	3.01	0.91	
混乱する	2.37	1.06	2.55	1.07	*
説得力のある	3.37	0.92	3.19	0.91	**
退屈	2.32	0.98	2.45	1.03	†
簡単に忘れてしまいそう	2.81	1.10	3.03	1.04	*
効果的	3.60	0.85	3.38	0.91	**
親切そう	3.37	0.89	3.20	0.91	**
移り変わりが激しいそう	2.97	0.98	2.88	0.98	
寛大な印象	3.29	0.90	3.00	0.92	**
想像力に富んでいる	3.33	0.92	3.12	0.93	**
有益（得るところの多い）	3.57	0.85	3.29	0.93	**
イライラさせる	1.82	0.90	2.09	1.02	**
精力的	3.29	0.93	3.08	0.88	**
独創的	2.98	0.99	2.90	0.97	
偽物っぽい	1.93	0.87	2.22	0.94	**
要領を得てない（つかみ所がない）	2.49	1.02	2.74	1.06	**
よく見る	3.21	1.06	3.13	1.01	
感性が豊か	3.42	0.90	3.23	0.98	**
くだらない	1.92	0.92	2.25	1.02	**
本物っぽい	3.70	0.84	3.45	0.87	**
温かみがある	3.55	0.91	3.35	0.92	**
巧み（立派）	3.32	0.87	3.15	0.92	**
避けたい	2.14	1.00	2.28	0.98	*
価値がある	3.55	0.85	3.35	0.92	**

†p<.1, *p<.05, **p<.01
出典：筆者作成。

店での買物経験や百貨店広告との接触経験から，実験刺激であるチラシ広告の印象を評価したと考えられる。

その一方，「独創的」に関して，両群で有意差が確認されなかったことも，百貨店の広告を議論するうえで重要な結果であるといえる。なぜならば，この結果は，当該媒体に対して調査対象者が競合との「同質化」を知覚している可能性を，内包するためである。第6章で議論したFGI（調査Ⅲ-b）の結果も踏まえると，百貨店にとって，競合業態・競合他社と差別化する広告を検討するに際し，何を自社の独自性とするかを改めて検討することが重要であるといえよう。

3-6　広告に対する信頼性評価（27項目）

Chang and Thorson（2004）は，マス広告（CM）とウェブ広告とのシナジーを検討するため，複数媒体を介した場合と単一媒体を連続で閲覧させた場合の消費者に対する広告効果の違いを検討した。具体的には，①ウェブ広告（2回），②テレビ広告（2回），③ウェブ広告→テレビ広告，④テレビ広告→ウェブ広告の4グループの，メッセージの信頼性（Message Credibility），媒体の信頼性（Source Credibility），認知的反応（Cognitive Responding），製品に対する態度（Attitude toward the Product），広告の信頼性（Ad Credibility），ブランドの信頼性（Brand Credibility）[(6)]，ブランドに対する態度（Attitude toward the Brand）[(7)]，購買意図（Product Purchase Intention）などの広告効果を比較検討（分散分析）し，さらに要因間の関係性も共分散構造分析を用い検証している。

調査Ⅳの実験刺激はチラシ広告であるが，そもそも先行研究における広告表現に関する尺度が少ないこと，またChang and Thorson（2004）の研究が信頼性という点に焦点を当てた広告成果を検討していることから，百貨店広告の態度や信頼性（媒体，掲載商品およびブランド）を複合的に検証できる尺度であると評価し，彼女らの（5点尺度：まったくそう思わない～とてもそう思う）項目を一部援用および参考に調査を実施した。

t検定の結果，すべての項目においてA群がB群よりも高い評価がされていることが確認された（p<.01）。

加えて本研究では，Chang and Thorson（2004）の研究に依拠し，項目の合算平均を用いて各項目の数値を算出した（**図表7-8**）。t検定を実施した結果，すべての要因に関してもA群の評価はB群よりも高いことが確認された。つまり，百貨店情報が明示されている場合，広告内容や掲載商品に関しても高く評価されることがわかった。

加えて，調査結果を踏まえ，百貨店情報を掲載したA群のみのデータを用いて，「購買意図」に関する項目を除き，信頼性評価に関する因子分析（最尤法，プロマックス回転）を実施した。分析の結果，「広告態度」，「広告信頼性」，「チラシ広告に対する信頼性」の3因子構造が確認された（**図表7-9**）。

図表7－8　広告の信頼性／態度に関する構成要因および項目

		A群		B群			
要因名	設問	M	SD	M	SD	α	p
メッセージの信頼性	掲載された内容は信頼できる 掲載された内容は信用できる 掲載された内容は信頼性が担保されている	3.95	0.58	3.67	0.63	.729	**
情報源の信頼性	一般的に、チラシ広告は信頼できる 一般的に、チラシ広告は信用できる 一般的に、チラシ広告は信頼性が担保されている	3.72	0.74	3.52	0.74	.817	**
製品に対する態度	掲載された製品・サービスは好みである 掲載された製品・サービスは興味深い 掲載された製品・サービスは良さそうである 掲載された製品・サービスは魅力的だ	3.75	0.72	3.51	0.73	.849	**
広告の信頼性	この広告は信頼できる この広告は信用できる この広告は信頼性が担保されている	3.83	0.66	3.55	0.68	.821	**
広告に対する態度	この広告は好みである この広告は興味深い この広告は良さそうである この広告は魅力的だ	3.67	0.79	3.43	0.77	.865	**
ブランドの信頼性	この広告の広告主は信頼できる この広告の広告主は信用できる この広告の広告主は信頼性が担保されている	3.88	0.69	3.50	0.73	.826	**
ブランドに対する態度	この広告の広告主は好みである この広告の広告主は興味深い この広告の広告主は良さそうである この広告の広告主は魅力的だ	3.70	0.73	3.36	0.74	.853	**
購買意図	掲載された製品・サービスを購入するだろうと思う 掲載された製品・サービスを購入することは間違いない 掲載された製品・サービスを購入する可能性がある	3.56	0.84	3.30	0.87	.839	**

**p <.01
出典：筆者作成。

本書では，導出された3因子を用いて，購買意図への影響を確認した。3要因を構成する，各要因別の項目の合算平均および，その値を用いた「広告態度」×「広告信頼性」，「広告態度」×「チラシ広告に対する信頼性」，「広告信頼性」×「チラシ広告に対する信頼性」の交互作用に関するダミー変数を作成し，それらの購買意図への影響を，重回帰分析を用いて検討した。その結果，「チラシ広告に対する信頼性」，交互作用に関わる変数が寄与しなかったこと，同様に「広告態度」を従属変数とする場合においてもそれらが寄与しないことが確認されたため，分析から除外し，「広告態度」，「広告信頼性」そして「購買

図表7-9　Chang and Thorson（2004）の尺度を用いた，広告の態度および信頼性に関する因子分析結果

	M	SD	Factor 1 広告態度	Factor 2 広告信頼性	Factor 3 チラシ広告に対する信頼性	*h2*	*α*
この広告は好みである	3.57	0.99	**.863**	−.092	.011	.646	
掲載された製品・サービスは興味深い	3.69	0.87	**.843**	−.059	−.066	.592	
掲載された製品・サービスは魅力的だ	3.78	0.86	**.810**	−.023	−.003	.627	
この広告は興味深い	3.65	0.90	**.807**	−.023	.070	.687	
この広告は良さそうである	3.77	0.84	**.768**	.056	−.002	.654	
この広告は魅力的だ	3.70	0.89	**.749**	.008	.112	.672	
掲載された製品・サービスは好みである	3.76	0.85	**.740**	−.054	.039	.522	.939
掲載された製品・サービスは良さそうである	3.79	0.82	**.610**	.219	−.014	.603	
この広告の広告主は興味深い	3.60	0.91	**.519**	.283	−.024	.545	
この広告の広告主は好みである	3.70	0.91	**.484**	.279	−.002	.508	
この広告の広告主は魅力的だ	3.71	0.85	**.430**	.390	−.028	.557	

この広告の広告主は信頼できる	3.94	0.78	.014	**.823**	−.067	.634	
この広告は信用できる	3.89	0.74	−.090	**.803**	.104	.645	
この広告の広告主は信頼性が担保されている	3.77	0.83	−.057	**.797**	−.085	.508	
この広告は信頼できる	3.87	0.71	.015	**.717**	.066	.589	
この広告の広告主は信用できる	3.93	0.82	.115	**.698**	−.115	.525	
この広告は信頼性が担保されている	3.72	0.82	.016	**.619**	.163	.543	.910
掲載された内容は信頼できる	3.99	0.68	.018	**.612**	.037	.419	
この広告の広告主は良さそうである	3.78	0.82	.264	**.607**	−.119	.570	
掲載された内容は信用できる	4.05	0.67	.010	**.553**	.102	.390	
掲載された内容は信頼性が担保されている	3.82	0.77	−.025	**.525**	.180	.393	
一般的に，チラシ広告は信頼できる	3.79	0.82	.049	−.056	**.854**	.720	
一般的に，チラシ広告は信用できる	3.72	0.86	.042	.023	**.746**	.612	**.843**
一般的に，チラシ広告は信頼性が担保されている	3.65	0.87	−.037	.084	**.743**	.599	
固有値			11.292	1.352	1.113		
% 累積寄与率			47.051	5.633	4.638		

因子間相関	Ⅰ	Ⅱ	Ⅲ
Ⅰ	―	.731	.525
Ⅱ		―	.575
Ⅲ			―

出典：筆者作成。

意図」との3要因の関係性を検討した。

Hayes (2013) のPROCESS (ver.4.1) を用いて,「購買意図」を従属変数とし「広告態度」を独立変数・「広告信頼性」を媒介変数とするモデル (Model ①) と,「広告信頼性」を独立変数・「広告態度」を媒介変数とするモデル (Model ②) を検証した[8](**図表7-10**)。

分析の結果, Model ②の間接効果は担保される結果を得られたものの, Model ①の間接効果は棄却された[9]。ただModel ②においても,「広告信頼性」から「購買意図」への影響は有意ではなかった。つまり, 百貨店利用者にとって,「広告信頼性」は重要であるものの,「購買意図」の直接の誘因とならないこと,「広告態度」への作用を介してのみ購買意図に作用することが確認された。

この結果において特筆すべきは, 信頼性のみでは購買意図に寄与しないという点である。よって, 買物意図を高める百貨店広告に必要なこととは, 百貨店

図表7-10　購買意図・広告態度・広告信頼性の関係性の検討

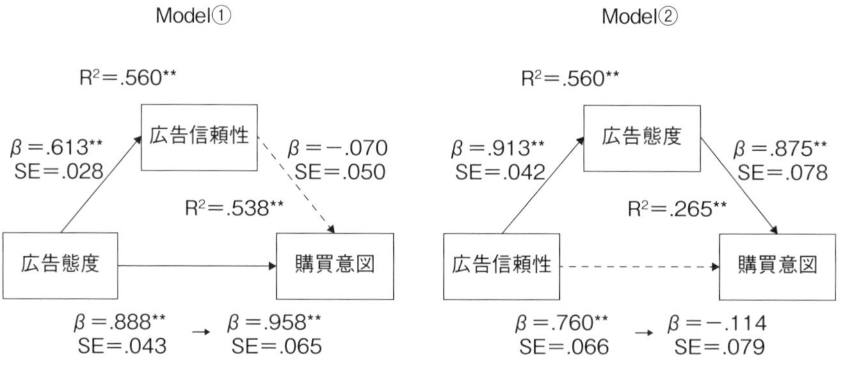

**$p<.01$

出典：著者作成。

注1：Model ②に,「チラシ広告に対する信頼性」→「広告信頼性」への影響（調整変数）を加えたモデルをAmos ver.27を用いて検討した。モデルの適合度は, GFI=.954, AGFI=.772, CFI=.952, standardized RMR=.024, RMSEA=.218, AIC=52.773, χ2(2)=36.773, p=.000, と十分な値を示さなかった。

注2：Amos ver.27を用いて共分散構造分析から要因間の関係性の検証を実施した。その結果, 変数が少ないことから, どちらのモデルも飽和モデルに収束したため, 要因間の影響の違いを検討する手法としてPROCESSを用いた媒介分析を採用した。

が保有する「らしさ」である信頼性や信用を広告紙面において掲示するだけでなく,「広告態度」を高めるため, 魅力的な広告表現を組み込むことが重要であるといえよう。

3-7　百貨店広告とブランド・アタッチメントとの関係

調査Ⅳでは提示された広告刺激に対する「共感」が存在するのか, 菅野(2013) のブランド・アタッチメントに関する項目を用いて検討した。

ブランド・アタッチメントを用い, 百貨店広告に対する「共感」の違いを検討した結果, 百貨店情報を掲載したA群の方が非掲載のB群よりも, 総じて高い「共感」あるいは刺激や感動を提供するものであると評価されていた。唯一, "掲載された製品・サービスを購入したことがある" に有意差が確認されなかったが, この結果はそもそものグルーピングの統制がとれた結果であると解釈することができる (**図表7-11**)。

fsQCA ver.2.5を用いて, 購買意図を従属変数とする他の要因 (広告の信頼性/態度に関する構成要因) の影響を検討した[10]。分析の結果, 最も固有被覆度

図表7-11　t検定結果　ブランド・アタッチメント

	A群		B群		
	M	SD	M	SD	
掲載された製品・サービスを購入したことがある	3.09	1.279	2.93	1.211	
掲載された広告内容は, 私にとって共感できるものである	3.58	0.907	3.29	0.963	**
掲載された広告の広告主のやることは, 私にとって共感できるものである	3.59	0.944	3.33	0.982	**
掲載された広告の広告主は, 私に楽しみを与えてくれる	3.77	0.922	3.52	0.964	**
掲載された広告の広告主のコンセプトは, 私にとって共感できるものである	3.64	0.889	3.35	0.999	**
掲載された広告の広告主は, 私に刺激与えてくれる	3.58	0.962	3.29	0.998	**
掲載された広告の広告主は, 私に感動を与えてくれる	3.36	0.983	3.15	1.025	**

$^{**}p<.01$
出典：筆者作成。

(unique coverage) が高かった組み合わせは，“メッセージの信頼性＊情報源の信頼性＊広告信頼性＊広告主の信頼性＊ブランド・アタッチメント”[11]であった。つまり，百貨店のチラシに対する顧客の評価とは態度よりも「信頼性」が基点となっていること，また同時にその評価にブランドとの結びつきが寄与することが確認された。

先の「広告態度」および「広告信頼性」の購買意図への影響に関わる結果と，ブランド・アタッチメントに関する結果を踏まえ，Amos (ver.27) を用いて，「広告態度」，「広告信頼性」，「購買意図」，「チラシ広告に対する信頼性」および「ブランド・アタッチメント[12]」との関係性を，A 群のみのデータを対象とし，相関分析・偏相関分析による各要因間の関係性を検討も踏まえ，探索的に検討した。適合度が高かった最終版のモデルは，**図表 7 -12**で示したものである。

Model ❶の適合度は，GFI = .995，AGFI = .977，CFI = .999，standardized RMR = .005，RMSEA = .043，AIC = 19.371，$\chi 2(2) = 3.371$，$p = .185$，と頑健性のある結果が確認された。Model ❶に「チラシ広告に対する信頼性」を加えた Model ❷の適合度は，GFI = .989，AGFI = .946，CFI = .995，standardized RMR = .011，RMSEA = .081，AIC = 34.148，$\chi 2(3) = 10.148$，$p = .017$，と$\chi 2$値が有意となり，RMSEA が＞.05となったものの，まずまずの結果が確認された。

4．考察

調査Ⅳでは，百貨店情報が掲載されたチラシ広告を閲覧させた A 群と百貨店情報を排したチラシ広告を閲覧させた B 群の，当該百貨店広告に対する評価の違いを検討した。

調査の結果，総じて A 群の方が高く評価されていた。媒介分析を用いた分析結果を踏まえ百貨店情報掲載による消費者への影響を加味すると，上述のような調査結果が導出されたのは，仁科ら (2007) が議論するように (**図表 6 - 4**)，「認知反応→記憶反応」のプロセスを基盤に，「評価反応」が形成され

図表7-12　ブランド・アタッチメントと広告態度および信頼性（広告信頼性・チラシ広告に対する信頼性）

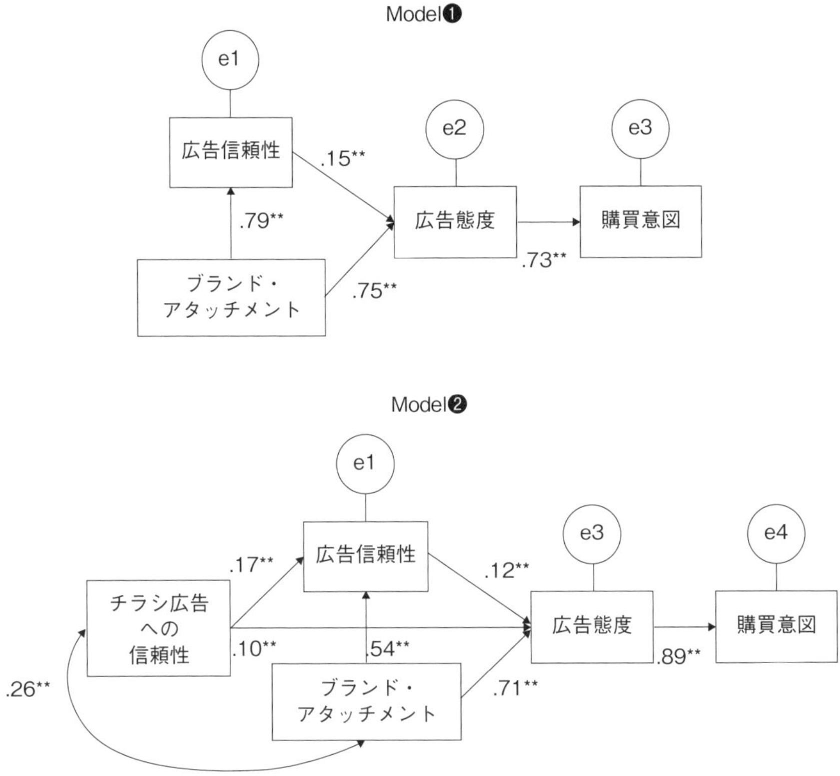

*p<.05, **p<.01
出典：筆者作成。

たためであると指摘される。

つまり，調査対象者の保有する百貨店に対する事前期待や知覚・評価などがまず存在し，それを参照点として，「百貨店のロゴ」含めた「百貨店らしい」広告表現を手がかりとして，広告内容を解釈したと考察される。

百貨店情報が掲載されたチラシ広告を閲覧させたA群のみを対象とした，「ブランド・アタッチメント」，「広告態度」，そして「広告信頼性」の要因間の関係を検証した調査結果を観ても，事前の百貨店に対する認識が作用していることが確認されている。その結果からも，「認知反応→記憶反応→評価反応」のプロセスで，百貨店のチラシ広告が評価されたといえよう。

「ブランド・アタッチメント」を組み込んだモデルで注目すべきは，「ブランド・アタッチメント」が購買意図に直接作用するのではなく，「広告信頼性」や「広告態度」を介して作用すること，そして何より「ブランド・アタッチメント」が「広告信頼性」や「広告態度」を促進（ポジティブに作用）することが確認されたことである。

この結果はもちろん百貨店利用者に限定した調査から導出された結果であるため，百貨店（調査Ⅳでは西宮阪急）への期待や事前知識が作用したものであるという，調査の限界を内包するものではあるが，「ブランド・アタッチメント」が広告に対する評価に作用するという結果は，Wang（2006）[13]や石崎（2009a，2009b）[14]が提示した，「エンゲージメント」→「広告信頼性」→「広告態度」という概念モデルを支持する結果であると解釈できる。

もちろん，彼らの議論する「エンゲージメント」は広告（メディアあるいは掲載されたメッセージ）に対するものであるが，本書の調査結果を鑑みると，Hollebeek（2011）[15]や Hollebeek *et al.*（2014）[16]が議論する，より広義の“つながり”である「カスタマー・ブランド・エンゲージメント（Customer Brand Engagement：CBE）」概念を包摂するものであると考察できる。実際，Hollebeek（2011）の研究で提示された概念モデルでは，CBE とカスタマーロイヤルティの媒介変数として，関係性の質（Relationship Quality）を位置づけており，さらにその構成要素として，「信頼（Trust）」，「コミットメント（Commitment）」，「顧客満足（Customer Satisfaction）」を位置づけている[17]。そして彼らが議論する「信頼」とは，Rotter（1967）[18]と Munuera-Aleman *et al.*（2003）[19]の議論をベースとしたものであり，「ブランドとの相互作用において消費者が感じる安心感や信頼感」あるいは「ブランドが消費者の利益のために行動しているという確信」と定義されている[20]。

以上のように本章の調査で示した，リテールブランドと顧客との関係性が広告の態度を媒介し購買意図に作用するという結果は，先述の石崎（2009a）や Hollebeek（2011）の概念モデルを踏まえると，エンゲージメント概念と親和的・近似的な内容であるといえ，探索的な調査ではあるものの理論的に担保できる結果といえよう。

ただ調査Ⅳでは，対象とする業態の違いや媒体の違いを踏まえた，購買意図への影響に関する比較調査を実施しておらず，提示した結果は百貨店のチラシ広告にのみにおいて顕在化した評価プロセスであるのか，あるいは一般的な広告評価のプロセスなのかを検証できていないという，調査課題が存在する。よって今後の研究においては，他の小売業のチラシ広告との比較や，百貨店の媒体別の比較調査の実施が必要となる。

本章では，百貨店利用者が百貨店広告であると知覚する媒体を観た際，掲載された商品・サービスに対してどのように購買意図を醸成するか，調査を踏まえその写像の片鱗を明示した。この結果は，先行研究では議論されることがなかった消費者基点の百貨店広告の評価プロセスを明らかにしたものであるとともに，百貨店のコミュニケーション戦略への貢献を果たすものであると考える。

（1）広告主体が認識できているかどうかの項目は，Gallager *et al.*（2001）の調査手順を参考にしたものである。彼らは，広告刺激（チラシ広告・Web広告）を閲覧させた後，企業ロゴから調査対象者が正確に広告主を認識できるか，具体的にはどの業種の広告であるのか，またどの企業名の広告なのか，4つの選択肢を用いて確認している。

（2）「西宮阪急」，「阪急百貨店」，「阪急阪神百貨店」，「エイチ・ツー・オー リテイリング」，そして正答ではないが，一般的に阪急百貨店の親会社として認識されることが多い「阪急阪神ホールディングス」あるいは「阪急電車」と回答した調査対象者も，有効回答数に含有した。

（3）各世代の全体の数値から「わからない」を差し引いた割合（阪急百貨店関連，その他の百貨店，百貨店業態のいずれかを回答した割合）。

（4）百貨店情報提示無しのB群のうちの百貨店広告であると認識した調査対象者（$n=122$）の回答結果を用いて，「阪急百貨店」と回答した30s（13.9%）・40～50s（20.5%）と，「その他の百貨店」であると回答した30s（35.2%）・40～50s（30.3%）との比率の違いを$\chi 2$検定から検討した。分析の結果，$\chi 2(1)=1.942$，$p=.164$となり，世代×認識の違いについて有意差は確認されなかった。この結果からも，当該広告刺激が，世代問わず対象者にとって同質性を有するものであったと解釈することができる。

（5）Gallager *et al.*（2001）は，旅行に関する実験刺激を用いた調査において，パンフレット広告に対する評価を測定する4つの設問を提示している。具体的には，「この記事に興味を持ちましたか？」,「St.John's の主要な観光名所についてどの程度説明できていたと思いますか？」,「観光客にとってどの程度魅力的だと思いますか？」,「写真はどの程度魅力的でしたか？」の４項目（３点尺度：まったくそう思わない，どちらでもない，とてもそう思う）であった。その後，パンフレット広告内に掲載されたスポンサーの広告（コーヒーショップ，民芸店，ボートツアー，アートギャラリー，公園）に関する，“関与”，“知覚”，“態度”に関する設問が提示されている。

（６）Chang and Thorson（2004）のブランドの信頼性（Brand Credibility）を測定するための設問は，“How would you rate Tango soft drink/Mates condoms along these scales？”という特定のブランドに対する３つの“信頼”について，「信頼できる／まったく信頼できない」（reliable/not at all reliable, credible/not at all credible, believable/not at all believable）のどちらかを選択させるものである。

（７）Chang and Thorson（2004）のブランドに対する態度（Attitude toward the Brand）を測定するための設問は，“How would you rate Tango soft drink/Mates condoms along these scales？”という特定のブランドに対する態度，例えば「好ましい／まったく好ましくない」など（very likable/not very likable, interesting/not interesting, good/bad, appealing/nor appealing），二者択一の回答を求めるものである。

（８）調査対象者自体の同質性が，スクリーニング調査を含め事前調査において統制されていることもあり，当該調査では共変量を設定していない。補足的に，調査対象者の属性において，一番顕著に差異が現れると想定される「世代」による「購買意図」および「広告態度」への「世代」の影響を，重回帰分析を用い実施した。しかし，分析の結果，どちらの従属変数に対しても有意ではなかった。

（９）ブーストラップ法（リサンプリング回数：5,000回）によって信頼区間（95%）を算出した。その結果，Model ①の「広告信頼性［−.1675, .0307］」の間接効果は，信頼区間に０を含有しており，有意ではなかった（棄却された）。一方，Model ②の「広告態度［.7251, 1.0310］」の間接効果は信頼区間に０を含んでおらず，支持される結果が確認された。

（10）本調査では，設問項目の尺度に準じ，完全帰属（0.95）を“７”，分岐点を“４”，完全非帰属（0.05）を“１”とした。

（11）整合性（Consistency）は0.9176と＞.9となり，組み合わせの確からしさは担保されていると判断した。

（12）ブランド・アタッチメントに関する項目（A 群のみを対象）を用いて因子分析（最尤法，プロマックス回転）を実施した。分析の結果，１因子に収束し，信頼度係数も α＝.899と十分な値を示すことが確認された。この結果を踏まえ，調査では項目平均を用いて，共分散構造分析を実施した。

（13）Wang（2006）は，広告に対する消費者の関わり方を Engagement という用語を用いて議論している。Wang の研究では，明確に定義していないものの，「消費者がブランド，ブランドのメッセージ，そしてそれらに関する周辺情報に携わる際の重要な測定指標である（It［Engagement］is a critical measurement of when consumers are strongly engaged in brands, brand messages, and their surrounding environments)」と議論する（Wang 2006，p.356)。そして，広告メッセージへの関与（Message Involvement）と広告への態度（Attitude toward the Advertisement）を媒介変数とする，エンゲージメント→広告メッセージに対する信頼性（Message Believability）→広告への態度（Attitude toward the Advertisement）のプロセスの検証を試みた。ただ，同研究におけるエンゲージメントとは，広告刺激における周辺情報の掲示が広告に対する情報処理を促進するという議論を前提として，実験刺激として広告メッセージに関連する情報（周辺情報）を掲示したものを「エンゲージメントが高い状態」，掲示していないものを「エンゲージメントが低い状態」と議論しており，調査対象者が実際に広告に対してエンゲージメントを保有しているかどうかを検討したものではない。つまり，Wang（2006）の実施した調査におけるエンゲージメントとは，広告に対するコミットメントの高／低を条件づけるための刺激であると解釈できる。

(14) 石崎（2009a，2009b）は，Plummer（2008）の議論を中心に，Wang（2006）などの議論を踏まえ，メッセージに対するエンゲージメントとメディアに対するエンゲージメントに対して言及している。そして，メディアを対象とする議論をするうえで，エンゲージメントとは「短時間の引きつけ効果」を指すものであると位置づけている。

(15) Hollebeek（2011）は，CBE を「直接的なブランド相互作用における，認知，感情および行動の水準によって特徴づけられる，顧客の動機づけ，ブランドとの関係性，そして文脈依存的心理状態の水準である」と定義する（原文は “the level of an individual customer's motivational, brand-related and context-dependent state of mind characterized by specific levels of cognitive, emotional and behavioral activity in direct brand interactions”)。この定義に見られるように，CBE は，「短時間の引きつけ効果」に焦点を当てた，メディアおよびメッセージに対するエンゲージメントとは異なり，長期的な”つながり“を意味する概念である。詳しくは，Hollebeek（2011），p.790を参照されたい。

(16) Hollebeek *et al.*（2014）では質的調査（デプス・インタビューとフォーカスグループインタビュー）を踏まえ，CBE の定義を改定し，「中核的消費者とブランドの相互作用における，あるいは中核的消費者とブランドの相互作用に関連した，ブランドへの認知的，感情的，そして行動的な活動に対する消費者のポジティブなつながり」と議論する（原文は “A consumer's positively valenced brand-related, cognitive, emotional and behavioral activity during or related to focal consumer/brand interactions.”)。詳しくは，Hollebeek *et al.*（2014），p.154を参照されたい。

(17) 詳しくは，Hollebeek（2011），p.796を参照されたい。

(18) Rotter（1967）は対人信頼（Interpersonal trust）に関する尺度開発を試みた。彼は，

対人信頼を，「ある個人または集団が，他の個人または集団による言葉，約束，口頭または書面での発言に対して，信頼できると期待すること」と定義する（原文は “Interpersonal trust is defined here as an expectancy held by an individual or a group that the word, promise, verbal or written statement of another individual or group can be relied upon.”）。

(19) Munuera-Aleman *et al.* (2003) は，ブランドに対する信頼（brand trust scale：BTS）に関する尺度開発を試みた。彼女らは，ブランドに対する信頼を「消費者にとってリスクを伴う状況において，特定のブランドの信頼性とブランドの意向に対し，確信的に期待すること」と定義する。（原文は “brand trust is conceptualized as ‘the confident expectations of the brand's reliability and intentions in situations entailing risk to the consumer’ ”）。詳しくは，Munuera-Aleman *et al.* (2003)，p.37を参照されたい。

(20) 原文は “Consumer-perceived security and reliability in brand interactions, and the belief that the brand acts in the consumer's best interests”。詳しくは，Hollebeek (2011)，p.794を参照されたい。

第IV部　百貨店のマーケティング・コミュニケーションの現在と未来

第 8 章 百貨店によるマーケティング・コミュニケーションの実態

本書では，第Ⅱ部と第Ⅲ部において，消費者にとっての「百貨店らしさ」および「百貨店広告らしさ」を検討した。消費者にとっての「百貨店らしさ」は，「ブランド数の多さ」や「充実したマーチャンダイジング」といった機能性とともに，「高級感（ラグジュアリー感）」や「関係性のある店員の存在」といったものであった（第4章・第5章）。「百貨店広告らしさ」に関しても，非日常性や物産展などを代表とする，期間限定的なハレの消費に関わる「生活の豊かさ演出」を表象するような広告を，「百貨店広告らしさ」と知覚している（第6章）ことが確認された。

加えて，第7章では，実際の百貨店広告（チラシ広告）を用いて，百貨店に関する情報（百貨店のロゴ，第6章で“百貨店らしい”とされたテキスト内容［百貨店特有の売場名称【婦人服，子ども服など】，催事などの開催情報【会場情報や日時など】］）を一部排した場合に，消費者が百貨店広告であると知覚するのか，また広告内容への態度が異なるかも検討した。調査の結果，百貨店に関する情報を一部排した広告に対して「百貨店広告である」と知覚する調査対象者は少なく，さらにその評価も実存の広告を閲覧させた対象者よりも低いものであった。そして，消費者は百貨店の名称やブランドロゴを手掛かりに百貨店広告であることを知覚したうえで，トップ－ダウンに掲載内容を情報処理することも確認された。

第4章および第7章で示したように，百貨店利用客の百貨店買物出向に伴う情報源は，認知段階では「テレビ広告」が，その一方で後半の情報収集段階では「店員」や「店頭」を情報源に利用する傾向が高いことも確認されている。もちろんこの結果は，濱岡・里村（2009）の研究で明示されているように，わが国の消費者の一般的な買物出向に伴う情報探索の傾向ではあるが，百貨店がカスタマー・ジャーニー基点のマーケティング・コミュニケーションを実践するうえで，考慮すべき結果である。

このように本書で示した調査結果は，消費者が百貨店に対して「生活基盤形成」よりも「生活の豊かさ演出」を担う存在として知覚していることを明示するものである。また，認知→客観情報の収集→（主観的）評価情報の収集→最終決定の段階別に重要視される情報源が変異するという結果は，タッチ・ポイントが「テックタッチ（マス・コミュニケーションとの接点・デジタル接点」→「ロータッチ（人的・リアルな場の接点）」→「ハイタッチ（人的接点）」[(1)]への遷移することにより顧客価値（Customer Value）の密度が高まるとする，カスタマーサクセスの議論を支持するものである。その点を考慮しても，百貨店のマーケティング・コミュニケーションにおいて，オンライン／オフライン（リアル）の特性を踏まえた，UX（顧客体験：User Experience）のシームレスな提供が重要であるといえよう。

では，この消費者の「百貨店らしさ」および「百貨店広告らしさ」の知覚に対し，百貨店事業者および従業員はそれらをどう知覚しているのであろうか。

本章では，百貨店へのインタビュー調査を交え，百貨店にとっての「百貨店らしさ」および「百貨店広告らしさ」とはどのようなものかを議論する。そして，現在の百貨店によるマーケティング・コミュニケーションの実態とはどう解釈しうるか，学術的視座からその写像を明らかにする。

1.「百貨店らしさ」に関する百貨店企業の認識

本節では，百貨店の従業員（主に広報担当者）へのインタビュー調査を踏まえ，「百貨店らしさ」をどう知覚しているかを言及する。調査協力を得た企業は（五十音順），エイチ・ツー・オー リテイリング（阪急百貨店・阪神百貨店），J.フロントリテイリング（大丸・松坂屋），そごう・西武（そごう・西武），髙島屋，三越伊勢丹（三越・伊勢丹・丸井今井・岩田屋・ジェイアール京都伊勢丹）である。

1-1　エイチ・ツー・オー リテイリング

エイチ・ツー・オー リテイリング傘下の阪急阪神百貨店は，地域一番店としての「モノ」消費への対応とともに，「コト」消費に焦点を当てた劇場型百貨店を目指す阪急うめだ本店と，「毎日が幸せになる百貨店」をストアコンセプトに2022年４月に建て替えグランドオープンした阪神梅田本店を両輪に，百貨店という「場」を運営する。

広報担当者へのインタビューでは「阪急百貨店および阪神百貨店の強みの１つは立地である。立地の優位性を生かした取り組みや，支店とのシナジーを創出し，顧客が多く住まう京阪神間のニーズをさらに充足することが必要と考える。」(2)というように，大阪の梅田を中心とした商圏を基盤とし，両百貨店の本店のストアイメージを中核としたリテールブランドイメージの訴求を，重要視していることが確認された。

調査ではさらに，阪急うめだ本店・阪神梅田本店の広報担当者へのインタビューも実施した。

阪急うめだ本店広報担当者が知覚する“阪急百貨店らしさ”は，「阪急モダニズムにも通じる，高級感や上質洗練というようなイメージ」であった(3)。一方，「阪神百貨店らしさ」に関するインタビューでは(4)，“阪神百貨店らしさ”について社内で明文化されていないとしながらも，担当者自身が知覚する“阪神百貨店らしさ”とは「親しみやすさ，カジュアルさ，関西ローカルらしさ（消費文化の多様性）」であった。

このように阪急阪神百貨店では，同じ阪神間の商圏を対象としながらも，ターゲットとする顧客の消費文化を踏まえ，大きく「上質洗練」と「カジュアル」の２種の「百貨店らしさ」をリテールブランドの根幹に据え，顧客へアプローチしていることが確認された。

1-2　J. フロントリテイリング

広報担当者は，J. フロントリテイリングにおける“百貨店”に関して，「『当社にとって百貨店の業態とは』と問われれば，百貨店の衣を纏った新業態（＝お客様から見れば百貨店）を指向している」，また「百貨店の衣＝強み（顧客基盤，立地，信用信頼，［本来あった］先進性，人の力など）を武器に，他の競合（商業施設，ネット通販）と戦っていく，ということです。ただし，コロナ前の戦略なので，デジタルの取組みなど，変化をさらに加速しなければなりません。」(5)と述べる。

実際，同社は百貨店のなかで，最も「脱百貨店」（＝既存の百貨店ビジネスモデルに捉われない）を促進している企業である。具体的にJ.フロントリテイリング傘下の百貨店では，自ら仕入れ・自ら売る「小売業型ビジネスモデル」，つまり買取販売を中核とするビジネスモデルによる売上高への貢献は1割未満となっているという。残りの9割以上は，「売上仕入（消化仕入）」(6)によって運営された売場，そして（ここ5～6年の間に増加傾向にあるという）「定期賃貸借契約」のテナント収入(7)によるものである。

このビジネスモデルの変革は，J.フロントリテイリングが，パルコやGINZA SIXという自社SC（ショッピングセンター）業態を含め，街づくり（「こころ豊かなライフスタイルをプロデュースし，地域と共生する個性的な街づくりを行う」）の担い手としての発展を目指していることに起因する。そのなかで，大丸や松坂屋といった百貨店は，「地域と共に成長するアーバンドミナント戦略」に則った事業展開がなされている。

同社の大丸神戸店，大丸札幌店を除く，J.フロントリテイリングの百貨店店舗が「地域一番店」の百貨店ではないという背景もあって，「大丸らしさ」や「松坂屋らしさ」というリテールブランド単位（「屋号」や「のれん」単位）でのブランドイメージの醸成よりも，ストア（店舗）単位での「百貨店らしさ」の訴求（アーバンドミナント戦略に則り店舗の商圏［ドミナントエリア］におけるターゲット顧客にとっての最適な「場」の提供）に注力している。同社が実施する具体的な「アーバンドミナント戦略」の1つの方略として，既存の百貨店の枠を超えたMDやサービスの補完を目的とした，さまざまなタイプのテナントの誘致が挙げられる。例えば2012年の梅田店では東急ハンズ，ユニクロ，ポケモンセンターを，2012年の東京店増床時には東急ハンズ，石井スポーツ，そしてセレクトショップ数店を，また松坂屋名古屋店では2012年にH & M，

2015年にはヨドバシカメラが誘致されている。

1-3 そごう・西武

広報担当者へインタビューした結果[8]，そごう・西武では「幅広い顧客層にワクワク感や楽しみを持たせる付加価値追求型のモノ，サービス，コトを提供できる業態」として百貨店を位置づけていることが確認された。しかし同時に，「今までの百貨店のあり方では立ち行かなくなっていくと考えている。」と担当者は語る。

新たな百貨店のあり方として，そごう・西武においても「定期賃貸借契約」による新しい取引先の拡大，そして既存の百貨店の枠を超えた新たなコンテンツ要素を持つ，特色のあるテナントの誘致に力を注ぐという。

それを実現するために，組織を再編成してリーシング本部を2020年９月に設立し，従来の業務の仕方，取引先リストを整理し今後の成長の土台つくりを進めている。

そごう・西武の特徴の１つは，セブン＆アイ・ホールディングスグループのシナジーを生かし，消費者にとって豊かでシームレスな顧客体験（UX）を提供しようとするオムニチャネル戦略[9]において，「百貨店らしさ」を提供するという取り組みにある。具体的には，百貨店の保有する資産である，専門知識を持った人材，優良立地の店舗，豊かな顧客基盤，そして取引先ネットワークを活用し，セブン＆アイ・ホールディングスECサイトである「オムニ７」内で百貨店取扱商品を選択・購入（決済），その後配送あるいはセブン－イレブン等で受け取れるという，“利便性”を強みとするサービスを提供している。また現在では，西武池袋本店のデパ地下の惣菜や生鮮品を，ネットで注文して当日配送（最短45分[10]）を実現するサービスを提供している。

これらのオンライン／オフライン（リアル）店舗との「場」の融合により，既存顧客のみならず，これまで百貨店との接点が少なかった百貨店潜在顧客の獲得を試みる。

他にもインタビューでは，「ライセンサー（商標貸与）として，台湾，香港，マレーシア，インドネシアに『SOGO』32店舗，『SEIBU』２店舗の（現地）百貨店とビジネスアライアンスを有していること」，そして「百貨店で培ったノウハウを生かしたＢ２Ｂの法人向け事業である“そごう・西武商事事業部[(11)]”を有すること」という同社の“強み”が確認された。

1-4　髙島屋

髙島屋は，大手の百貨店の統合が進むなか，唯一創設以来社名が変わらず存続する呉服系百貨店である。経営戦略担当者へのインタビュー[(12)]から，同社にとっての「百貨店らしさ」とは，“高質な商品・サービス”，“都心の一等地(に所在)”，あるいは“品揃え・サービスへの信頼”であることが確認された。そして，「髙島屋らしさ」とは，髙島屋グループの経営理念である「いつも，人から。」を基盤とした，「『こころに残るおもてなし』，『未来を切り拓く新たな生活・文化の創造』，『いきいきとした地域社会づくりへの貢献』，『地球環境を守るためのたゆまぬ努力』，『社会から信頼される行動』の５つの指針のもと，社会に貢献すること」であるという。

グループ会社である東神開発[(13)]を含め，髙島屋グループでは「まちづくり戦略」を掲げ，“サスティナビリティ”と“コミュニティ”を合言葉に，事業の拠点となるストア（店舗）の企画運営を実施している。魅力的なストア（店舗）を実現するうえで髙島屋グループでは，百貨店を中心に据え，グループ内の各社（東神開発，髙島屋ファイナンシャル・パートナーズ，アール・ティー・コーポレーションなど）とのシナジーを実現する布陣を敷くことで，「館の魅力の最大化」を試みる。そのなかで担当者が，「百貨店というのは，平場をどうつくっていくのか，いわゆる売場の集積，それから商品の編集といった店づくりだと考えます。そしてそれこそが，百貨店ならではの売り方だと，今でも我々の社内では思っています。」と述べるように，MD を中核とした独自の売場づくりが“百貨店らしさ”を形成する最たる要因であると議論する。

髙島屋では，「まちづくり戦略」の実践において，地域住民の生活に寄り添う「館づくり」を実践することで，競合の百貨店のみならず，広義の競合との差別化を図っている。

1-5　三越伊勢丹[(14)]

三越伊勢丹では，ブランディング・CI 担当者が「三越伊勢丹グループの各のれん（三越・伊勢丹・丸井今井・岩田屋・ジェイアール京都伊勢丹）とも，『店舗』というリアルな『場』を通じてお客さまとの関係を築き，大切にしながら商売をしてきました。お客さまの生活のさまざまなシーンでお役に立つことで，お一人おひとりはもとより，そのご家族にとっても，生涯にわたるマイデパートメントストアとなる小売サービス業を目指してきました」と述べるように，顧客とのタッチ・ポイントとしての「場」，そしてその「場」における顧客との関係性の構築を，「百貨店らしさ」の源泉となる百貨店業態独自の特徴であると位置づけている。

また，「百貨店にとって得意とするコンテンツはいくつかあります。ハイブランドや宝飾時計など特選ファッションやコスメ。食やリビングなど生活スタイル全般にわたるアイテムがワンストップで比較検討しご購入いただけることは相変わらず強みといえます。」と，ラグジュアリーブランドや嗜好品など，質の高いMDを中核とするライフスタイル提案が，百貨店の強みであるという。そのなかで，伊勢丹では「毎日が，あたらしい。ファッションの伊勢丹」をスローガンとし，時代の「ファッション」を常に提案してきたことが，“伊勢丹らしさ”であるとする。

一方，日本で初めて百貨店を開業した三越の“らしさ”とは，呉服店からの長きにわたる歴史[(15)]を基盤として，現在の百貨店のひな形を形成発展し続けてきただけでなく，日本の美術界とともに「院展」や「日本伝統工芸展」を開催するなど（三越の美術部は110年以上の歴史を持つ），競合他社以上に日本の文化を世に広めた実績を有する点にある。

近年では，ファッション基点の革新性を強みとする伊勢丹と，伝統に裏づけられた文化発信を強みとする三越の，主に2つの百貨店の特色を生かし，デジタルを活用した新しい買物スタイルの提案にも注力する。そして，「ITを活用したあたらしいサービス[(16)]なども取り入れ，これまで強みであった『店舗』やそこで培ってきた，接客などのおもてなしや商品に対する目利き力など『人の力』を活用して，『新時代の百貨店』（オンラインとオフライン［リアル］店舗の融合）を目指しています。」と述べているように，三越伊勢丹は今まさにニューノーマル時代およびDX時代にあった百貨店像の確立を図っている。

2．「百貨店広告らしさ」に関する百貨店企業の認識

前節では，百貨店自身が「百貨店らしさ」をどう知覚しているのかを確認した。本節では，その議論を踏まえ，インタビュー調査から，百貨店が知覚する「百貨店広告らしさ」とは何かを検討する。

2-1　エイチ・ツー・オー リテイリング

阪神梅田本店の広報担当者(17)は，「OMO（Online Merges with Offline）やDX（Digital Transformation）が声高に議論される前の百貨店広告は，情報が正確であること，百貨店の持つ信頼性を担保する情報配信を心がけること，お客様にとってわかりやすく，見やすい広告をつくることが求められていた。しかし，現在では情報の正確性や多くの人にとってのわかりやすさに加え，主要ターゲット層にとって『共感できる』内容や感情を喚起するコピー・ビジュアルが求められるようになったと感じる。そこで阪神梅田本店では広告のスタイルの主軸を刷新した。」という（**図表 8 - 1**）。

阪神梅田本店では建て替えオープンにあたり，コロナ禍前よりOMOへの対応が進められていた。そこでは，「モノ」と「コト」を提供する「場」だけでなく，提供する「人」を基軸にしたコミュニケーションが重要視されている。

図表 8 - 1　阪神百貨店の交通広告（兼店内配布媒体）の変化

（従来ver.）

（刷新ver.）

出典：株式会社 阪急阪神百貨店 提供資料。

具体的に阪神梅田本店では，オンライン／オフライン（リアル）問わず，店舗の魅力を発信する，「ナビゲーター」と称される社内インフルエンサーによる取り組みが推進されている。「ナビゲーター」が発信する情報は，単に製品（商品）・サービスの紹介だけでなく，自身のこだわりやライフスタイルなどについても紹介されており，「阪神“百貨店人”」としての個性も前面に出した内容となっている。

この取り組みにおいて注目すべきは，彼ら「ナビゲーター」は，店頭における接客のみならず，「食祭テラス」や「イベントテラス」と称する，物販に加えて実演やセミナーの会場となる特設ステージ（「場」）で対面のコミュニケーションを実施し，さらにSNS（ソーシャルネットワーク）ツールであるInstagram，Twitter，そしてオンライン動画共有プラットフォーム（YouTube）を活用し，オンライン／オフライン（リアル）を融合するかたちで消費者との“つながり”形成を試みている点である。SNSのフォロワー数やYouTubeの登録者数は増えつつあり，今後も阪神梅田本店では，このナビゲーターの取り組みを介して，顧客がシームレスに“阪神百貨店らしさ”を体現する価値共創の「場」をより活性化し，リテールブランドへのエンゲージメントの向上を図る。

また，（エイチ・ツー・オー リテイリング傘下のもう1つの百貨店リテールブランドである）阪急百貨店の広報担当者へのインタビュー[(18)]では，広告表現に関して，同リテールブランドの「百貨店らしさ」である「高級感」と「上質感」を意識してコンテンツを制作していることが確認された。ただその一方で，第6章で議論した「北海道展」などの催事の広告表現に関しては，（催事内容によっては）消費者知覚における百貨店間での「同質化」を認識しており，「阪急百貨店らしい（リテールブランドらしい）表現のあり方が課題である」と指摘する。

阪急うめだ本店は，「楽しいから来る。親切だから買う。」というUXの提供を中核とした「劇場型百貨店」をその特色としている。実際，阪急うめだ本店の9階に設けられた「祝祭広場」という4層吹き抜けの（阪急うめだ本店の核たる特徴を表象する）舞台（「場」）では，従業員や「モノ」の作り手（取引先）などが，さながら舞台監督や演出家のように“商品”を介して消費者とインタラクションする，“阪急百貨店らしい”タッチ・ポイントが形成されている。

しかしコロナ禍によって，消費者の買物出向が制限されている。このような市場環境を踏まえると，今後この“阪急百貨店らしさ”を象徴する舞台装置である「祝祭広場」へいかに来訪者を誘導するか，オンラインでのアプローチも含めマーケティング・コミュニケーションの新たな方策が求められている。

2-2　J. フロントリテイリング

広報担当者へのインタビュー(19)では，「百貨店らしさ」を醸成する広告表現要素に関して，「百貨店広告として重要なのは，情報の正確性とわかりやすさである。また大丸および松坂屋では広告主体や売場がどこかをすぐわかるようにデザインしている。」ということが確認された。具体的に同社では，最もストア（店舗）のらしさを表象する（同社にとってもこだわりのある），店舗の外観（建物）の画像を広告表現要素に組み込むことを意識しているという。この背景には，アーバンドミナント戦略の文脈のなかで，各ストア（店舗）の雰囲気（atmosphere）を媒体上で表現したいという，広告主体（大丸松坂屋百貨店）の意図が存在する。

また大丸松坂屋百貨店の広告制作は，「基本的には店舗別で広告が企画され，発信する内容（コンテンツ）に準じたデザインが採用されており，グループとして遵守すべきレイアウトやデザインは存在しない。」ということが確認された。この点に関しても，J. フロントリテイリングが，アーバンドミナント戦略を事業の中核に据えていることに起因する。

SC 業態のパルコを含め，同社ではアーバンドミナント戦略を遂行するうえで，“サスティナビリティ”と“コミュニティ”に焦点を当て「地域との共生活動」を重視した経営を実践している。それに伴いマーケティング・コミュニケーションのあり方も，各ストアの特色だけでなく，ストア（店舗）が所在するローカルに焦点を当てた，地域特性に合った表現が採用されている。そのため，広告制作に関するプロセス，特に校正などのチェック体制も，J. フロントリテイリングという母体，さらに大丸松坂屋百貨店という共通の母体を有していても，各店によって違いが存在する。

ただその一方で，大丸松坂屋百貨店として，ニューノーマル時代および DX 時代の市場環境に対応するため，オンライン動画共有プラットフォーム（You-

Tube と TikTok）を活用したデジタル接点におけるトライアル誘導に関する取り組みが促進されている。この取り組みで注目すべきは，屋号を超えたリテールブランドあるいはコーポレートブランドの認知向上と来店促進のための施策であること，さらに「モノ」・「コト」といった MD 基点の紹介動画よりも，「人」を基点としたコンテンツが人気を博している点である（詳しくは次節で議論する）。

2-3　そごう・西武

そごう・西武の広報担当者[(20)]，は，「広告に限らず百貨店としての活動として『お客さまの生活を豊かにする提案』が前提にあり，その前提のもと『摩擦感，驚きのインパクト，面白さ，感動，共感』を提供できるメッセージを発信することがそごう・西武らしさと考えている。」といい，「百貨店らしさ」を醸成する要素・要因として「上質感を想起させる，シンプルでモダンな画像，ウィットに富んだわかりやすいコピー」を挙げている。

競合他社との違いとして，「企業理念に掲げている『想像以上の提案で，お客さまに発見を』の考え方を念頭において表現している」という。そしてコロナ禍に入り，「よりお客さまに寄り添うことが重要となる。またお客さまのライフスタイルも多岐にわたるようになってきたためアプローチも従来の新聞や折込広告だけではなくデジタルを活用してお客さまとのタッチ・ポイントを増やすことが重要になってくると考えている。」と述べるように，顧客との関係性を意識した広告を“そごう・西武らしさ”であると位置づける。

コロナ禍のなかで発信された同社の年頭広告，「レシートは，希望のリストになった。」（**図表 8－2**）では，「過去の広告と比べるとよりお客さまに寄り添った内容となっております。」と担当者がいうように，「そごう・西武と顧客との関係性とは何か？」あるいは「コロナ禍におけるそごう・西武の存在意義とは何か？」を訴求するような広告内容となっている。

2-4　髙島屋

髙島屋の企画宣伝担当者[(21)]が，「広告を制作するうえでは，モノが確実に識別できるビジュアルの大きさ，読みやすい文字の大きさ，優良・有利誤認とな

図表 8-2　そごう・西武のコロナ禍における年頭広告

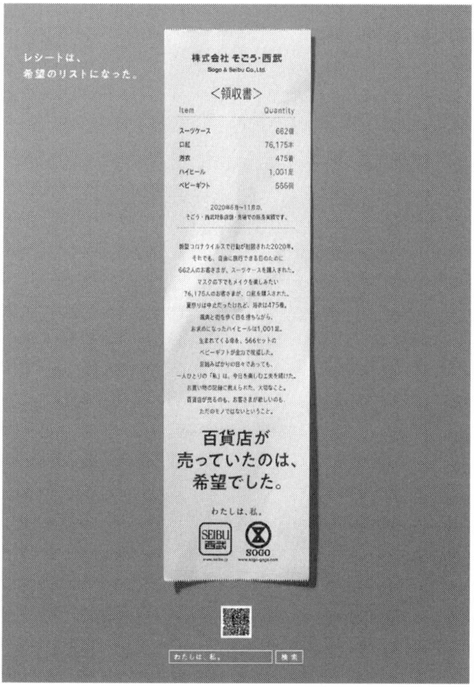

出典：株式会社 そごう・西武 提供資料。

らない表記など髙島屋からのメッセージをお客様がストレスなく受け取っていただくことを心掛けています。」と述べるように，同社では情報の「正確性」や「明瞭さ」を広告制作において重視している。

広告表現要素に関しては，「画像，コピーもそうですが，訴求するコンテンツが百貨店らしさの要素と考えます。具体的には文化催，物産展などの催事や衣食住アイテムから呉服や美術品まで幅広い商品提案にあると思います。」と，広告の対象となるコンテンツが「百貨店広告らしさ」を醸成する要因であると位置づける。

またコロナ禍におけるマーケティング・コミュニケーションのあり方として，「広告の種類は紙媒体・デジタル媒体とさまざまあるが，お客様の求めるモノ・コトを的確に捉えお伝えしていくこと」，さらに「百貨店の特徴は知識豊富な販売員の存在とワンストップ・ショッピングできる利便性にありリアル・リモート両面でお客様の消費行動変化に対応していくこと」を，髙島屋は重視する。このアプローチは，先述した同社の「まちづくり戦略」の実践における地域住民の生活に寄り添う「館づくり」，そして経営理念である「いつも，人から。」を基盤にするものであるといえ，従業員基点のタッチ・ポイントから地域住民との関係性の構築を目指すものである。

髙島屋では，時代の情勢の対応するためのデジタル接点の重要性を認識し，主に若年層を取り込むため，NTT ドコモ（d ポイントカード）やロイヤリティマーケティング（Ponta カード）と提携し，その 2 社の会員へ，デジタル接点でのアプローチを実施している。その一方で，ロイヤルティの高い既存顧客，髙島屋のカード会員や友の会の会員に対しては，DM や会報誌の送付といった紙媒体を用いたアプローチが，自社リテールブランドの顧客に対して有効であるという。

このように髙島屋は，顧客の特性に応じて，ストア（店舗）の「場」へ誘導するため，まさに寄り添うかたちで，オンライン／オフライン（リアル）のタッチ・ポイントを使い分けている。

2-5　三越伊勢丹

「グループといってもセントラルでイメージを統一する活動は，一部のコンテンツ，例えば，『企業広告』や『クリスマス』などナショナルキャンペーンを除いて行っていません。それは，店舗が存在する地域性やお客さまとの関係性を重視して，コミュニケーションの企画を立案していくからです。」という担当者のコメント(22)に観られるよう，三越伊勢丹グループでは，基本的にストア（店舗）主導でマーケティング・コミュニケーションが実施されている。しかし，「それぞれ呉服店をルーツに持つ関係から，共通する価値観はあるかと思います。お客さまに対して真摯に正しい情報を伝えるといったことなどです。」とあるように，「正確な情報を提供」を，リテールブランドを超えた広告制作上の共通の含意として，暗黙的に保有しているという。

また広告制作における一定のルールも存在する。同社が重要視する広告表現に関わる要素とは，「ファッション性」，「認知のスピード」，「季節感」の 3 つである。担当者が「これは，各のれんというよりも，個々のお店において，地域性や訴求する内容に応じて3つの項目と絡めながら都度ディレクションしていきます。」と述べているように，各ストア（店舗）がこの3要素を厳守し，各々のターゲットとする消費者に対しコミュニケーションを実施する。

加えて同社では，「視認性をブラさない様にするため」にロゴのサイズを規定する。具体的には，各媒体サイズ別にロゴのサイズを規定している。

それ以外の規定としては，店内チラシ（フライヤー）を，A4サイズ以下に統一していることが挙げられる。これは店頭のスペースの関係によるものであり，たとえサイズが大きいものであっても，A4サイズ以下に折りたたんで展開する。

紙媒体とは対照的に，交通広告の制作に関しては，ロゴサイズ以外には特に法則性は存在しないという。

三越伊勢丹では，上述のように紙媒体を中心とした規定を踏まえ，各ストア（店舗）での広告制作を実施している。しかしながら2019年以降，費用対効果の考察，そして環境問題に対する懸念から，交通広告や店内チラシの展開はほとんどなく，デジタル接点におけるコミュニケーションへその比重を移行した。実際，特定の顧客を対象としたカタログなどの媒体以外は，基本デジタルのみの提供となっている。

今後の顧客へのコミュニケーションのおいて重要となる要素とは，「オフライン（リアル）のおもてなし」と「デジタルの利便性」であると担当者はいう。三越伊勢丹は，VR（Virtual Reality）の展開も含め，オンラインとオフライン（リアル）の「場」の互換的な買物感動体験の提供に着手している。オンラインとオフライン（リアル）の「場」の特性の違いを制約とするのではなく，むしろその特性を生かした顧客接点を提供するようなマーケティング・コミュニケーションをより促進することで，三越伊勢丹グループは「新時代の百貨店」（プラットフォーマー）への転身を試みる。

3. 百貨店によるDXの展開

本章では，第1節で百貨店が位置づける「百貨店らしさ」を，そして第2節で「百貨店広告らしさ」について言及した。本節では，それらの「らしさ」を基盤とし，買物出向が以前よりも制限されるコロナ禍という市場環境，さらにDXへの対応に関する取り組みとして，大丸松坂屋百貨店のマーケティング・コミュニケーションの成功事例を紹介する。そして，トライアル誘導に焦点を当て，どのようなタッチ・ポイントが重要視され，またその際にどのようなマネジメントが必要とされるのかを議論する。

3-1　大丸松坂屋百貨店によるオンライン動画共有プラットフォーム（YouTube と TikTok）を用いたコミュニケーション(23)

大丸松坂屋百貨店では，2021年の4月より，DXに関する部署が新規に設立され，主に今まで百貨店との接点が少なかった消費者層に向け，主に「認知」と「トライアル誘導」への促進を目的に，オンライン動画共有プラットフォーム（YouTube と TikTok）を活用したコミュニケーションとしてインフルエンサー・マーケティングに取り組んでいる。

同社では，経済産業省の「企業がビジネス環境の激しい変化に対応し，データとデジタル技術を活用して，顧客や社会のニーズを基に，製品やサービス，ビジネスモデルを変革するとともに，業務そのものや，組織，プロセス，企業文化・風土を変革し，競争上の優位性を確立すること」というDXの定義(24)を参考に，デジタル技術を前提とした，UX（顧客体験）の向上を図るためのビジネスモデルおよび業務組織の変革を，大丸松坂屋百貨店のDXであると位置づける。

大丸松坂屋百貨店では，8月に社内インフルエンサーによるYouTubeチャンネル「大丸松坂屋の野崎さん」をスタートした。しかしながら，同チャンネルは，大丸松坂屋百貨店の公式チャンネルや他の百貨店のYouTubeチャンネル同様，なかなかフォロワー数が増加しなかった。当初の予想に反して費用対効果が獲得できなかったこともあり，このプロジェクトの存続自体も危ぶまれたという。

このような社内の内情もあって，主戦場をYouTubeから，実験的にTikTokへ移行する運びとなった。そして2022年の1月16日，「お菓子食べすぎ会社員」というアカウント名でTikTokへの動画の投稿が開始される。同アカウントも，YouTubeチャンネル同様，社内インフルエンサーの野崎氏による動画を配信する情報チャネルである。

開始から約３カ月，「お菓子食べすぎ会社員」のアカウントのフォロワー数はすでに15,000人を超え，野崎氏はTikTokインフルエンサーとして市場への影響力を有する存在となっている。現在では，その影響力が誘因となり，取引先から野崎氏を指名したタイアップの依頼もあるという。今後，大丸松坂屋百貨店では，TikTokと近似的なYouTubeショート（60秒以内の短い動画）の発信のみならず，社内インフルエンサーの増員，さらにインフルエンサー育成のコンサルタント業への展開も含め，インフルエンサー・マーケティング事業の拡大を図る。

3-2　大丸松坂屋百貨店のDXの成功事例に見る，市場で求められる「百貨店らしさ」と媒体特性の関係性

大丸松坂屋百貨店のインフルエンサー・マーケティングは，なぜYouTubeでは機能せず，TikTokで機能したのか。この影響要因として，①媒体特性，②取扱商材，③インフルエンサーのキャラクター，の３つが挙げられる。

まず①媒体特性の違いに関して，同じオンライン動画共有プラットフォームであっても，媒体の違いによって，投稿可能なコンテンツ内容，また支持されるコンテンツ内容が異なっている。

YouTubeとTikTokを比較すると，❶投稿できる動画の長さ，❷動画閲覧に必要な環境，❸消費者（ユーザー）の使用目的，に関する特性の違いが存在する。

❶投稿できる動画の長さは，前者が最大12時間（あるいは最大容量128GB）(25)であるのに対し，後者は投稿できる動画の時間が制限されており，15秒～３分(26)となっている。また❷動画閲覧に必要な環境に関して，YouTubeがスマートフォンやタブレットといったデバイスだけでなく，PC，そして（インターネットに接続すれば）TVでも閲覧可能となっている一方，TikTokはスマートフォンやタブレットといったデバイスでのみ閲覧可能となり，特にスマートフォンのUXに最適化された仕様となっている。

それゆえ，❸消費者（ユーザー）の使用目的に違いがある。TikTokでは，

「検索しなくても，短い動画がタイムラインに次々流れてくるので，見たいものはサクッと見て，見たくない動画はスキップすることで，わずかな時間でもテンポ良くいくつもの動画を楽しめるのが特徴だ」(27)と評されるように，手軽かつ，また「目的意識なく動画を楽しめる」ことをその特色とする。TikTokは主にZ世代(28)を中心に，TV同様「認知・興味を抱く」刺激を提供する媒体として知覚されているという。一方，YouTubeは，TVやTikTokで動機づけられた消費者（ユーザー）が，製品やサービスの詳細をより知るための情報探索ツールとして活用する媒体となっている(29)。

近年ではカネボウ化粧品の「KATE LIP MONSTAR」がTikTokで反響を呼び，2021年の4月の発売開始から約10カ月で累計出荷本数240万本を達成したことや，ANAによるTikTokの動画（2021年12月配信）が160万再生したなど，近年企業によるシュートムービーの成功事例が確認されている。

これらの事例も踏まえ，大丸松坂屋百貨店のTikTokでの成功要因を考察すると，①媒体特性と②取扱商材である「お菓子」の商品特性の適合度が高かったことが，まず挙げられる。YouTubeにおいても，「お菓子に特化」した動画を配信しているが，TikTokでは商品説明よりも，いかに「楽しそうに食べるか」に焦点を当てた動画が中心となっている。そのうえで，③インフルエンサーのキャラクター（タレント性）が，動画内容にさらに適合し，約3カ月で15,000人のフォロワーを獲得するに至ったと考察される。

実際，インタビュー調査において，同社のインフルエンサー・マーケティングの企画担当者は，TikTokの成功に関して，「こっそりカメラを前にして，棒読みじゃなく，表現豊かに，あまり美味しそうにとか楽しそうにとかいうふうにできるのは，誰もが誰も，できるわけではない。」とインフルエンサーのキャラクター（タレント性）を評価している。また，インフルエンサーとなりうる人材の要件に関して，「（ある特定カテゴリの製品やサービスに対して）偏愛力があって，何かのものに対して詳しいからそれを発信したいっていう想い，そして個人のタレント性」を重要視していることが確認されている。

さらに大丸松坂屋百貨店のTikTokでは，「気取らないこと」や「親しみやすさ」の表現するようなディレクション，また配信のスピード感を重要視するスタイルが採用されている。その結果YouTubeも含めたその他の媒体とは異なり，配信までの校正を含むチェックは，DX 担当部署に一任されている。

このように大丸松坂屋百貨店のインフルエンサー・マーケティングの成功は，①媒体特性×②取扱商材×③インフルエンサーのキャラクター（タレント性）が，機能した結果である。

TikTok に寄せられた若い消費者（ユーザー）からのコメントのなかには，「これまでは，ちょっと高嶺の花だと思って接点がなかったけど，動画を観たら買いに行きたくなりました。」というように，TikTok の動画を介して，百貨店で取り扱う商品への購買意図（あるいは百貨店への買物出向意図）が醸成されることも確認されている。

百貨店によるインフルエンサー・マーケティングの今後の発展を議論するうえで，同社の取り組みは 1 つの指針を示す事例であるといえよう。

4. インタビュー調査の考察

本書では，百貨店へのインタビューから「百貨店らしさ」および「百貨店広告らしさ」を検討した。

調査の結果，「百貨店らしさ」とは，「場」，「アクター（従業員）」そして商品・サービスに関わる「MD」から規定されていると，百貨店従業員が知覚していることがわかった。

しかし，J. フロントリテイリングやそごう・西武のように，自社が主体となり，そして自社社員をそのマネジメントの中心に据える，いわゆる「平場」のマネジメント形態が，必ずしも重要というわけではない。“館づくり”において髙島屋（百貨店）と東神開発をはじめとするグループ企業のエリアや機能の最適な組み合わせを図る髙島屋グループも含め，「定期賃貸借契約」を活用し，市場で保有されている百貨店イメージを維持しながら，マネジメントの最適化を実現しようとする潮流がある（ただ，髙島屋［百貨店］では，先述のように“平場”経営こそ「百貨店らしさ」を体現するマネジメント手法であると位置づけている）。つまり，顧客をはじめとする消費者が知覚する「百貨店らしさ」（業態イメージ）を損なうことなく，効果的かつ効率的な事業運営（具体的には，高い利益率）が実現するような事業運営体制へのシフトが試みられている。

また調査から，百貨店広告の制作において，ロゴのサイズや紙面のサイズに関する百貨店グループ（コーポレートブランド）ごとの規定が存在すること，さらに基本的にはどの百貨店グループもストア（店舗）ごとにディレクションすることを確認した。加えて，広告内容は売場のコンテンツに準拠しており，コーポレートブランドあるいはリテールブランドとして統合的な「らしさ」を表象する広告（e.g. クリスマス広告）の制作と発信は希少であることが明らかになった。

しかしその一方で，多くの百貨店の共通事項として，広報担当者が百貨店広告に意識するテイストとして，「上質感」，「信頼性の担保」，「紙面の見やすさ」などを広告制作時に重要視することが確認された。

コロナ禍を踏まえた傾向として，従来型の百貨店広告制作時の視点とともに，ターゲットとする顧客が「共感」する，あるいは感情を喚起する広告がさらに求められていることも，阪神百貨店やそごう・西武へのインタビューから確認された。

これらのインタビュー調査の結果から，最終的な広告表現には違いはあるものの，基本的に百貨店の広告とは，広告担当者をはじめ百貨店事業者・従業員が共通認識する「百貨店らしさ」を基点としたコミュニケーションであるといえよう。

ニューノーマル時代およびDX時代に対応するため，阪神百貨店の広告表現の大幅な変化に見受けられるように，また三越伊勢丹が現在，「IT・店舗・人の力を活用した新時代の百貨店（プラットフォーマー）」(30)として，世界中のモノ・コトと消費者との繋ぎ手となるため変革を実施しているように，百貨店のマーケティング・コミュニケーションは大きく変わりつつある。実際，多くの百貨店のコミュニケーションはデジタル化へとその重心をシフトしつつある。ただここで留意すべきは，髙島屋や三越伊勢丹のインタビューで確認されたように，ターゲットとする顧客属性を考慮するとともに，「リテールブランドらしさ」に準じ，紙媒体を活用するなどのアナログのタッチ・ポイントも活用している点である。

大丸松坂屋百貨店の成功事例を踏まえると，ターゲットとする顧客の選定，その顧客特性に則した媒体の選択，また媒体特性に適合した商材の選定，そしてそれらの要因を踏まえた，コミュニケーションの実施者（エンドーサ）を含むメッセージ内容の検討という，まさにIMCの実践が重要といえよう。そしてこのIMCでは，カスタマー・ジャーニーを考慮し，オンライン／オフライン（リアル）の「場」をシームレスに融合し，顧客とのタッチ・ポイントを設定することが求められる。

本節では，百貨店によるマーケティング・コミュニケーションの実態とその変容に関して議論した。次節では，本章の総括として，百貨店のマーケティング・コミュニケーション，つまり「百貨店広告らしさ」とはどのようなものであるか，主に広告表現に焦点を当て，学術的見地からその写像を明らかにする。

5. 百貨店によるマーケティング・コミュニケーションの実態

5-1 広告表現に対する考察

本節ではまず，インタビュー調査で確認された百貨店広告に共通する，コミュニケーションのコアとなる媒体指針，「信頼性の担保」と「紙面の見やすさ」とは，広告研究においてどう位置づけられるのか，その考察から議論を始める。

岸（1993）は，情報型広告と変換型広告の違いを議論する前提として，メッセージの提示方法に従い，広告を「論理訴求（情報型 informational, rational）」と「情緒訴求（感情型 feeling, emotional, image, mood）」に大別し，それらの特性の違いを議論する。

岸（1993）は，Puto and Wells（1984）の定義を踏襲し，「消費者に関心のある，（実証可能と思われる）事実を，明快で論理的な方法で提示することにより，そのブランドの購買決定において消費者により多くの自信を与えるような広告」を情報型広告，そして「ブランド使用（消費）経験を，特定の心理状態と関連づけるような広告であり，その関連づけは広告なしでは成り立たない。

つまり，広告を見ることにより，そのブランドを使うことが他のブランドからは得られない固有の消費経験に変換される。それは，消費者がそのブランドを思い浮かべる時には，広告を見た時の感情も同時に思い出させるような広告」を変換型広告であると議論する[31]。そして，情報型広告とは異なり，変換型広告が「ブランド使用経験と感情の関連づけ」に対し重要な役割を果たすことを，その特徴と位置づけている。

つまり情報型広告が認知的反応を誘発する刺激であるのに対し，変換型広告とは情緒的反応へ主に作用する刺激であると解釈できる。後者に関する消費者の態度形成に関して岸（1993）は，既存研究のレビューから，共感（感情的同一化）と，代理的条件づけ（vicarious classical conditioning）[32]をその背景要因として議論する。彼女の議論する「共感」とは，広告登場人物の心情や状況を察知する認知的反応と感情的反応が統合されたものを指す。一方，代理的条件づけは，観察学習と古典的条件づけの組み合わさり，醸成される反応であるとし，広告への反復接触により生じると岸（1993）は議論する。

この岸（1993）の議論を踏まえ百貨店広告を鑑みると，「高級感」という要素を除き，百貨店広告の媒体指針である「信頼性の担保」と「紙面の見やすさ」とはまさに，情報型広告（論理訴求型広告）の特性に合致するものであると解釈できる。例えば，髙島屋の新春初売り出し（**図表8-3**）を観ると，干支のイラストや数点の写真はあるものの，基本的にはテキストが主体となった広告となっており，岸（1993）がTVCMを「情報型広告」，「変換型広告」，「イメージ型広告」に区分するために用いた「情報型広告」の基準の一部である，「感性情報が少ない（属性情報が多い）」や「言語による表現が多い」[33]に該当するコンテンツであるといえよう。百貨店による広告をはじめとするコミュニケーションは，基本的には髙島屋の広告のような情報型がスタンダードである。

5-2　百貨店広告における情報型偏重傾向の背景要因の検討

では，なぜ百貨店のマーケティング・コミュニケーションは情報型偏重となっているのか。第6章におけるFGIで百貨店のブランドロゴや百貨店名を明記する前と後で広告表現に対する消費者評価が異なったことや，第7章の西

図表 8－3　髙島屋　日本橋店　チラシ広告（兼店内配布媒体）

出典：髙島屋 株式会社 提供資料。

宮阪急のチラシ広告を用いた調査において，百貨店名を有した広告の方が，百貨店名を排したものよりも総じて高く評価されていたように，百貨店のコミュニケーションに対する消費者の評価は，百貨店の持つ相対的なリテールブランドイメージが強く反映している。すなわち，消費者は，自身の百貨店に対する事前に保有する知覚・評価，特に「信頼性」を基点に百貨店のマーケティング・コミュニケーションを評価する。

もちろん百貨店による「信頼性の担保」と「紙面の見やすさ」を重要視するディレクションが媒体制作には存在するが，百貨店と消費者との「信頼性」を紐帯とした関係性が長きにわたり常態化したことによって，市場において「百貨店の広告は正確であるべき」という意識が醸成され，百貨店側としても「信頼性の担保」と「紙面の見やすさ」に対する配慮が求められたという背景も存在する。実際，阪神梅田本店の担当者は，過去の同社の広告に対して，「信頼性の担保」と「紙面の見やすさ」に関わる指摘を消費者から受けた経験があるという。

しかし，百貨店のマーケティング・コミュニケーションを議論するうえで，広告信頼性から購買意図への直接の作用が確認されなかった，第7章での議論も留意する必要がある。つまり買物出向意図を高めるためには，「百貨店らしさ」である「信頼性」や「信用」を媒体において表現するだけでなく，情緒的な表現を組み込み，態度変容を促すことが重要であると指摘される。

阪神百貨店や大丸松坂屋百貨店の取り組みのように，ニューノーマルおよびDX時代に入り，百貨店の広告表現は，変換型広告（情緒訴求型広告）へその重心を移行しつつある。そのうえで，第1章で議論した広告の対象となる製品・サービスの特性を吟味するだけでなく，発信源の信頼性，さらに消費者にとって魅力的と評価されるような，変換型広告的表現がますます重要な役割を担うであろう。

5-3 「百貨店らしさ」基点の百貨店DXのあり方とは

本章の最後として，「百貨店らしさ」を形成するサービス内容と消費者満足との関係性に着目し，改めて百貨店に求められる変換型広告的表現，つまり感情や情緒を訴求するマーケティング・コミュニケーションとはどのようなものであるかを議論する。

嶋口（1994）は顧客満足を醸成する有形・無形のサービス（機能）を，「最低許容水準を割ると，他のすべてがいかによくても全体の満足が崩れ去り不満になる」という“本質機能”と，「他の属性が悪くても，1つの卓越性で満足のピラミッドを高めることができる」“表層サービス”に弁別し，本質サービスをサービス品質の根底にあるサービス属性とし，表層サービスとは本質サービスを基盤とするサービス属性であると議論する[(34)]。

この議論を踏まえ，消費者の知覚する「百貨店らしさ」と百貨店が提供するサービス内容との関係を検討すると，**図表8-4**のように示される。

第Ⅱ部の調査結果から，消費者に知覚されるべき百貨店の本質サービスとは，提供されるサービスに対する“信頼”や“安心”といった「信頼性」といえる。一方，表層サービスは，「高級感（ラグジュアリー感）」や，“ブランド数の

図表8-4　消費者の満足ピラミッドと消費者の知覚する「百貨店らしさ」との関係性

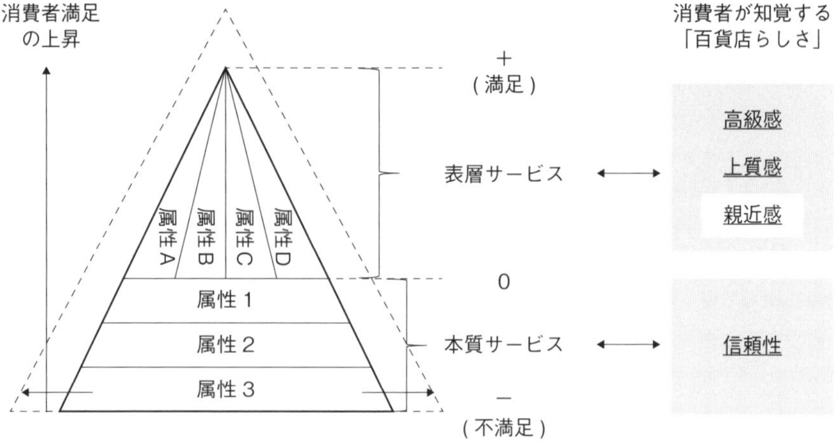

出典：嶋口（1994），p.71を参考に著者作成。

多さ”や“充実したマーチャンダイジング（MD)”などを背景とした「上質感」，そして“関係性のある店員の存在”という，「人」を介した百貨店への「親近感」といえる。

消費者の知覚する「百貨店らしさ」（総体的な百貨店イメージ）の視座からこれらのサービス属性を議論すると，「信頼性」，「高級感」，「上質感」は，（各リテールブランドによって強弱はあるものの）基本的には業態イメージに対する知覚された属性となる。唯一「親近感」は，顧客の百貨店の利用歴によっても変化するが，百貨店でのサービス・エンカウンターでの経験，具体的には「人」を介した接客サービスによって形成される消費者の知覚属性であり，リテールブランドイメージやストアイメージに対する評価である。

百貨店各社（リテールブランド）が広義の競合との差別化を実現するためには，「信頼性」を担保しつつ，「高級感」や「上質感」以上に「親近感」をいかに広く市場に形成しうるか，またその維持が重要となる。百貨店各社が，DXの拡大・浸透を背景とした「百貨店広告らしさ」の変革への要請に対応するうえで，店頭などのオフライン（リアル）のタッチ・ポイントだけでなく，オンラインでのタッチ・ポイントでも，「親近感」を醸成するアプローチが求められる。

つまり，「高級感」と「上質感」，そして特に「親近感」を訴求する変換型広告的表現が重要となってくる。大丸松坂屋百貨店のインフルエンサー・マーケティングの成功事例にあったように，「親近感」を核に，いかにターゲットとする消費者に“寄り添い”，彼らの満足を向上させるタッチポイントを提供できるか，すなわちカスタマー・ジャーニーを意識した「新たな接客のかたち」をいかに形成しうるか，その実現こそが百貨店の今後を担う大きな分岐点となる。

（1）Mehta *et al.*（2016）のカスタマーサクセスに関する議論を参考に，本書ではマス媒体によるタッチ・ポイントも，デジタル接点である「テックタッチ」に組み込み，広義の意味での技術によって醸成されたタッチ・ポイントであると議論する。詳しくは，Mehta *et al.*（2016），pp.57-61（翻訳 pp.106-114）を参照されたい。

（2）エイチ・ツー・オー リテイリング株式会社の広報担当者へのインタビューより（インタビュー日：2020年10月21日）。

（3）株式会社阪急阪神百貨店，阪急うめだ本店広報担当者へのインタビューより（インタビュー日：2021年2月28日）。

（4）株式会社阪急阪神百貨店，阪神梅田本店広報担当者へのインタビューより（インタビュー日：2020年10月21日）。

（5）J.フロントリテイリング株式会社広報担当マネージャーへのメールインタビュー（インタビュー日：2020年12月14日）および大丸松坂屋百貨店広報担当者へのオンライン・インタビュー調査より（インタビュー日：2020年12月14日）。

（6）江尻（2003）によると，「売上仕入（消化仕入）」とは，「納入業者に一定の売場を場貸しし，商品の仕入販売には直接関与せず，売上げた商品だけ百貨店が仕入したことにし，売上利益の何パーセントかを得る仕入方式」あるいは「搬入された商品について，売れるつど仕入がおこされ，仕入代金を支払う仕入形態」を指す。近似的な仕入形態である「委託仕入」（「納入業者から商品の販売の委託を受け，販売されたものについて一定の手数料を取る仕入方式」あるいは「納入業者が一定期間，商品の販売を当社に委託する仕入形態。搬入された商品のうち実際に販売された商品の分だけ仕入をおこし，仕入代金として支払う方法」）との違いは，「売上仕入（消化仕入）」の管理責任は納入業者に帰するものであり，商品を入れ替えに関して，納入業者は百貨店担当者との協議を必要としないという点である（詳しくは，圓丸［2022，p.198］を参照されたい）。

（7）詳しい大丸の改革における売場運営形態別（テナント契約含む）の戦略の変遷に関し

ては，圓丸（2022）を参照されたい。

（8）株式会社そごう・西武広報担当者へのメールインタビューより（インタビュー日：2021年2月28日）。

（9）セブン＆アイ・ホールディングスが，自社の「第2の創業」であるとし打ち出した戦略こそ，オムニチャネルであった。同社の戦略の最たる特徴は，イトーヨーカドーやセブン‐イレブンだけでなく，高級商品を取り扱うそごう・西武百貨店やバーニーズ・ニューヨーク，赤ちゃん本舗（子ども服用品），LOFT（雑貨），Francfranc（家具）といった専門店，通販のニッセン，そしてレストランのデニーズなど，業種・業態を超えた商品を，消費者はネットを通じて（あるいはコンビニエンスストアの端末等で）好きな時に好きなものを購入することができるという利便性である。オムニチャネル戦略が採用された背景には，①消費者が望むいかなる時においてもグループを横断して購買できる場の形成，②（ビッグデータ解析を踏まえた）横断的チャネルに対応した新商品開発，③（主に高齢者を対象に）新たな外商サービスの実現である。実店舗とネット販売を融合させた利便性や，自社独自のPBの活用と開発，さらに高品質な商品・サービスの提供を実現することでアマゾンや楽天に対応すること，また小売業におけるシェアのさらなる獲得のため，オムニチャネル化が着手され，具体的な事業として2015年11月にECサイト「オムニ7」が開業した（詳しくは，圓丸［2021］を参照されたい）。

（10）サービス対象地区は，豊島区（全域），文京区（全域），板橋区（一部エリアを除く），練馬区（一部エリアを除く），中野区（一部エリアを除く），新宿区（一部エリアを除く）となっている（詳しくは，西武池袋本店【e.デパチカ 公式・出前館（共通）】お届け地域 サイト：https://www.sogo-seibu.jp/ikebukuro/topics/page/1510149.html）（最終アクセス：2022年5月31日）。

（11）そごう・西武商事事業部では法人や団体向けに，ユニフォームの販売を始め，営業推進，人事教育などのサービスを提供している（詳しくは，そごう・西武商事事業部 サイト：https://www.sogo-seibu.co.jp/gaisho/index.html）（最終アクセス：2022年5月31日）。

（12）株式会社髙島屋の経営戦略担当者へのオンライン・インタビューより（インタビュー日：2020年12月21日）。

（13）東神開発株式会社は，髙島屋グループの髙島屋S.C.を中心にショッピングセンターの企画・開発・運営に携わる企業である。詳しくは，東神開発サイト（https://www.toshin-dev.co.jp/）を参照のこと。

（14）株式会社三越伊勢丹百貨店のブランディング・CI担当者へのメールインタビューより（インタビュー日：2021年1月19日）。

（15）1904年（明治37年）株式会社三越呉服店が設立され，日本で最初のデパートメントストアとして国内外にその存在を宣言した。その三越呉服店はそもそも，1673年（延宝元年）に，越後屋として呉服店を創業したことを始まりとする。2023年には，三越は越後屋の創業から350年の節目を迎える。

(16) 三越伊勢丹は，VR（バーチャルリアリティー）を活用した「店づくり」にも取り組んでいる。例えば，「REV WORLDS（レヴ ワールズ）」という仮想伊勢丹新宿店を体験できるアプリでは，ストア（店舗）というオフライン（リアル）における顧客とのタッチ・ポイントと近似的な，顧客とのインタラクションが実現しうる「場」とUX（顧客体験）を提供している。詳しくは，圓丸（2022）を参照のこと。

(17) 株式会社阪急阪神百貨店，阪神梅田本店広報担当者へのインタビューより（インタビュー日：2020年10月21日）。

(18) 株式会社阪急阪神百貨店，阪急うめだ本店広報担当者へのインタビューより（インタビュー日：2021年2月28日）。

(19) J.フロントリテイリング株式会社広報担当マネージャーへのメールインタビュー（インタビュー日：2020年12月14日）および大丸松坂屋百貨店広報担当者へのオンライン・インタビュー調査より（インタビュー日：2020年12月14日）。

(20) 株式会社そごう・西武広報担当者へのメールインタビューより（インタビュー日：2021年2月28日）。

(21) 株式会社高島屋の企画宣伝担当へのオンライン・インタビューより（インタビュー日：2020年12月22日）。

(22) 株式会社三越伊勢丹百貨店のブランディング・CI担当者へのメールインタビューより（インタビュー日：2021年1月19日）。

(23) J.フロントリテイリング株式会社経営企画部部長へのオンライン・インタビュー調査より（インタビュー日：2022年5月16日）。

(24) 経済産業省・デロイトトーマツ（2022.3.11）「新たなDXリテラシー標準の検討について　（1）第4回検討会資料」より（https://www.meti.go.jp/shingikai/mono_info_service/digital_jinzai/digital_skill_hyoujun/pdf/004_02_00.pdf）（最終アクセス：2022年6月6日）。

(25) YouTubeヘルプより（https://support.google.com/YouTube/answer/71673?hl=ja&ref_topic=9257439）（最終アクセス：2022年6月6日）。

(26) 山下奉仁・福島哉香・西崎圭一（2022.3.7）「TikTokマーケティング：TikTokマーケ成功の4条件」『日経クロストレンド』2022年3/7号，pp.26-33（https://xtrend.nikkei.com/atcl/contents/18/00597/00001/?i_cid=nbpnxr_parent）（最終アクセス：2022年6月6日）。

(27) 前掲，p.26。

(28) 鈴木朋子（2019.12.24）「再生1億回も　ユーザー巻き込むTikTokの広告効果」『日経クロストレンド』（https://xtrend.nikkei.com/atcl/contents/watch/00013/00770/）（最終アクセス：2022年6月6日）。

(29) 山下奉仁・福島哉香・西崎圭一（2022.3.7）は，TikTok，Reels，そしてTVを「認知・興味を抱く」ツール，Google や YouTube は「名前を知ってググる」ツール，Instagram は「名前を知ってタグる」ツールであるとし，「認知・興味を抱く」ユーザーが，Google，YouTube，Instagram の利用を介し，購入に至るプロセスを示す。詳しくは，山下奉仁・福島哉香・西崎圭一（2022.3.7），p.30を参照されたい。

(30) 三越伊勢丹百貨店のブランディング・CI 担当者へのメールインタビューおよび日経 XTECH 記事から（https://special.nikkeibp.co.jp/atclh/NXT/20/dell_innovators01/）（https://special.nikkeibp.co.jp/atclh/NXT/20/dell_innovators01/p2/index.html）（最終アクセス2021年 9 月20日）。

(31) 詳しくは，岸（1993，p.48）を参照されたい。

(32) 代理的条件づけに関して岸（1996，p.51）は，「広告登場人物の感情表現を見て，オーディエンスもブランドに同じ様な感情を抱くようになること」と議論する。

(33) 詳しくは，岸（1993, pp.51-52）を参照されたい。

(34) 詳しくは，嶋口（1994, pp.65-66）を参照のこと。

終　章　ニューノーマルおよびDX時代における百貨店によるIMCのあり方

1．はじめに

本書の第1章では，圓丸（2022）の議論を一部要約し，「（消費者の）百貨店離れ」を議論するうえでのビジネスモデル（機能）による百貨店の定義の課題を指摘し，さらに消費者基点の定義と，消費者知覚を基点に「百貨店らしさ」を検討する重要性を指摘した。加えて，百貨店リテールブランドが，広義の競合との差別化を実現するためには，カスタマー・ジャーニー基点の統合的マーケティング・コミュニケーション（Integrated Marketing Communication：IMC）の実践が要となることを示唆した。続く第2章では，百貨店での買物体験に関わる実験を調査に組み込み，ネガティブ感情の影響を議論した，Mano（1999），Hama（2001），Durante and Laran（2016）の研究をレビューし，ニューノーマル時代の買物出向を中心とした消費者行動の変化を検討した。第3章では，第2章で提示した仮説モデルを検証した。そして分析の結果から，“節約意向”や“ご褒美消費意向”を刺激すること，あるいはコロナ禍に対する（総合的）不安を軽減するマーケティング・コミュニケーションの実施，また店舗環境マネジメントが有効であることを示唆した。このように第I部では，「百貨店らしさ」検討の重要性を提言するとともに，本書の研究目的の1つである，②ニューノーマル時代（コロナ禍）における消費者の百貨店買物行動（買物出向を含む）の検討を試み，現在の「百貨店の課題」について言及した。

第Ⅱ部（第4章・第5章）では，質的調査（テキストマイニングとフォーカスグループインタビュー［FGI］）を用いた調査結果を交え，消費者が知覚する「百貨店らしさ」を議論した。第4章では，コロナ禍においても，百貨店での買物行動では「店員」や「店頭」という情報源が重要視されていること，消費者が知覚する「百貨店らしさ」として，商品やサービスに対する品質の高さ，デパ地下（食料品）売場に対する評価，信頼や安心，さらにSMと異なる品揃え，といった内容が確認された。第5章の百貨店利用者を対象としたFGIの結果でも，高級感（ラグジュアリー感），ブランド数の多さ，充実したマーチャンダイジング，自己と関係性のある店員の存在，店員の接客の高さが，愛顧するリテールブランドの「百貨店らしさ」として評価されていることが確認された。

第Ⅲ部（第6章・第7章）では，第Ⅱ部の議論を踏まえ，広告表現要素に注目し，③消費者が知覚する「百貨店広告らしさ」の実態把握を試みた。第6章では，視覚的思考方略（VTS）を参考に，投影法とFGIを併合するような調査を実施し，画像→テキスト（催事タイトル・コピー）→テキスト（副次的テキスト）→ブランドロゴ→交通広告を形成する副次的告知情報の順に，段階的に刺激を付与した場合に，百貨店利用者の広告評価（催事広告：新春セールと北海道展を対象）がどのように変化するかを検討した。北海道展は画像から百貨店広告であると知覚されたのに対し，新春セールに関する広告では，売場情報や百貨店のロゴが提示されるまで，百貨店の広告であると知覚した調査対象者は存在しなかった。しかしその一方で，北海道展の広告に対して，消費者知覚における百貨店間の「同質化」も確認された。また調査では，「百貨店広告らしさ」として，日常的でない（SMの広告などとは異なり），非日常性，季節感を感じさせる情報，そして物産展などを代表とする期間限定的なハレの消費に関わるものなど，「生活の豊かさ演出」に関わる広告表現を評価していることが確認された。第7章では，実際のチラシ広告（阪急阪神百貨店：西宮阪急）を用い，「通常の媒体を閲覧させた調査対象者（A群）」と，「百貨店のロゴ，百貨店特有の売場名称（婦人服，子ども服など），そして催事などの開催情報の日時などを排した媒体を閲覧させた調査対象者（B群）」との，当該チラシの評価の違いを比較した。調査の結果，総じてA群の方が高く評価されていた。さらに，百貨店情報が掲載されたチラシ広告を閲覧させたA群のみを対象とした，「ブランド・アタッチメント」，「広告態度」，「広告信頼性」の要因間の関係を検証した結果，「ブランド・アタッチメント」が購買意図に直接作用するのではなく，「広告信頼性」や「広告態度」を媒介し作用することが確認された。

そして第Ⅳ部「百貨店のマーケティング・コミュニケーションの現在と未来」を議論するうえで，第8章では百貨店へのインタビューを踏まえ，百貨店によるマーケティング・コミュニケーションの実態把握を試みた。調査の結果，百貨店（従業員）にとっての「百貨店らしさ」とは，「場（建物・売場）」，「人（従業員・取引先従業員）」そして商品・サービスに関わる「MD」から構成されるものであることが確認された。またリテールブランド問わず，百貨店の広告制作では，「上質感」，「信頼性の担保」，「紙面の見やすさ」を遵守するようなディレクションが採用されていることも確認された。ただその一方で，DX（Digital Transformation）の拡大・浸透に背中を押されるかたちで，百貨店のマーケティング・コミュニケーションは，「共感」をはじめとする情緒や感情への喚起にその重きを置くよう変革しつつあることも確認された。

第8章で示したように，大丸松坂屋百貨店の TikTok の成功事例においては，従来の百貨店の広告制作において重要視されていた「信頼性」や「紙面の見やすさ」よりも，「気取らないこと」や「親しみやすさ」をディレクションの要としていた。

本章ではこれまでの議論を踏まえ，改めて現代の百貨店のコミュニケーション戦略のあり方について議論する。カスタマー・ジャーニー基点の IMC の視座から，またニューノーマルおよび DX 時代の市場環境も考慮し，圓丸(2022) で提示したツー・ステージド・コミュニケーション・プロセスを拡張するかたちで，百貨店が実施すべき④「百貨店らしさ」基点のマーケティング・コミュニケーション戦略の構図を示す。

そして，本書の最後では，現代の百貨店に求められる IMC ケイパビリティについて再考し，百貨店関係者に貢献しうるインプリケーションを提示する。

2.「人」基点の百貨店版 IMC の構図：トライアル誘導とリピート誘導のためのアプローチとは

2-1 リレーションシップ・マーケティングの実践的コミュニケーション・アプローチとしての百貨店版ツー・ステージド・コミュニケーション・プロセス

圓丸（2022）は，百貨店に求められる，生活者基点のリレーションシップ・マーケティングを「顧客満足に紐帯とし，顧客との信頼関係を構築することでリピート購買を高め，結果として長期的な収益を獲得しようとする，『継続客』との関係性を創造・維持するための戦略」と定義する。そのうえで，その実践のためのコミュニケーション・アプローチとして，和田（1998）のモデルをベースに，岸（1993）の議論を踏まえ，百貨店版ツー・ステージド・コミュニケーション・プロセスを提示する。

このツー・ステージド・コミュニケーションは，大きく2つのコミュニケーションから構成される。1つは，店舗やオンラインサイトなど，企業とのタッチ・ポイントへの誘導（トライアル誘導）のための「説得的コミュニケーション」である。そして，もう1つが，店舗内などの共有された「閉ざされた時空間」において，リピートを誘導するための顧客との「インタラクティブ・コミュニケーション」である。

さらに，トライアル誘導に寄与する説得的コミュニケーションを，岸（1993）のいう①「論理訴求（情報型）説得的コミュニケーション」と，変換型広告に相当する①'「情緒訴求（感情型）コミュニケーション」[1]に弁別する。

消費者の買物目的や動機によってそれらコミュニケーションの効果（作用）は変わるとしながらも，圓丸（2022）は，「愛着感」や「憧れ」が「機能性」よりも「店舗愛顧意図」に作用するという調査結果を踏まえ，情緒訴求（感情型）コミュニケーションが，論理訴求型よりも，トライアル誘導に寄与すると議論する。加えて，三越伊勢丹の「REV WORLDS（レヴ ワールズ）」や阪急阪神百貨店「Remo Order（リモオーダー）」の事例から，②インタラクティブ・

コミュニケーションが新たなトライアル誘導に寄与することも示唆する。

本書ではこの圓丸（2022）の議論を基盤に，本章までの議論や調査結果を組み込み，百貨店版IMCの構図を提示する。

2-2　百貨店のIMCにおける「人」の重要性

百貨店利用者を対象に「百貨店らしさ」を検討した第Ⅱ部（第4章・第5章）では，百貨店のスタッフ（百貨店に勤務する取引先の従業員を含む）がその誘因であることが確認されている。第4章では，百貨店利用者が買物時に利用する情報源として，「店頭での接触（店頭で見たり触ったりする）」や「店頭」が最終決定（買物時点）と近いほど高く評価されていた。また，百貨店に対する期待の1つとして，「丁寧な接客」が評価されていた。第5章のFGIの結果においても，百貨店利用者の百貨店選考理由として40～50sの百貨店利用者が「自己と関係性のある店員の存在」を，30sの利用者が「店員の接客の高さ」を評価していた。

百貨店利用者を対象に「百貨店広告らしさ」を検討した第Ⅲ部（第6章・第7章）では，自己と百貨店の関係性に応じて広告画像に掲載されるモデルへの印象が異なること（第6章）(2)，第4章と同様，百貨店利用者が買物時に利用する情報源として「店頭での接触（店頭で見たり触ったりする）」や「店頭」が最終決定（買物時点）に近づくにつれ高く評価されていることが確認された（第7章）。

また，百貨店（従業員）にとっての「百貨店らしさ」および「百貨店広告らしさ」を検討した第8章において，「百貨店らしさ」の構成要素として，「場」，「人（従業員・取引先従業員）」そして商品・サービスに関わる「MD」が重要視されていること，さらに近年の百貨店のマーケティング・コミュニケーションにおいてインフルエンサー・マーケティングが注目されていることを確認した。特に大丸松坂屋百貨店の事例で確認されたように，百貨店が今後DXへ対応するうえで，①媒体特性×②取扱商材×③インフルエンサーのキャラクター（タレント性）の選定が重要であること，そのなかでも③インフルエンサーのキャラクター（タレント性）の見極めが重要であることが，インタビューから確認されている。

これらの本書における調査結果を総括すると，カスタマー・ジャーニーを基点としたIMCを百貨店が実施するうえで，Human to Humanの関係性（ハイタッチ）がオンライン／オフライン（リアル）どちらのタッチ・ポイントにおいても重要であると示唆される。

では，「百貨店らしさ」，そしてそれを基盤とする「百貨店広告らしさ」，つまり「百貨店らしいマーケティング・コミュニケーション」において百貨店スタッフ（「人」）はどのような効果をもたらすであろうか。この議論のヒントになるマーケティング・コミュニケーションに関わる研究領域として，情報源効果理論（Information Source Effect Theory）がある。

2-3　情報源効果とは：「信憑性」と「魅力」に注目して

オピニオンリーダーをはじめとする情報源効果の役割を担う「人」による広告を含むマーケティング・コミュニケーションを介した消費者への影響が古くから議論されている。近年では，オンライン上のクチコミや，ソーシャルネットワーク（SNS）における消費者間（Consumer to Consumer）の影響を検討するため，“エンドーサ”など，さまざまな概念あるいは用語で議論されている(3)。

有名人広告を主たる対象として議論が展開されてきた，この「人」に焦点を当てた情報源効果に関する主な研究領域には，「情報源の信憑性モデル（the source credibility model）」，「情報源の魅力（the source attractiveness model）」，「情報源の意味移転モデル（meaning transfer model）」(4)や「マッチアップ仮説（the product match-up hypothesis）(5)」を包摂する，複合的なアプローチが存在する(6)。

本書では，百貨店スタッフ（「人」＝エンドーサ）による推奨効果を議論するうえで，「情報源の信憑性モデル」と「情報源の魅力」に焦点を当て議論する。

「情報源の信憑性モデル」はHovlandによって提唱された理論である。Hovland *et al.*（1953）では，情報源の信憑性（credibility）を，専門性（expertness）と信頼性（trustworthiness）に弁別し議論する。専門性とは，「伝え手が情報源として妥当性のある」という，受け手の“伝え手（情報源）”に対する知覚の程度である。一方，信頼性とは，「情報源である伝え手が妥当性な情報を主張しようとしている」という，受け手の“伝え手（情報源）の意図”に対する知覚の程度である。

「情報源の魅力モデル」は情報源の魅力に焦点を当てた研究であり，代表的な研究としてMcGuire（1985）がある。McGuire（1985）は，情報源の魅力を，熟知性（Familiarity），好ましさ（Likability），類似性（Similarity）に弁別する。熟知性とは，「よく見たことある」といった，露出を通じた情報源に対する知覚である。好ましさとは，「（伝え手である）情報源の身体的魅力や行動」に対する受け手の好意（Affection）を意味する。類似性とは，受け手が情報源に対して「似ている（共通点がある）」と知覚する程度である。

情報源効果理論およびこれまでの議論を統合し，改めて百貨店によるマーケティング・コミュニケーションを検討すると，消費者が知覚する「百貨店らしさ」は，百貨店"人"ということに対する「信憑性」とともに，消費者が知覚する「親近感」を含む百貨店スタッフの「魅力」からの影響も受けると考察できる。そしてこの点を加味し，ツー・ステージド・コミュニケーション・プロセスに百貨店スタッフの情報源効果を組み込んだ構図が**図表終－1**となる。

図表終－1　情報源効果を組み込んだ百貨店版ツー・ステージド・コミュニケーション・プロセス

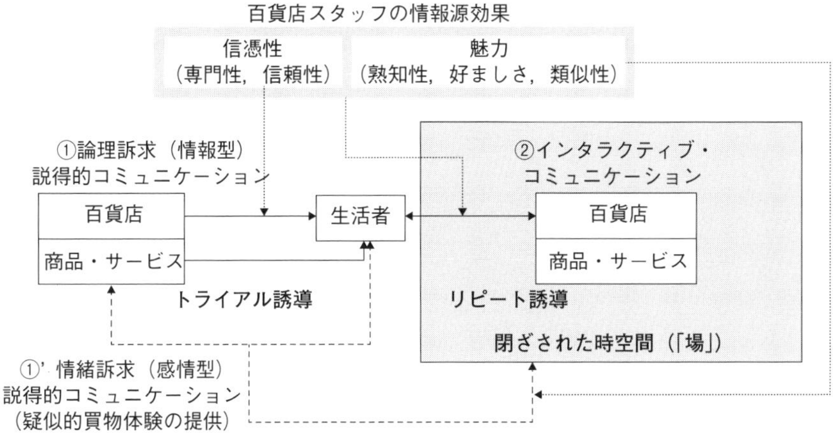

出典：圓丸（2022），p.251を一部加筆修正。

2-4 「人」基点の百貨店版 IMC の構図：情報源効果を組み込んだ百貨店版ツー・ステージド・コミュニケーション・プロセス

百貨店スタッフ（「人」）の情報源効果は，トライアル誘導・リピート誘導どちらのも寄与する。トライアル誘導の場面において，①論理訴求（情報型）説得的コミュニケーションに対して主に“信憑性”が作用する。この議論は，「百貨店広告らしさ」に関する調査において，「広告信頼性」や「広告態度」を媒介変数として作用するという結果を前提とするものである。①'情緒訴求（感情型）コミュニケーションに対しては，主に“魅力”が消費者のトライアルの誘因となる。第8章の大丸松坂屋百貨店のインフルエンサー・マーケティングの事例において，「気取らないこと」や「親しみやすさ」といったディレクションが TikTok の主要ユーザーである若年層にフィットしたように，“魅力”のなかでも“好ましさ”や“類似性”が特に百貨店のコミュニケーションには重要であるといえよう。

加えて，「百貨店広告らしさ」に関わる調査で確認された，「記憶反応」が百貨店利用者にとって情報処理の要となるという結果，つまり事前の買物経験が重要な広告表現の参照点として機能していることを踏まえると，①'情緒訴求（感情型）コミュニケーションでは，疑似的な買物体験を知覚するような表現の有効性が示唆される。

そして，閉ざされた時空間（「場」）でのインタラクティブ・コミュニケーションでは，“信憑性”と“魅力”の情報源効果が作用する。和田（1998）が企業と消費者の対話の要として，認知的信頼・感情的信頼を議論するように，Human to Human のハイタッチなコミュニケーションの「場」において，情報の受け手である消費者は，情報源である百貨店スタッフ（「人」）の“信憑性”と“魅力”を評価する。

しかし，和田（1998）がインタラクティブ・コミュニケーションとは「双方向的対話」であり，「感動と共鳴・共感が発生した段階で促進される」(7) コミュニケーションであると議論すること，また同時にリレーションシップ・マーケティングにおいて認知的信頼よりも感情的信頼が機能することを示唆している点も留意すると，情報源の“魅力”が“信憑性”よりも重要な役割を担うといえよう。

本書で示した「人」基点の百貨店版IMCの構図に関して，それぞれのパスに関する検証の必要性という研究課題を包摂する。しかしながら提示した構図は，先述のように和田（1998）の議論を踏襲していることに加え，圓丸（2022）および本書における調査結果から導出された内容であり，その意味で一定の客観性は担保されていると考える。

3．ニューノーマルおよびDX時代に求められるIMCケイパビリティのあり方

近年UX（顧客体験：User Experience）の重要性が一般的にもさらに声高に議論されるようになった。企業は，有益なUXを提供するため，消費者が保有する買物価値，つまり買物に対する功利的・快楽的・社会的価値に基づく評価を理解することが求められている[8]。

今後OMO（Online Merges with Offline）が進化し，現在よりもさらに既存チャネルの概念を超えた融合が促進されればされるほど，オムニチャネル・カスタマーは，よりシームレスなUXを求めるようになるであろう。

また，コロナ禍が続くことによる，百貨店の売上回復の滞りが予見される。本書の第3章の調査では，「コロナ禍による不安意識」や「自粛意向」によって，「百貨店の買物出向意図」が促進されるという結果も確認されたが，売上の推移を確認すると，まだまだコロナ禍前の数値には到底及ばない状況である。

このような加速化する百貨店の衰退傾向に対し，百貨店が実施すべき1つの方策として，「共感」や「共生」を要とする，良好なインタラクティブな関係性を構築するためのIMC，つまり，オムニチャネル・カスタマーのカスタマー・ジャーニーを意識し，オンライン／オフライン（リアル）の垣根を越え，シームレスなUXを提供するプロセスの実現が重要となる。

では，具体的に百貨店に求められるニューノーマルおよびDX時代に求められるIMCケイパビリティとはどのようなものであるか。

本書では，これまでの議論を総括し，以下に示す10の“違い”を考慮した，最適な顧客基点のタッチ・ポイント（「場」）の設定とそのマネジメントこそ，百貨店にとって求められるIMCケイパビリティであると位置づける。本書の最後として，カスタマー・ジャーニー基点のIMCを実現するうえで考慮すべき“違い”や，IMCを実現するうえで重要視される視点とともに，ニューノーマルおよびDX時代に求められるIMCケイパビリティについて言及する。

3-1　百貨店版IMCを実現するうえで重要視される視点

第4章で示したように，百貨店利用者の認知→客観情報の収集→（主観的）評価情報の収集→最終決定の準拠される情報源の推移において，認知段階では「テレビ番組」や「テレビ広告」などのマス広告が重視されていること，そして最終決定（買物時点）へ移行するにつれ「店頭での接触（店頭で見たり触ったりする）」や「店員」が重要視されていることを確認した。この結果から，百貨店のIMCで求められることとして，まず❶“買物行動の段階別の違い”を考慮すること，が挙げられる。

Kotlerらが，認知（Aware）→訴求（Appeal）→調査（Ask）→行動（Act）→推奨（Advocate）というカスタマー・ジャーニーの基本体系も踏まえても，買物出向に至るまで，買物出向時，そして買物後の各状況において最適なタッチ・ポイントの設定が重要であるといえよう。

ただ本書の調査が，濱岡・里村（2009）の調査項目を採用した関係から，Twitter，Facebook，そしてInstagramなどのSNS（ソーシャルネットワーク），YouTubeやTikTokをはじめとするオンライン動画共有プラットフォームの影響を測定できてはいないこと，また百貨店利用者のみを対象としている，という調査の限定性に関わる課題が存在する。大丸松坂屋百貨店のインフルエンサー・マーケティングにおいてTikTokが媒体として影響力を有していたように，阪神百貨店におけるナビゲーターの取り組みに見られるように，今後百貨店がDXへ対応したIMCを実施するうえで，それらの媒体はさらに重要視されることが容易に予見される。

よって，実際に百貨店がカスタマー・ジャーニー基点のIMCを実施するうえで，百貨店にとって影響力を保有しているであろうSNSや動画共有プラットフォームも含め，❷“オンライン／オフライン（リアル）のタッチ・ポイント特性の違い”を包摂し，より具体的に❸“媒体特性の違い”や，❶“買物行動の段階別の違い”によって求められる情報源に差異が存在するのか，さらに❶×❷×❸の交互作用を踏まえた，自社リテールブランドにとって最適なタッチ・ポイントの設定が望まれる。

次に，❹“ターゲットとする顧客の世代間の違い”を考慮した，百貨店と顧客の関係性の検討の必要性が示唆される。第4章の調査で顕在化した，世代間の「百貨店の利用の仕方」および「百貨店に対する期待」に関する，顧客の年齢の高まりともに段階的に百貨店に対する評価属性が増加するという結果，そして第5章のFGIで示した，世代間で百貨店との“つながり”の意味合いが異なるという結果のように，「百貨店らしさ」の知覚は，年齢の積み重ねと相関するかたちで（長期的な百貨店での買物経験によって），強化・拡張するものである。したがって，これらの世代間の百貨店との関係性や知覚の違いを踏まえたタッチ・ポイントの設定が，百貨店のIMCには望まれる。

❹に連動するかたちで，❺“取扱商品の違い”についても考慮する必要がある。Griffith and Qimei（2004）が議論するように，製品属性によってオンラインのUXが作用しないことが指摘される。また大丸松坂屋百貨店の取り組みにおいて，お菓子というテーマは変わらないものの，YouTubeでは予定していた成果を得られなかったこと，その反対に同じ動画共有プラットフォームであるTikTokでの成功を鑑みると，❸“媒体特性の違い”との連動も考慮する必要がある。

また，広告制作をはじめとする「百貨店広告らしさ」を含むコミュニケーション戦略の実施に際し，主に第8章と本章で議論した内容から，❻“「百貨店らしさ」を構成するサービス品質の違い（本質サービス／表象サービス）”を踏まえたコンテンツ内容，❼“広告表現（論理訴求［情報型］／感情訴求の違い）”，そして❽“発信源である「人」の特性の違い”，についての検討の重要性が示唆される。

❽“発信源である「人」の特性の違い”に関わる，情報源効果研究におけるマッチアップ仮説では，情報源と広告で取り扱われる製品属性との適合度による受け手への影響を議論している。大丸松坂屋百貨店のインタビューで確認さ

れた，インフルエンサーのキャラクター（タレント性）の重要性という点も踏まえても，❺“取扱商品の違い”×❽“発信源である「人」の特性の違い”，もちろん❸“媒体特性の違い”も含めたコミュニケーションの策定が求められる。

さらに第2章および第3章で示されたように，❾“コロナ禍のおける買物出向を形成する態度の違い（ご褒美消費意向・節約意向）”によって，そもそもの消費者の百貨店との関わり方が異なってくる。「コロナ禍への不安」や「自粛意向」に対する意識の変化も含めて，対象とする顧客がどのような影響を受けているのか，特にストア（店舗）での買物体験（百貨店の利用時）において，配慮・伝達すべき事項（罹患対策など）を告示するコミュニケーションが重要となる。実際，FGI（第5章）において，罹患者数が減少しない中で多くの顧客を店頭に並ばせることや，来場制限が十分でなされていないことなど，百貨店利用者の「（百貨店の）ウイルス対策に対する不満」が確認されている。また罹患対策の一環で，対面でのサービスがコロナ禍前よりも制限されたことによる，「化粧品売場でのサービスの低下」といった接客サービスに対する不満も百貨店利用者は保有している。

コロナ禍によって化粧品売場以外でも，「百貨店らしさ」を表象するようなサービスの提供に関して困難性が伴うようになっている。その意味でも，対面でのUXを代替するようなDX施策を百貨店は検討する必要がある。

この百貨店のIMCの実施においては，❿“ステークホルダーの特性・関係性（取引条件）の違い”も配慮する必要がある。百貨店は多くの取引先を主としたステークホルダーとの関係性を有し，その取引条件も多種多様なものとなっている。百貨店が自社リテールブランドやストア（店舗）に関するコミュニケーション実施する際，そのステークホルダーの特性や関係性（取引条件）の違いへの考慮も必要となる。現在の百貨店の広告制作においては，SCのそれとは異なり，百貨店のディレクションとして取引先の商材をコンテンツに採用することが可能である。しかしながら，今後百貨店のビジネスモデル（機能）がさらにSC化することによって，現在のSCが広告制作において特定のステークホルダー（取引先）の商材にフォーカスすることができないような事態に，百貨店も直面する可能性が指摘される。本書の調査で指摘した消費者知覚における「百貨店広告」の同質化という課題に対応し，自社の「百貨店らしさ」を表現するうえでも，ステークホルダーとのコミュニケーション施策に関わる調整がますます重要となる。

特に，消費者のみならず百貨店にとっても「百貨店らしさ」と知覚されていた，「高級感」や「上質感」を醸成するうえで，その要となる海外ラグジュアリーブランドを，いかにコミュニケーションのコンテンツとして採用できるかが，百貨店の IMC には求められる。旧来から百貨店の広告制作において，ブランディングに対して強いディシプリンを有する海外ラグジュアリーブランドへ要請には，詳細な事前の調整が必要とされていた。近年，百貨店の売上の低減に伴い，海外ラグジュアリーブランドへの交渉力が弱まっていることもあり，その調整には旧来よりも困難性が介在するという。

このようなステークホルダーとの調整可能性も含め，上記で示した10の視点（“違い”）と，さらに自社のリテールブランドイメージおよびストアイメージの「らしさ」を考慮し，衰退傾向からの脱却のための IMC に向き合えるか，百貨店の今後の展開が注目される。

3-2　ニューノーマルおよび DX 時代に求められる IMC ケイパビリティとは

圓丸（2022）では，消費者基点の百貨店経営とは，製品（商品）・サービスを中心とした「モノ」基点ではなく，UX を実現するための「場」を基点とした経営であると議論する。そのうえで，ブランド・コミュニティの議論を援用し，百貨店が考慮すべきマネジメント視点として．「場」と顧客基点型ブランド・コミュニティの関係性を提示する。そして圓丸（2022）は，百貨店が持つ「場」の雰囲気（atmosphere）のなかで，「中核的顧客（Focal customer）」を中心に，「ブランド」，「商品・サービス」，「スタッフ」，「（その他）顧客」が円滑にネットワークを構築することの重要性を示唆する。

しかし，第 8 章の「百貨店らしさ」に関する百貨店へのインタビューで確認されたように，百貨店業態では「定期賃貸借契約」の拡大，つまりビジネスモデル（機能）としての SC 化の伸展が進んでいる。「売上仕入（消化仕入）」や派遣販売員制度という点からも，現実的な百貨店経営においては，取引先であるステークホルダーとの良好な関係性が事業を運営するうえでの必要条件となる。

そして，取引先は当然のことながら，「ブランド」，「商品・サービス」そして派遣販売員をはじめとする「スタッフ」と関連する要因である。

このような百貨店のマネジメントにおいて重要視される要因間のネットワークを考慮すると，百貨店がカスタマー・ジャーニー基点の IMC を実現するためには，消費者とのタッチ・ポイントである「場」において，「ステークホルダー」を巻き込み，「ブランド」，「商品・サービス」，「スタッフ」，「(その他)顧客」を活用し，「中核的顧客（Focal customer)」との“つながり”を醸成・維持するという，ブランド・コミュニティ活性化のマネジメントが重要であると示唆される（**図表終－2**）。

百貨店は，これまでの歴史の中で培われたネットワークや，あるいは業態としての信頼性を担保としてさまざまなステークホルダーが介する「場」でもある。

大丸松坂屋百貨店の DX において，TikTok とは別に，現代アートに関する認知訴求とアートの販売を目的とした ARToVilla[9]というサイトを開設している。そのなかで，百貨店のスタッフによるアートの紹介だけでなく，「DOORS」という名称で外部ステークホルダーによる「アートのある生活」

図表終－2　ステークホルダーとの関係性を組み込んだ「場」と「顧客」基点のブランド・コミュニティの関係性（百貨店版）

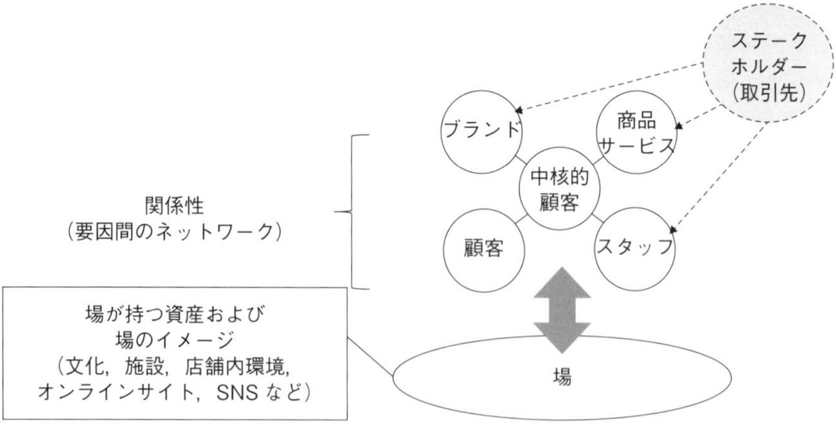

出典：圓丸（2022），p.224を一部加筆修正。

がブログ形式で掲載されている。このように，ストア（店舗）運営のみならず，オンラインも含むさまざまな顧客とのタッチ・ポイント（「場」）においても，ステークホルダーを巻き込んだIMCの実践がますます「百貨店らしさ」を醸成するうえで重要となる。

そして，百貨店が「人」基点でIMCを実施するためには，採用人事や社員教育といったバックシステムの充足も必要となってくる。そこでは，本質サービスである「信頼性」を担保しつつも，「親近感」を抱かせるようなタレント性のあるスタッフの選別・育成が求められる。

このように自社リテールブランドの存在意義とは何か，すなわち「百貨店らしさ」とは何かを明確に定義し，コミュニケーション戦略を越え，全社戦略の視座から，IMCケイパビリティを検討することは，今後の百貨店にとってますます重要となるであろう。

本書で示した調査は，百貨店利用者を対象にした調査が主であること，また先行研究の追試を目的とした調査であったこともあり，測定尺度が現在の市場動向を網羅していないなどの課題（限界）も存在する。しかしながら，本書で示した内容は探索的なものであるものの，これまでの先行研究において百貨店のコミュニケーションに関する消費者基点の検討が少ないこと，さらにDXを踏まえたIMCの視座から議論しているものがほとんど存在しないことを考慮すると，百貨店研究および百貨店関係者が戦略策定や顧客アプローチを検討する際の1つの方向性を示すものであると考える。

百貨店業態はますます縮小傾向にある。コロナ禍も含め，さまざまな不確実性が介在する市場環境へ対応するための，そして衰退傾向からの脱却のためのアプローチとして，リテールブランドのマネジメントやストア（店舗）運営も含む，IMCケイパビリティの強化・拡張は，百貨店が採用すべき戦略といえよう。

（1）この「情緒訴求（感情型）コミュニケーション」は，和田（1998）の「『曖昧性』を内包した説得的コミュニケーション」を岸（1993）の議論から解釈したものとなっている。「『曖昧性』を内包した説得的コミュニケーション」に関して和田（1998）は，「コンテンツが曖昧であるがゆえに生活者の側に自己想像や思い込み，自己期待が発生してトライアルを誘導性が高く，また次のステップとしてインタラクティブ・コミュニケーションを誘発する可能性が高い」と議論する。詳しくは，和田（1998）を参照されたい。

（2）第6章の「新春セール」を用いた調査において注目すべきは，40〜50sの百貨店利用者が，自身が知覚・評価する百貨店消費者イメージと親和的（近似的）であると認識できなかったため，世代も異なる外国人モデルを用いた広告画像に対して，「安っぽさ」や「カジュアルさ」という反応を示す一方，30sの利用者が「斬新さ」や「おしゃれである」とポジティブに評価したことである。この世代間の反応の違いは，前者が「自身を受容してくれる存在」であると百貨店を位置づけているのに対し，後者が「信頼性の高い専門的知識を教えてくれる存在」かつ「上質感（商品や高い接客サービス）との接点」として百貨店を位置づけていることに起因する。

（3）近年の研究において，“推奨者”を意味する「エンドーサ（endorser）」という概念・用語が広く用いられている。しかし，オピニオンリーダー（Opinion leader）の議論をはじめ，インフルエンサー（Influencer），エバンジェリスト（Evangelist），ブランド・アドボケーツ（Brand Advocates）など，近似的また重複する概念・用語も数多く存在する（詳しくは，山本［2014］を参照されたい）。またエンドーサに関しても，Tellis（2004）が議論するように，専門家（Expert），有名人（Celebrity），一般人（Lay Endorser）の分類による影響の違いを検討する研究も存在する。本書では，“推奨者”として一般用語に近い形で「エンドーサ」を用いる。

（4）広告における有名人の効果に関して「情報源の意味移転モデル」では，ドラマや映画などで演じたキャラクターのイメージ→有名人個人のイメージ→有名人を起用した広告（およびその対象となる製品）のイメージという「意味」の移転プロセスから，広告の受け手への作用を議論する。詳しくは，McCracken（1989）を参照されたい。

（5）情報源と広告の取扱商品との適合性に注目した研究領域である。

（6）情報源効果に関する分類に関しては，朴（2009）および中野（2014）を参照されたい。

（7）和田（1998），p.97。

（8）近藤・中見（2019）は，Huré（2017）の研究を基盤に，オムニチャネルにおける買物価値が功利的・快楽的・社会的価値から規定されると議論する。

（9）詳しくは，ARToVillaサイトを参照されたい（https://artovilla.jp/）（最終アクセス：2022年6月7日）。

あとがき

「消費者にとって，百貨店とはどのような存在なのか」，この問いこそ，本書を執筆した動機である。

百貨店に関する研究では，その歴史や文化に焦点を当てた研究は数多く存在するものの，消費者基点から，具体的には消費者に対する調査を交えて，百貨店の写像を明らかにしようとする研究は少ない。“百貨店離れ”が新聞紙面やビジネス誌等で議論されている一方で，「なぜ“百貨店離れ”という現象が顕在化しているのか」，この点に関する検証はほぼ存在しない。

そこで前著『百貨店リテールブランド戦略』では，「消費者基点の百貨店の位置づけの確認」をテーマに，わが国の百貨店と消費者との関係をライフスタイルの変遷の歴史を振り返ること，また他業態（ショッピングセンター：SC）および百貨店リテールブランド間の消費者知覚を比較することで，消費者基点の百貨店「同質化」の確認を試みた。そして，百貨店とSC業態を識別していること，基本的に百貨店をSCより高く評価していること，その一方で，百貨店業態に紐づくリテールブランドの認識の誤り（例えば，丸井やイオンを百貨店業態であると認識する）という意味での他業態との「同質化」，さらに百貨店間の「同質化」を支持する結果を確認した。そのうえで，百貨店に求められるリレーションシップ・マーケティング戦略として，オンライン／オフライン（リアル）の「場」を考慮した，ツー・ステージド・コミュニケーション・プロセスの重要性を示唆した。

本書は，このような圓丸（2022）の議論に続き，またそこでは言及できなかった，「消費者が知覚する『百貨店らしさ』の源泉（属性）とはなにか」を検討した。加えて，ニューノーマルおよびDX時代の市場環境を鑑み，IMCの視座から，より実践的な百貨店が採用すべきマーケティング戦略の1つとして，ツー・ステージド・コミュニケーション・プロセスの拡張を試みた。

本書の執筆は，コロナ禍がはじまった2020年をそのスタートとする。吉田秀雄記念事業財団からの研究助成が採択されたことを受け，「百貨店らしさ」と「百貨店広告らしさ」を検討する研究に着手した。その遂行にあたり，2019年度の研究助成への応募時では想定していなかったパンデミックという，大きな生活環境の変化に直面することとなった。研究にあたり，このパンデミックの影響をどこまで加味するか，筆者にとっては大きな悩みの種となった。なぜなら，2020年の４月の段階において，現在に至っても収束することなく，長期にわたりコロナ禍が続くとは想像しえなかったためである。正直なところ，「一時期の生活環境の変化」であってほしいという，淡い期待を抱いていた。

しかしながら，筆者の期待に反し，パンデミックは拡大した。そして，それに際し，われわれ消費者の生活様式や行動も大きく変容することとなった。その結果，本書の議論の対象である百貨店の衰退傾向はさらに加速度を増し，閉店が相次ぐ事態となった。

このような百貨店の傾向を踏まえ，研究において，かなり探索的なアプローチであったが，コロナ禍による影響の検討を試みることにした。自身としては，感情研究に着手することはかなり挑戦的な試みであった。ただ，振り返ってみると，試験的な調査ではあったものの，その試みによりコロナ禍の消費者行動を検討するうえで１つの指針を提示できたと考えている。

また本書の執筆が，前著『百貨店リテールブランド戦略』の執筆期間と重複していることによる難しさもあった。特に書籍を出版するに際し，どのようにそれぞれの特徴をかき分けるのかに苦心した。

最終的に，前著『百貨店リテールブランド戦略』で伝えたかったメッセージとして，「消費者基点において業態イメージの観点では，他業態とは『同質化』していると知覚されていないこと」，「百貨店を小売という機能において議論すべきでない（議論できない）こと」，そして「広義の競合との差別化のための，リテールブランドを基点とした戦略の重要性」を据えることにした。一方，本書では，「百貨店らしさ」および「百貨店広告らしさ」に関する調査検討を踏まえ，前著よりもさらに具体的に，また実践的な視点から，百貨店リテールブランドにとって貢献しうるマーケティング・アプローチのあり方を検討した。

本書で示した内容は，情報源効果（「人」）を組み込んだ百貨店版ツー・ステージド・コミュニケーション・プロセスの検証も含め，今後検討すべき課題も存在する。しかしながら，筆者としては，特に百貨店関係者にとって，ニューノーマルおよびDX時代に即した百貨店戦略のあり方を提示したつもりである。最後の衰退段階と称される市場環境に直面する百貨店にとって，本書が少しでも貢献できれば幸いである。

現在，筆者は百貨店と“まちづくり”との関係性について，消費者基点から検討し，「消費者にとって，百貨店とはどのような存在なのか」というテーマのさらなる深堀を試みている。そして，百貨店と消費者の“つながり”の実態を，地域との関係性を包摂し議論したいと考えている。地方の百貨店が消えゆくなかで，特に都市部以外の百貨店の存在意義について検討し，そこで働く“百貨店人”に貢献できるよう，今後も研究に邁進していきたい。

最後に，本書を刊行するまでにお力添えいただいたさまざまな関係者にお礼を申し上げたい。

本研究は，公益指定法人吉田秀雄記念事業財団2020年度助成交付により研究を遂行することができた。さらに株式会社マイボイスコムのパネラーを対象とした調査や，同社が独自に回収したデータを活用させていただいたことによって，さまざまな視点から「百貨店らしさ」および「百貨店広告らしさ」を検討することができた。日頃のご支援も含め，この場を借りて厚く御礼申し上げたい。

また本研究は，多くの百貨店関係者へのインタビューや素材の提供を含め，多大なる支援を賜った。これらの支援がなければ本研究は到底実現できなかった。エイチ・ツー・オーリテイリング株式会社，J.フロントリテイリング株式会社，株式会社そごう・西武，株式会社髙島屋，株式会社三越伊勢丹百貨店（五十音順）の，各関係者の皆様に対しても心より厚く御礼申し上げる。百貨店各社の方々と話すなかで，筆者としては“百貨店人”の魅力を何度も感じた。そして，所属する企業は違えど，そのような人々が働く，百貨店という「場」で仕事ができたことに，改めて感謝する機会でもあった。

大学院の恩師である和田充夫先生（慶応義塾大学名誉教授）主宰のNabic研究会において，和田先生はじめ，新倉貴士先生（法政大学），鈴木和宏先生（小樽商科大学），西原彰宏先生（亜細亜大学），そして実務家の梅田悦史氏とともに，『ブランド・インキュベーション戦略』を検討したことも，本書を執筆するうえで大いに刺激や知見を得る機会となった。現在でも，引き続き和田先生主宰の，ライフスタイル×カルチャー（文化）から消費者行動を検討しようと試みる「ライフカルチャー研究会」において，さまざまな研究者の先生や実務家の方々から，消費者を理解するうえでのアプローチとは何かをご教授いただいている。

加えて，本研究で実施した視覚的思考方略（Visual Thinking Strategies：VTS）を活用した独自の調査手法の発案は，大崎恒次先生（専修大学）と中見真也先生（神奈川大学）との，瀬戸内芸術祭の舞台でもある香川県豊島に関する共同研究の取り組みをきっかけとするものである。両先生には，共同研究だけでなく，教育の実践においてもいつもお力添えいただいている。改めてお礼申し上げたい。

DX に関する議論においては，近藤公彦先生（小樽商科大学）主宰のオムニチャネル研究会にて，定例メンバーの先生方や実務家の方々よりいつも有益な助言をいただいている。

比較的世代が近い，上元亘先生（京都産業大学），津村将章先生（神奈川大学），中川宏道先生（名城大学），寺﨑新一郎先生（立命館大学），羽藤雅彦先生（流通科学大学），三井雄一先生（西南学院大学）（五十音順）との研究会（勉強会）では，研究者としての姿勢とともに，自身の研究に対するご指摘を賜っている。本書で紹介したいくつかの調査に関しても，同先生方のご指導ご鞭撻があったからこそ実現したと感謝している。

そして，広告学会関西部会でお世話になっている，水野由多加先生（関西大学）と伊吹勇亮先生（京都産業大学）にも感謝したい。両先生には，筆者が百貨店勤務時代から，研究の姿勢やマーケティング・コミュニケーション研究に対する心構えをご指導いただいている。本書の調査に関しても，関西部会でさまざまなご指摘とアドバイスを賜った。この場を借りて御礼申し上げたい。

所属大学（大阪公立大学）の先生方にもこの場を借りて御礼したい。筆者が本書の執筆を含め研究に邁進できるのも，特に諸先輩の先生方が学務にご尽力いただき，研究環境の充足を図ってくださるためである。

千倉書房の岩澤孝氏にもお礼申し上げる。岩澤氏には，出版の機会をいただいただけでなく，科研への申請を含め，多大なるお力添えいただいた。さらに多岐にわたり編集者としても，読者視点でのご示唆を賜った。長期にわたりご支援いただけたこと，本当に感謝している。

第５章と第６章で示したFGIのプレ調査に協力してくれた，大阪市立大学 圓丸ゼミ一期生のメンバーにも感謝したい。彼らの協力や，忌憚ない指摘がなければ，調査が遂行できなかったと感じている。

本書は，令和３年度 第54次 吉田秀雄記念事業財団助成研究の報告書として提出した，圓丸（2020）『消費者基点の「百貨店らしい」広告表現のあり方：大型小売業における百貨店の同質性と競争優位性の源泉を求めて』を加筆修正したものである。また，本刊行物は，JSPS 科研費 課題番号22HP5125の助成を受けたものである。

最後に，家族にも感謝の意を示したい。前著に続き，長期にわたり，妻である志穂は，子育てを分担し，研究を遂行する時間を捻出してくれた。そして娘のまひろと息子希一の存在は，〆切に追われハードな日々のなかで，大いなる癒しを提供してくれた。長女のまひろは，筆者が執筆に際し廃棄した裏紙を使って，オリジナルの絵本をつくるなど，表現することの楽しさややりきることの大切さを教えてくれた。

今後も，百貨店に関わる人々，そして百貨店に愛着を持つ消費者に貢献できるよう，研究を進めていきたい。

2022年６月

圓丸哲麻

参考文献

Ajzen, I. (1991), The Theory of Planned Behavior, *Organizational Behavior and Human Decission Processes*, 50(2), 179-221. https://doi.org/10.1016/0749-5978(91)90020-T

Ajzen, I. and Fishbein, M. (1980), *Understanding Attitudes and Predicting Social Behavior*, Englewood Cliffs, N.J.: Prentice-Hall.

Ajzen, I. and Fishbein, M. (2005), The influence of Attitude on Behavior, In Albattacin, D., Jonshon, T. B. and Zanna, P. T. (eds.), *The Handbook of Attitudes*, Mahwah, N.J.: Lawrence Erlbaum Associates, 173-221.

Arnold, M, J. and Reynolds, K, E. (2003), Hedonic Shopping Motivation, *Journal of Retailing*, 79(2), 77-95. https://doi.org/10.1016/S0022-4359(03)00007-1

Babin, B. J., Darden, W, R. and Griffin, M. (1994), Work and/or Fun: Measuring Hedonic and Utilitarian Shopping Value, *Journal of Consumer Research*, Vol.20(4), 644-656. https://doi.org/10.1086/209376

Batra, R. and Keller, L, K. (2016), Integrating Marketing Communications: New Findings, New Lessons, and New Ideas, *Journal of Marketing*, 80(6), 122-145. https://doi.org/10.1509/jm.15.0419

Calder, B. J., Malthouse, E. C. and Maslowska, E. (2016), Brand marketing, big data and social innovation as future research directions for engagement, *Journal of Marketing Management*, 32(5-6), 579-585. https://doi.org/10.1080/0267257X.2016.1144326

Chang, Y. and Thorson, E. (2004), Television and Web Advertising Synergies, *Journal of Advertising*, 33(2), 75-84. https://doi.org/10.1080/00913367.2004.10639161

Churchill, G. A. Jr. (1979), A paradigm for developing better measures of marketing constructs, *Journal of Marketing Research*, 16(1), 64-73. https://doi.org/10.1177/002224377901600110

Cutdright, K. M. and Samper, A. (2014), Doing It The Hard Way: How Low Control Drives Preferences for High-effort Products and Services, *Journal of Consumer Research*, 41(3), 730-745. https://doi.org/10.1086/677314

Duncan, T. (2002), *IMC: Using Advertising and Promotion to Build Brands*, McGraw-Hill.

Durante, M. K. and Laran, J. (2016), The Effect of Stress on Consumer Saving and Spending, *Journal of Marketing Research*, 53(5), 814-828. https://doi.org/10.1509/jmr.15.0319

Fishbein, M. and Ajzen, I. (1975), *Belief, Attitude, Intention, and Behavior: An Introduction to Theory and Research*, MA: Addison-Wesley.

Folkman, S. and Lazarus, R. S. (1985), If it changes it must be a process: Study of emotion and coping during three stages of a college examination, *Journal of personality and social psychology*, 48(1),150-170. https://doi.org/10.1037/0022-3514.48.1.150

Fornell, C. and Larcker, D, F. (1981), Evaluation Structural Equation Models with Unobservable Variables and Measurement Error, *Journal of Marketing Research*, 18(1), 39-50. https://doi.org/10.2307/3151312

Fredrickson, B. L. and Levenson, R. W. (1998), Positive Emotions Speed Recovery from the Cardiovascular Sequelae of Negative Emotions, *Cognition and Emotion*, 12(2), 191-220. https://doi.org/10.1080/026999398379718

Gallagher, K., Foster, K. D., and Parsons, J. (2001), The Medium Is Not the Message: Advertising Effectiveness and Content Evaluation in Print and on the Web, *Journal of Advertising Research*, 41(4), 57-70. https://doi.org/10.2501/JAR-41-4-57-70

Griffith, D. A. and Qimei, C. (2004), The Influence of Virtual Direct Experience (VDE) on On-line Ad Message Effectivness, *Journal of Advertising*, 33(1), 55-68. https://doi.org/10.1080/00913367.2004.10639153

Hama, Y. (2001), Shopping as a Coping Behavior for Stress, *Japanese Psychological Research*, 43(4), 218-224. https://doi.org/10.1111/1468-5884.00179

Hayes, A, F. (2013), *Introduction to Mediation, Moderation, and Conditional Process Analysis: A Regression-Based Approach*, New York: Guilford Press.

Hollebeek, L. D. (2011), Demystifying Customer Brand Engagement: Exploring the Loyalty Nexus, *Journal of Marketing Management*, 27(7-8), 785-807. https://doi.org/10.1080/0267257X.2010.500132

Hollebeek, L. D., Glynn, M. S. and Brodie, R. J. (2014), Consumer brand engagement in social media: Conceptualization, scale development and validation, *Journal of*

Interactive Marketing, 28(2), 149-165. https://doi.org/10.1016/j.intmar.2013.12.002

Hovland, C. I., Irving L. J., and Harold H. K. (1953), *Communication and Persuasion*, Yale University Press.（辻正三・今井省吾（訳）『コミュニケーションと説得』誠信書房，1960年）

Huré E. (2017), Understanding omni-channel shopping value: A mixed-method study, *Journal of Retailing and Consumer Services*,39, 314-330.https://doi.org/10.1016/j.jretconser.2017.08.011

Keller, K, L. (2007), Advertising and brand equity, In *Handbook of advertising*, Tellis, G, J. and Ambler, T. (eds.), 54-70, London: Sage Publications.

Keller, K, L. (2009), Building strong brands in a modern marketing communications environment, *Journal of Marketing Communications*, 15(2-3), 139-155. https://doi.org/10.1080/13527260902757530

Kerr, G., Schultz, D., Patti, C. and Kim, I. (2008), An Inside-out Approach to Integrated Marketing Communication: An International Analysis, *International Journal of Advertising*, 27(4), 511-548. https://doi.org/10.2501/S0265048708080098

Kim, S., Park, G., Lee, Y, and Choi, S. (2016), Customer emotions and their triggers in luxury retail: Understanding the effects of customer emotions before and after entering a luxury shop, *Journal of Business Research*, 69(12), 5809-5818. https://doi.org/10.1016/j.jbusres.2016.04.178

Kitchen, P. and Schultz, D. E. eds. (2001), *Raising the Corporate Umbrella: Corporate Communication in the 21st Century*, Palgrave.

Kotler, P., Armstrong, G., Saunders, J., and Wong, V. (1999), *Principles of marketing*, 8th ed, Prentice Hall College Div.

Kotler, P., Kartajaya, H. and Setiawan, I. (2016), *Marketing 4.0: Moving from Traditional to Digital*, Wiley.（恩藏直人（監訳）藤井清美（訳）『コトラーのマーケティング4.0：スマートフォン時代の究極法則』朝日新聞出版，2017年）

Kotler, P. and Stigliano, G. (2018), Retail 4.0, MONDADORI ELECTA.（恩藏直人（監修）高沢亜砂代（訳）『コトラーのリテール4.0：デジタルトランスフォーメーション時代の10の法則』朝日新聞出版，2020年）

Kotler, P., Pfoertsch, W. and Sponholz, U. (2021), *H2H Marketing: The genesis of Human-to-Human Marketing*, Springer.（鳥山正博（監訳・解説）石丸由紀・大坂裕子（訳）『コトラーの H2H マーケティング：「人間中心マーケティング」の理論と実践』KADOKAWA，2021年）

Kotler, P., Kartajaya, H. and Srtisesn, I. (2022), *Marketing 5.0*, John Wiley and Sons, Inc., Hoboken, New Jersey.

Lastovicka, J, L., Bettencourt, L, A., Hughner, R, S. and Kuntze, R, J. (1999), Lifestyle of the Tight and Frugal: Theory and Measurement, *Journal of Consumer Research*, 26(1), 85-98. https://doi.org/10.1086/209552

Lee, E., Moschis, G. P., and Mathur, A. (2001), A Study of Life Events and Changes in Patronage Preferences, *Journal of Business Research*, 54(1), 25-38. https://doi.org/10.1016/S0148-2963(00)00116-8

Levenson, R. W. (1999), The Interpersonal Functions of Emotion, *Cognition and Emotion*, 13(5), 481-504. https://doi.org/10.1080/026999399379159

Mano, H. (1999), The influence or Pre-Exiting Negative Affect on Store Purchase Intentions, *Journal of Retailing*, 75(2), 149-172. https://doi.org/10.1016/S0022-4359(99)00002-0

Mano, H. and Oliver, R. L. (1993), Assessing the Dimensionality and Structure of the Consumption Experience: Evaluation, Feeling, and Satisfaction, *Journal of Consumer Research*, 20(3), 451-66. https://doi.org/10.1086/209361

McCracken, G. (1989), Who Is the Celebrity Endorser? Cultural Foundations of the Endorsement Process, *Journal of Consumer Research*, Vol.16, No.3, 310-321. https://doi.org/10.1086/209217

McGuire, W. (1974), Psychological motives and communication Gratification, In J. F. Blumer and Katz (eds.), *The Uses of Mass Communication: Current Perspectives on Gratification Research*, Beverly Hills: Sage, 106-167.

McGuire, W. J. (1985), Attitudes and Attitude Change, in Lindzey, G., and Aronson, E., (eds.), *the Handbook of Social Psychology Volume2, Special Fields and Applications*, 3rd ed., Random House, New York.233-346.

Mehta, N., Steinman, D., and Murphy, L. (2016), *Customer Success*, John Willey and Sons, Inc., Hoboken, New Jersey.（バーチャレクス・コンサルティング（訳）『カスタマーサクセス：サブスクリプション時代に求められる「顧客の成功」10の原則』英治出版株式会社，2018年）

Munuera-Aleman, J. L., Delgado-Ballester, E., and Yague-Guillen, M. J. (2003), Development and validation of a trust scale, *International Journal of Market Research*, 45(1), 35-58. https://doi.org/10.1177/147078530304500103

Nunnally, C. J. (1978), *Psychometric theory* (2nd ed.), New York: McGraw-Hill.

Payne, M. E., Peltier, W. J., and Barger, A.V. (2017), Omni-Channel Marketing, Integrated Marketing Communications and Consumer Engagement, *Journal of Research in Interactive Marketing*, 11(2), 185-197. https://doi.org/10.1108/JRIM-08-2016-0091

Petty, E. R. and Cacioppo, T. J. (1983), Central and Peripheral Routes to Persuasion; Application to Advertising, in Percy, L and Woodside, A, G. (eds.), *Advertising and Consumer Psychology*, Lexington Books,3-23.

Petty, E. R. and Cacioppo, T. J. (1986), *Communication and Persuasion: Central and Peripheral routes to attitude change*, Springer-Verlag.

Pieters, R. and Wedel, M. (2004), Attention Capture and Transfer in Advertising: Brand, Pictorial, and Text-Size Effects, *Journal of Marketing*, 68(2), 36-50. https://doi.org/10.1509/jmkg.68.2.36.27794

Pieters, R., Webel, M., and Batra, R. (2010), The Stopping Power of Advertising: Measures and Effects Visual Complexity, *Journal of Marketing*, 74(5), 48-60 https://doi.org/10.1509/jmkg.74.5.048

Plummer, J. (2008),「"Engagement" を考える：エンゲージメントとは何か」『日経広告研究所報』237号 , 日経広告研究所 , 2-5.

Ponnet, K. (2016), Financial Stress, In J. R. Roger (ed.), *Encyclopedia of Adolescence, Switzerland*: Springer International Publishing Switzerland. 1-4. https://doi.org/10.1007/978-3-319-32132-5_801-1

Ponnet, K., Leeuwen, V. K., Wouters, E., and Mortelmans, D. (2015), A Family System Approach to Investigate Family-Based Pathways Between Financial Stress and Adolescent Problem Behavior, *Journal of Research on Adolescence*, 25(4), 765-780. https://doi.org/10.1111/jora.12171

Qian, K. and Yahara, T. (2020), Mentality and behavior in COVID-19 emergency status in Japan: Influence of personality, morality and ideology, *PLoS ONE*, 15(7), 1-16. https://doi.org/10.1371/journal.pone.0235883

Richins, M, L. (2004), The Material Values Scale: Measurement Properties and Development of a Short Form, *Journal of Consumer Research*, 31(1), 209-219. https://doi.org/10.1086/383436

Rotter, J. B. (1967), A new scale for the measurement of interpersonal trust, *Journal of Personality*, 35(4), 651-665. https://doi.org/10.1111/j.1467-6494.1967.tb01454.x

Rust, R. T. and Oliver R. L. (1994), *Service quality: New directions in theory and practice*, SAGE Publications.

Schneider, M. R., Schulze-Bentrop, C., and Paunescu, M. (2010), Mapping the Institutional Capital of High-tech Firms: A Fuzzy-set Analysis of Capitalist Variety and Export Performance, *Journal of International Business Studies*, 41(2), 246-266. https://doi.org/10.1057/jibs.2009.36

Schultz, D. E. and Schultz, H. (2004), *IMC: The Next Generation*, McGraw-Hill. (博報堂タッチポイント・プロジェクト（訳）『ドン・シュルツの統合マーケティング』ダイヤモンド社, 2005年)

Stolterman, E. and Fors, C. A. (2004), Information Technology and the Good Life, In Kaplan, B., Truex, D. P., Wastell, D., Wood-Harper, A.T., DeGross, J. I. (eds.), *Information Systems Research, IFIP International Federation for Information Processing*, Vol.143, Springer, Boston, MA, 687-692. https://doi.org/10.1007/1-4020-8095-6_45

Stringer, E, T. and Aragón, A, O. (2020), *Action Research*, SAGE Publications.

Swinyard, W. R. (1993), The Effects of Mood, Involvement, and Quality of Store Experience on Shopping Intentions, *Journal of Consumer Research*, 20(2), 271-280. https://doi.org/10.1086/209348

Taylor, S. (2019), *The Psychology of Pandemics: Preparing for the Next Global Outbreak of Infectious Disease*, Cambridge Scholars Publishing.

Taylor, S., Labdry, C. A., Paluszek M. M., Fergus T. A., McKay D., and Asmundson J. G. G (2020), Development and Initial Validation of the COVID Stress Scales, *Journal of Anxiety Disorders*, 72,1-7. https://doi.org/10.1016/j.janxdis.2020.102232

Tellis, Gerard J. (2004), *Effective Advertising: Understanding When, How, and Why Advertising Works*, Sage Publications, Inc.

Tucker, L. R. (1966), Some mathematical notes on three-mode factor analysis, *Psychometrika*, 31, 279-311. https://doi.org/10.1007/BF02289464

Wang, A. (2006), Advertising Engagement: A Driver of Message Involvement on Message Effects, *Journal of Advertising Research*, 46(4), 355-368. https://doi.org/10.2501/S0021849906060429

Yanawine, P. (2013), *Visual Thinking Strategies: Using Art to Deepen Learning Across School Disciplines*, English (ed.), Harvard Education Press. (京都造形芸術大学アート・コミュニケーション研究センター（訳）『どこからそう思う？学力

をのばす美術鑑賞：ヴィジュアル・シンキング・ストラテジーズ』淡交社，2015年）

青木幸弘（2010）『消費者行動の知識』日経文庫。
荒井穂菜美・青木俊太郎・石川信一・坂野雄二（2017）「不安のコントロール感が社交不安症状におよぼす影響：三つのタイプの安全確保行動を媒介変数として」『行動療法研究』（日本認知・行動療法学会），43(2)，127-135. https://doi.org/10.24468/jjbt.16-173
石井淳蔵・栗木契・嶋口充輝・余田拓郎（2004）『ゼミナール　マーケティング入門』日本経済新聞社。
石崎徹（2009a）「広告媒体の質的効果の観点によるメディア・エンゲージメント概念の検討」『専修大学経営研究所報』，178，1-16。http://doi.org/10.34360/00006780
石崎徹（2009b）「メディア・エンゲージメントの捉え方」『日経広告研究所報』，245号，3-7。
石淵順也（2019）『買物行動と感情：「人」らしさの復権』有斐閣。
伊東秀章（1997）「未婚化に影響する心理学的諸要因：計画行動理論を用いて」『社会心理学研究』，12(3)，163-171。https://doi.org/10.14966/jssp.KJ00003724738
伊藤元重（2019）『百貨店の進化』日本経済新聞出版。
井上綾野（2007）「快楽的買物動機と支出行動」『経営学研究』（目白大学），5，63-74。http://id.nii.ac.jp/1514/00000767/
梅咲恵司（2020）『百貨店・デパート興亡史』イースト新書。
江尻弘（2003）『百貨店返品制の研究』中央経済社。
圓丸哲麻（2021）『消費者基点の「百貨店らしい」広告表現のあり方：大型小売業における百貨店の同質性と競争優位性の源泉を求めて』（2020年度（令和2年）第54次 公益財団法人吉田秀雄記念事業財団報告書）。
圓丸哲麻（2022）『百貨店リテールブランド戦略』白桃書房。
奥谷孝司（2019）「オムニチャネル・カスタマー」近藤公彦・中見真也 編『オムニチャネルと顧客戦略の現在』千倉書房，71-78。
小野譲二（2010）「JCSI による顧客満足モデルの構築」『マーケティングジャーナル』，30(1)，20-34。https://doi.org/10.7222/marketing.2010.028
小野譲二（2016）「サービス・エクセレンスと顧客戦略：累積的顧客満足モデルによる分析」『流通研究』，18(2)，3-31。https://doi.org/10.5844/jsmd.18.
加藤司（2009）「英語文献におけるコーピング尺度の使用状況：2003年から2005年」

『東洋大学社会学部紀要』，46(2)，47-79。http://id.nii.ac.jp/1060/00003068/
金子充（2013）「セルフ・コントロールに影響を与える先行要因の整理」『商学研究科紀要』（早稲田大学大学院商学研究科），77，121-137。http://hdl.handle.net/2065/40454
亀井昭宏・ルディー和子（2009）『新マーケティング・コミュニケーション戦略論』日本広告研究所。
河津暹（1930）『中小農工商問題』日本評論社。
菅野佐織（2013）「自己とブランドの結びつきがブランド・アタッチメントに与える影響」『商学論究』（関西学院大学），60(4)，233-259。http://hdl.handle.net/10236/10473
岸志津江（1993）「テレビコマーシャルの表現特性と消費者情報処理」『消費者行動研究』，1(1)，47-63。https://doi.org/10.11194/acs1993.1.47.
岸志津江（2017）「IMC 概念を再考する：進化と課題」『マーケティングジャーナル』，36(3)，6-22。https://doi.org/10.7222/marketing.2017.002
久野覚（1999）「温熱環境における快適性：Comfort と pleasantness（快適性をめぐって：温度・香り・音の環境心理学，フォーラム）」『基礎心理学研究』（日本基礎心理学会），18(1)，102-106。https://doi.org/10.14947/psychono.KJ00004413673
呉金海・寺島拓幸（2016）「『望子成龍』意識と物質主義：上海市中心八区の調査を通じて」『応用社会学研究』，58，333-340。http://doi.org/10.14992/00012041
小林保彦（2005）「IMC，アカウントプランニングのホリスティックアプローチ」『青山経営論集』（青山学院大学），40(1)，48-74。https://doi.org/10.34321/10165
小山周三（1997）『現代の百貨店〈新版〉』日本経済新聞社。
小山周三・外川洋子（1992）『デパート・スーパー』日本経済評論社。
近藤公彦・中見真也 編（2019）『オムニチャネルと顧客戦略の現在』千倉書房。
酒井麻衣子（2012）「サービス業におけるスイッチング・バリアの先行指標と成果指標」『流通研究』，14（2・3），17-53。https://doi.org/10.5844/jsmd.14.2_3_17
志賀健二郎（2018）『百貨店の展覧会：昭和のみせもの1945-1988』筑摩書店。
嶋口充輝（1994）『顧客満足型マーケティングの構図：新しい企業成長の論理を求』有斐閣。
嶋口充輝（2001）『顧客満足型マーケティングの構図』有斐閣。
島永嵩子（2021）『「お中元」の文化とマーケティング：百貨店と消費文化の関係』同文舘出版。
白井利明（1994）「時間的展望体験尺度の作成に関する研究」『心理学研究』，65

(1), 54-60。https://doi.org/10.4992/jjpsy.65.54
末田智樹（2010）『日本百貨店業成立史』ミネルヴァ書房。
末吉美喜（2019）『テキストマイニング入門：Excel と KH Corder でわかる分析』オーム社。
関根孝（2005）「小売機構」久保村隆祐 編『商学流通』同文舘出版，33-76。
田中聡美・布施淳子（2019）「計画的行動理論に基づく看護師の転職意思決定モデルの構築」『日本看護研究学会雑誌』，42(4)，787-802。https://doi.org/10.15065/jjsnr.20190619057
田中洋（2008）『消費者行動論体系』中央経済社。
谷内正住（2017）『戦前大阪の鉄道駅小売業』五絃舎。
谷内正住・加藤諭（2018）『日本の百貨店史：地方，女子店員，高齢化』日本経済評論社。
田部井明美（2011）『SPSS　完全活用法共分散構造分析（Amos）によるアンケート処理（第２版）』，東京図書。
玉置了（2014）「倫理的消費におけるアイデンティティ形成意識と節約意識の影響」『流通研究』，16(3)，25-48。https://doi.org/10.5844/jsmd.16.3_25
田村正紀（2008）『業態の盛衰：現代流通の激流』千倉書房。
田村正紀（2011）『消費者の歴史』千倉書房。
坪井晋也（2009）『百貨店の経営に関する研究』学文社。
戸田清子（2009）「阪神間モダニズムの形成と地域文化の創造」『奈良県立大学研究季報』，19(4)，49-77。http://id.nii.ac.jp/1447/00000872/
豊田秀樹（2002）「『討論：共分散構造分析』の特集にあたって」『行動計量学』，29(2)，135-137。https://doi.org/10.2333/jbhmk.29.135
豊田秀樹 編（2007）『共分散構造分析［Amos 編］：構造方程式モデリング』東京図書。
中野香織（2014）「有名人の起用期間による広告効果：短期起用 CM と長期起用 CM の比較」『駒大経営研究』，46（１・２），17-42。http://repo.komazawa-u.ac.jp/opac/repository/all/34518/
中原純・林知世（2005）「女子大学生はなぜダイエットをするのか？（２）：計画的行動理論（TPB：Theory of Planned Behavior）を用いた，ダイエット行動のメカニズムの解明」『生老病死の行動科学』，10，87-100。https://doi.org/10.18910/6861
新井田剛（2010）『百貨店のビジネスシステム変革』碩学叢書。
仁科貞文・田中洋・丸岡吉人（2007）『広告心理』電通。

日本百貨店協会（2022）『2021年（令和3年）日本百貨店協会統計年報』日本百貨店協会。
朴正洙（2009）「広告コミュニケーションにおける有名人広告の効果と課題」『産業経営』（早稲田大学産業経営研究所），44，21-37。http://hdl.handle.net/2065/37252
畠山美彩・濱口佳和（2019）「親の金銭的ストレスが幼児の心理社会的不適応に与える影響（中間報告）」『発達研究：発達科学研究教育センター紀要』，33，163-167。
畠山美彩・濱口佳和（2020）「親の金銭的ストレスが幼児の心理社会的不適応に与える影響」『発達研究：発達科学研究教育センター紀要』，34，113-125。
初田亨（1993）『百貨店の誕生』三省堂。
濱岡豊・里村卓也（2009）『消費者間の相互作用についての基礎研究：クチコミ，eクチコミを中心に』慶應義塾大学出版会。
平井美佳・神前裕子・長谷川麻衣・高橋惠子（2015）「乳幼児にとって必須な養育環境とは何か：市民の素朴概念」『発達心理学研究』，26(1)，56-69。https://doi.org/10.11201/jjdp.26.56
平井泰太郎（1931）「百貨店形態の性質」『経営経済研究』経営経済研究編輯所，第7冊，1-31。
藤岡里圭（2006）『百貨店の生成過程』有斐閣。
松本真作・長沼裕介・浅井千秋・町田秀樹・太田さつき・佐藤舞・音山若穂（2017）「中小企業における人材の採用と定着：人が集まる求人，生きいきとした職場／アイトラッキング，HRM チェックリスト他から」『労働政策研究報告書』，No.147。https://www.jil.go.jp/institute/reports/2012/0147.html
水野祐吉（1940）『百貨店研究』同文舘出版。
南知惠子・小川孔輔（2010）「日本版顧客満足度指数（JCSI）のモデル開発とその理論的な基礎」『マーケティングジャーナル』30(1)，4-19。https://doi.org/10.7222/marketing.2010.027
宮崎由樹・山下利之（2015）「特集③人間工学のための計測手法 第3部：心理計測と解析（4）1―心理実験による計測と解析（1）―」『人間工学』（日本人間工学会），51(5)，304-314。https://doi.org/10.5100/jje.51.304
村山綾・三浦麻子（2019）「日本語版道徳基盤尺度の妥当性の検証 1：イデオロギーとの関係を通して」『心理学研究』，90(2)，156-166。https://doi.org/10.4992/jjpsy.90.17234
門地里絵・鈴木直人（2000）「状況からみた安堵感の因子構造：緊張からの解放とやすらぎ」『心理学研究』（日本心理学会），71(1)，42-50。https://doi.org/10.4992/

jjpsy.71.42
山本武利・西沢保（1999）『百貨店の文化史［日本の消費革命］』世界思想社。
山本晶（2014）『キーパーソン・マーケティング』東洋経済新報社。
横山斉理（2017）「食品スーパーにおける顧客満足の規定要因：fsQCA アプローチ」『組織科学』51(2)，14-27。https://doi.org/10.11207/soshikikagaku.51.2_14
鷲見克典（2006）「知覚されたストレス尺度（Perceived Stress Scale）日本語版における信頼性と妥当性の検討」『健康心理学研究』，19(2)，44-53。https://doi.org/10.11560/jahp.19.2_44
和田充夫（1998）『関係性マーケティングの構図：マーケティング・アズ・コミュニケーション』有斐閣。
和田充夫（2002）『ブランド価値共創』同文舘出版。
渡部晃子（2010）「鑑賞教材『Visual Thinking Strategies』における教育目標の変化と特徴」『美術教育学』，31，441-452。https://doi.org/10.24455/aaej.31.0_441

事 項 索 引

カ

マ

ラ

ワ

著者略歴

圓丸哲麻（えんまる・てつま）

大阪公立大学経営学研究科准教授
1981年生まれ。青山学院大学経営学部卒業，同大学院経営学研究科博士前期課程修了（修士：経営学）。関西学院大学大学院商学部にて博士（商学）を取得。
阪急百貨店（現 阪急阪神百貨店），麗澤大学経済学部経営学科助教，麗澤大学経済学部経営学科准教授，大阪市立大学経営学研究科准教授を経て，2022年より現職。
専門は，消費者行動（主に買物・購買行動），マーケティング。

百貨店のコミュニケーション戦略
消費者基点による「百貨店らしさ」の探究

2022年11月26日 初版第1刷発行

著　者　圓丸哲麻

発行者　千倉成示
発行所　株式会社 千倉書房
〒104-0031 東京都中央区京橋3-7-1
電話 03-3528-6901（代表）
https://www.chikura.co.jp/

印刷・製本　藤原印刷株式会社

ISBN 978-4-8051-1270-0 C3063